60×DEUTSCHLAND
Die Jahresschau

Sandra Maischberger | Johannes Unger (Hg.)

60 x DEUTSCHLAND
Die Jahresschau

Das Erste

nicolai

Begleitbuch zur ARD-Fernsehreihe »60 x Deutschland«

Redaktionsschluss: 15. November 2008

Redaktion: **Antonia Meiners**, Berlin
Cover, Layout und Satz: **hawemann**und**mosch**, Berlin
Repro: Bild1Druck GmbH, Berlin
Druck und Bindung: CS-Druck CornelsenStürtz GmbH & Co. KG, Berlin

ISBN 978-3-89479-511-5

Unter **www.nicolai-verlag.de** können Sie unseren Newsletter abonnieren, der Sie über das Programm und aktuelle Neuerscheinungen des Nicolai Verlags informiert.

festgehalten sind. Die von den Autoren der ARD produzierte aufwendige Jahresschau liefert einen Überblick über die wichtigen Ereignisse und Entwicklungen von der Gründung der beiden deutschen Staaten 1949 bis heute und ist angereichert mit vielen Erinnerungen von Zeitzeugen aus Ost und West, die über ihre ganz persönlichen Eindrücke und Schicksalsmomente berichten. Daraus entsteht »60 × Deutschland« als kompakte Geschichtsdarstellung, als zeitlos nutzbares Angebot für die Auseinandersetzung mit deutscher Geschichte – eine deutsch-deutsche Chronik im Nachrichtenformat.

Für den Rundfunk Berlin-Brandenburg (rbb), der die Initiative für das multimediale Projekt ergriffen hat und das Vorhaben federführend für die ARD umsetzt, hat die Auseinandersetzung mit der deutschen Nachkriegsgeschichte besondere Bedeutung. Die Hauptstadtregion Berlin-Brandenburg ist wie keine andere geprägt von den Konflikten, Verwerfungen und Umwälzungen der Nachkriegszeit. Auf Schritt und Tritt kann man sich mit Zeugnissen und Folgen der maßgebenden Machtepochen – Preußen und Kaiserreich, Weimar, »Drittes Reich«, Kalter Krieg und Wiedervereinigung – auseinandersetzen.

Zwanzig Jahre nach dem Mauerfall hat die Region eine beeindruckende Dynamik entfaltet. Sie ist in jeder Hinsicht eine Werkstatt der deutschen Einheit – politisch und ökonomisch –, aber auch und gerade bezüglich dessen, was das Zusammenleben der Menschen mit West- und Ostbiografien und den Einfluss von Globalisierung und Migration angeht. »60 × Deutschland« nutzt die kreativen Impulse dieser Hauptstadtwerkstatt. Im Team der Macherinnen und Macher spiegeln sich die unterschiedlichsten Erfahrungen und Lebenswege aus Ost und West wider.

Deshalb freut es uns besonders, dass so viele Partner in der ARD und darüber hinaus geholfen haben, das Projekt zu realisieren. Wir danken unseren Partner-Sendern der ARD: NDR, Phoenix, WDR, MDR und SWR. Deutsche Welle TV sorgt mit mehrsprachigen Fassungen sogar für eine weltweite Verbreitung der Sendereihe. In Kooperation mit dem ARD-Onlineportal tagesschau.de und der Bundeszentrale für Politische Bildung ist ein Projektauftritt im Internet entstanden, der neben diesem Buch zur vertiefenden Auseinandersetzung mit den Themen und zu Austausch und Diskussion einlädt (www.60×Deutschland.de).

»60 × Deutschland« macht deutlich, wie eng die Lebensläufe der Menschen mit den politischen Ereignissen verknüpft sind – in guten wie in schlechten Zeiten. Wie unmittelbar Licht und Schatten in der Geschichte wechseln, zeigt auch das Schicksal von Conrad Schumann. Sein mutiger Sprung in den Westen brachte dem Grenzsoldaten zwar die Freiheit, aber nicht das persönliche Glück. Obwohl es ihm gelungen war, in der Bundesrepublik eine neue Existenz aufzubauen, nahm er sich viele Jahre später das Leben. Ob die Konflikte und Brüche seines Lebens zu viel für ihn waren?

Die Zeit der deutschen Teilung ist, so scheint es, 20 Jahre nach dem Mauerfall in weite Ferne gerückt. Die Bilder von späteren, näher liegenden Ereignissen haben sich in den Vordergrund geschoben – die düsteren von Kriegen und Katastrophen, aber glücklicherweise auch ermutigende Bilder einer friedlichen Entwicklung unseres Landes seit der Wiedervereinigung. Auch dies zeigt »60 x Deutschland«. In Medienbildern, die diese Erinnerung prägen. Zeitgeschichte ist immer auch Mediengeschichte.

Dagmar Reim ist Intendantin des Rundfunk Berlin-Brandenburg (rbb)

WIE WIR WURDEN, WER WIR SIND

Eine Einleitung von Sandra Maischberger und Johannes Unger

Es ist schon eigenartig: Kaum ein wichtiges Ereignis in der deutschen Nachkriegsgeschichte scheint uns so wenig präsent wie der Gründungsakt der Bundesrepublik Deutschland. Am 23. Mai 1949 verkünden die viel zitierten »Väter des Grundgesetzes« (darunter immerhin auch vier Frauen) in einer eher bescheiden anmutenden Zeremonie des Parlamentarischen Rates in Bonn eine provisorische Verfassung für die drei westlichen Besatzungszonen. Eine Geburtsstunde ohne Prunk und Pathos. Die Umstände sind auch nicht danach. Nach dem verlorenen Krieg ist Deutschland besetzt und geteilt, das Land liegt in Trümmern. Den Menschen ist vor allem eines wichtig: das tägliche Überleben. Die Vorstellung von einem demokratischen Staat und einer pluralistischen Gesellschaft ist noch nicht ausgeprägt, der Wunsch hingegen, Hitler-Zeit und Krieg zu vergessen und die kollektive Schuld zu verdrängen, weit verbreitet.

Wenige Monate später ziehen die Machthaber in der sowjetischen Besatzungszone nach. Unter Führung der Sozialistischen Einheitspartei Deutschlands (SED) und unter strenger Kontrolle der sowjetischen Militäradministration wird am 7. Oktober 1949 die Deutsche Demokratische Republik ausgerufen. Inszenierung und Propaganda spielen bei diesem politischen Akt eine weit größere Rolle – aber auch echte Überzeugung und Begeisterung: Kurz nach der Proklamation durch die provisorische Volkskammer ziehen auf Geheiß der Funktionäre rund 200.000 Menschen durch Ostberlin – angeführt von einem Fackelzug der Freien Deutschen Jugend (FDJ). Gerade viele junge Menschen verbinden mit der Gründung des »Arbeiter- und Bauernstaates« die Hoffnung auf Gerechtigkeit und Frieden. Dass der Machtanspruch des sowjetischen Diktators Stalin grenzenlos ist und das Herrschaftssystem auf Gewalt und Repression basiert, ist für die meisten Anhänger des zweiten deutschen Staates nicht absehbar oder wird in der Begeisterung ausgeblendet.

Massenaufmärsche und Paraden werden den DDR-Oberen bis zum Ende ihrer Herrschaft als eine Art Bestätigung und Selbstvergewisserung dienen, auf dem einzig richtigen Weg zu sein. Zum 40. »Republikgeburtstag« am 7. Oktober 1989 ist es wieder so. Doch neben den offiziellen Jubelfeiern gibt es andere »Kundgebungen«, die die Stimmung in der Bevölkerung wahrhaftiger ausdrücken: Auf den Straßen von Leipzig und Ostberlin demonstrieren die Menschen für Reformen und Menschenrechte. Tausende DDR-Bürger haben über Ungarn oder die Tschechoslowakei das Land verlassen. Einen Monat darauf fällt die Mauer, die DDR implodiert. Ein Jahr später ist Deutschland wiedervereinigt.

Heute erscheinen beide Ereignisse, die Gründung der Bundesrepublik und die der DDR, Lichtjahre entfernt. Es ist wie mit einem Fotoalbum: Die ersten Seiten mit den vergilbten Schwarz-Weiß-Aufnahmen wirken seltsam fremd, die Personen und Ereignisse kaum vertraut. Aber wer weiterblättert, der kommt dem eigenen Leben und den eigenen Erinnerungen immer näher – bis Zeitgeschichte und Gegenwart verschmelzen. »60 × Deutschland – die Jahresschau« ist ein solches Fotoalbum im besten Sinne: 60 Jahre deutsch-deutscher Geschichte werden auf anschauliche, leicht nachvollziehbare Weise dokumentiert. Von der Gründung der beiden deutschen Staaten 1949 bis zum Jahreswechsel 2008/2009, der gerade ein paar Monate zurückliegt.

Der Ansatz dabei ist ein journalistischer. Im Vordergrund stehen die bedeutenden politischen und gesellschaftlichen Nachrichten der einzelnen Jahre und die Ereignisse und Entwicklungen, die Deutschland in West und Ost prägten. Wichtig erscheint es dabei, den Blick auf beide deutschen Staaten gleichzeitig bzw. die gesamtdeutschen Prozesse nach der Wiedervereinigung zu richten. Denn auch wenn sich West- und Ostdeutsche in 40 Jahren Teilung zunehmend fremd geworden sind, so waren doch viele Entwicklungen auf verblüffende Weise aufeinander bezogen oder verliefen doch zumindest parallel.

Nehmen wir zum Beispiel das Jahr 1983 – kein herausragendes in diesen 60 deutschen Jahren, aber trotzdem ein wichtiges. Und eines, mit dem viele Menschen prägende Erinnerungen verbinden. Es ist das Jahr der Nachrüstungsdebatte in der Bundesrepublik. Und es ist das Jahr der Friedensbewegung in West und Ost. In der Bundesrepublik ziehen Die Grünen als pazifistisch-ökologisch orientierte Protestpartei in den Bundestag ein. In der DDR schmieden auf dem evangelischen Kirchentag in Wittenberg mutige Regimekritiker »Schwerter zu Pflugscharen«, um gegen das Wettrüsten beider Supermächte zu demonstrieren.

In dem von Film- und Buchautoren gemeinsam erarbeiteten Projekt der Jahresschau »60×Deutschland« erinnern sich Akteure beider Seiten an die Ereignisse in diesem Jahr, an ihre Ängste und Hoffnungen. Und so ist »60×Deutschland«, in der Filmsprache ausgedrückt, eine Art »Parallelmontage«. Eine Geschichtsdarstellung, in der Erinnerungen und Erfahrungen von West- und Ostdeutschen »auf Augenhöhe« ausgetauscht werden. »60×Deutschland« will anregen, sich ein Bild davon zu machen, wie wir wurden, wer wir sind.

Jeder wird dieses Buch anders betrachten und lesen. Denn mit den wichtigen Etappen und Wendepunkten der vergangenen 60 Jahre verbindet jeder seine ganz persönlichen Erinnerungen, Erfahrungen und Deutungen. Für die meisten Deutschen in West und Ost ist das Zusammenleben in einem gemeinsamen Staat 20 Jahre nach dem Mauerfall Normalität – und dennoch wird die 45-jährige Nachkriegsgeschichte in der Regel nicht als gemeinsame Vergangenheit betrachtet. Während viele Westdeutsche die Einheit vor allem als ökonomische Belastung empfunden haben, hatten der »Untergang« der DDR und der »Beitritt« zur Bundesrepublik für die meisten Ostdeutschen gravierende biografische Umbrüche zur Folge. Den neu gewonnenen Freiheiten und Möglichkeiten standen vielfach dramatische Neuorientierungen und ein Gefühl mangelnder Wertschätzung der eigenen Lebensleistung durch die Westdeutschen gegenüber.

Immer noch sind Alltagsbegegnungen und politische Debatten von Stereotypen und »Befindlichkeiten« geprägt. Immer noch spielen die Begriffe »Wessi« und »Ossi« eine Rolle – auch wenn inzwischen eine Jugend herangewachsen ist, die immer mehr gesamtdeutsch und vor allem europäisch denkt und fühlt. Der Einigungsprozess – oder besser: der schwierige Weg der Deutschen in West und Ost, nach Mauerfall und Wiedervereinigung zueinander zu finden – hat uns in unserer journalistischen Arbeit immer wieder beschäftigt und geprägt.

Der Publizist Peter Bender, ein kluger Analytiker der deutschen Befindlichkeiten, der im Herbst 2008 verstarb, spricht in seinem letzten Buch von »Deutschlands Wiederkehr«. Die (selbst-)kritische Auseinandersetzung mit der Geschichte der beiden deutschen Staaten sei für ein selbstbewusstes Nationalgefühl unbedingt erforderlich: »Die Deutschen wollen sich ihrer selbst vergewissern und brauchen ihre immer noch fehlende innere Einheit. Unerlässlich ist daher, der Geschichte beider deutscher Staaten gleiche Aufmerksamkeit zu schenken, denn nur so lässt sie sich zu ›einer‹ Geschichte Deutschlands zusammen denken.« Die Fernsehreihe »60×Deutschland« und dieses Buch sollen ein Beitrag dazu sein.

Massenkundgebung anlässlich der Gründung der DDR

CDU-Plakat

Laden in Ostberlin für Lebensmittel ohne Marken

Richtfest im Plenarsaal des Bundestages

Ankunft sowjetischer Traktoren in Brandenburg

von links nach rechts

1949

Mit der Verkündung des Grundgesetzes am 23. Mai in Bonn ist die Voraussetzung für die Bildung eines eigenständigen westdeutschen Staates, der »Bundesrepublik Deutschland«, geschaffen. Es folgen am 14. August die ersten Bundestagswahlen, aus denen die CDU/CSU mit 31% knapp vor der SPD (29,2%) als stärkste Partei hervorgeht. Drittstärkste Fraktion wird die FDP/DVP mit 11,9%. Der CDU-Vorsitzende Konrad Adenauer wird am 15. September mit sehr knapper Mehrheit zum ersten Kanzler der Bundesrepublik Deutschland gewählt und bildet eine Koalitionsregierung, der neben CDU/CSU und FDP auch die rechtskonservative Deutsche Partei (DP) angehört.

Wenige Tage zuvor wählte die Bundesversammlung – bestehend aus den 402 Bundestagsabgeordneten und gleich vielen Vertretern der Länderparlamente – den FDP-Politiker Theodor Heuss zum ersten Bundespräsidenten.

Die drei westlichen Besatzungsmächte räumen dem westdeutschen Teilstaat im neuen Besatzungsstatut vom September 1949 und mit dem Petersberger Abkommen (November 1949) volle gesetzgeberische, vollziehende und juristische Gewalt ein, behalten sich jedoch weiterhin zahlreiche Rechte vor, insbesondere hinsichtlich militärischer Kontrolle und Entmilitarisierung.

Am 7. Oktober gründet sich in Ostberlin die Deutsche Demokratische Republik (DDR). Zum ersten Präsidenten wird der SED-Politiker Wilhelm Pieck gewählt. Starker Mann des neuen Staates und der SED ist der stellvertretende

1949

In der Pädagogischen Akademie in Bonn, dem Sitzungsort des Parlamentarischen Rates, unterzeichnet Ratspräsident Konrad Adenauer am 23. Mai 1949 das Grundgesetz der künftigen Bundesrepublik Deutschland. Nach seiner Wahl zum Bundeskanzler am 15. September erklärt Adenauer am 21. September vor dem Bundestag, allein die Bundesrepublik sei befugt, für das ganze deutsche Volk zu sprechen.

Ministerpräsident Walter Ulbricht. Damit bestehen zwei deutsche Staaten, wodurch sich die Spaltung Deutschlands weiter vertieft. Während im Westen ein demokratisches Gemeinwesen auf der Basis von freien Wahlen und sozialer Marktwirtschaft entsteht, bestimmt in der DDR die Sozialistische Einheitspartei (SED) – gestützt und kontrolliert von der Sowjetunion – diktatorisch über die politischen und wirtschaftlichen Verhältnisse.

Dies alles geschieht vor dem Hintergrund des sich verschärfenden Kalten Krieges zwischen Ost und West, der die Welt in den folgenden Jahren wiederholt an den Rand eines Atomkriegs bringt. Die Formierung verfeindeter Blöcke schreitet 1949 u. a. mit der Gründung des westlichen Verteidigungsbündnisses NATO und auf östlicher Seite mit der Gründung des Rates für gegenseitige Wirtschaftshilfe (RGW) weiter voran. Die Bundesrepublik wird erst 1955 Mitglied der NATO.

Immer wieder gibt es aber auch vereinzelte Entspannungssignale. So endet im Mai 1949 nach elf Monaten die von der Sowjetunion verhängte Berlin-Blockade, ohne dass die Sowjets ihr Ziel – die Verdrängung der West-Alliierten aus Berlin – erreicht hätten.

Insbesondere im Westen verspüren die Menschen eine allmähliche Verbesserung ihrer Lebensverhältnisse, da die Währungsreform vom Juni 1948 – in Verbindung mit der Marshallplan-Hilfe – zu einer konjunkturellen Aufwärts-

links: Etwa 2.500 Menschen auf dem Bonner Marktplatz warten am 12. September auf die Ansprache von Theodor Heuss. Die Mitglieder der Bundesversammlung hatten den FDP-Politiker im zweiten Wahlgang zum Bundespräsidenten bestimmt.

rechts: Nach der Wahl Wilhelm Piecks zum Präsidenten der DDR durch die Provisorische Volkskammer am 11. Oktober gratuliert ihm das jüngste Parlamentsmitglied, Margot Feist (sie heiratet später Erich Honecker); rechts Volkskammerpräsident Johannes Dieckmann.

bewegung der westdeutschen Wirtschaft geführt hat. Lebensmittel und Waren des täglichen Bedarfs wie Kleidung, Haushaltswaren etc. sind wieder in ausreichender Menge zu haben, bei allerdings steigenden Preisen.

Die wirtschaftliche Stabilisierung ist von großen sozialen Problemen begleitet. Nach wie vor gibt es eine bedrückende Wohnungsnot, da die Kriegszerstörungen in den Städten und Gemeinden noch längst nicht behoben sind. Hinzu kommt eine hohe Arbeitslosigkeit von knapp 10%. Verschärft wird sie durch die mehr als 12 Millionen Vertriebenen aus den ehemaligen deutschen Ostgebieten – davon leben rund 7,7 Millionen in der Bundesrepublik. Deren Aufnahme und Integration führten immer wieder zu Konflikten, nicht zuletzt weil ein Teil der angestammten Bevölkerungsschichten um ihre ökonomische und gesellschaftliche Position fürchtet.

Auch in der DDR besteht dieses Problem, wird aber durch rigide staatliche Lenkungs- und Zwangsmaßnahmen der öffentlichen Wahrnehmung stärker entzogen. So müssen beispielsweise Vertriebene dort verharmlosend als »Umsiedler« bezeichnet werden.

Die beiden Teile Deutschlands gedenken 1949 des 200. Geburtstags von Johann Wolfgang von Goethe. Die Rückbesinnung auf die Klassiker soll nach dem politischen und moralischen Zusammenbruch von 1945 dazu beitragen, sich erneut der humanistisch-demokratischen Traditionen zu vergewissern. TF

WAS SONST NOCH GESCHAH

1949

11. Januar | Mit seinem Stück »Mutter Courage und ihre Kinder« eröffnet der aus dem amerikanischen Exil zurückgekehrte Bertolt Brecht mit seiner Frau Helene Weigel das »Berliner Ensemble«. Spielstätte ist zunächst das Deutsche Theater in der Schumannstraße, ab 1954 ihr Haus am Schiffbauerdamm.

---

8. Februar | Die Universität Berlin wird in Humboldt-Universität umbenannt.

---

28. Februar | Zum ersten Mal seit Kriegsende wird in den Hochburgen des Faschings und Karnevals wieder gefeiert. Etwa 800.000 Menschen bejubeln den Kölner Rosenmontagszug.

---

1. März | In den Westzonen wird die Fleischration für Normalverbraucher von 100 Gramm auf 500 Gramm im Monat erhöht.

---

4. April | Die Außenminister zehn westeuropäischer Staaten sowie der USA und Kanadas unterzeichnen in Washington den Nordatlantikpakt (NATO).

---

28. April | Vertreter Belgiens, Frankreichs, Großbritanniens, Luxemburgs, der Niederlande und der USA unterzeichnen in London ein Abkommen über die Kontrolle der Industrie im Ruhrgebiet.

---

10. Mai | Die Mehrheit im Parlamentarischen Rat bestimmt Bonn zur vorläufigen Hauptstadt der Bundesrepublik Deutschland; 33 Mitglieder stimmen dafür, 29 sprechen sich für Frankfurt am Main aus.

---

12. Mai | Nach fast elf Monaten beenden die Sowjets die Blockade Westberlins.

---

24. Mai | Das vom Parlamentarischen Rat am 8. Mai beschlossene und am 23. Mai verkündete Grundgesetz der Bundesrepublik Deutschland tritt in Kraft.

---

1. Juli | Die westalliierten Stadtkommandanten geben bekannt, dass die Westberliner nicht an den allgemeinen Wahlen zum Deutschen Bundestag teilnehmen dürfen, da dies gegen den zwischen den Alliierten vereinbarten Sonderstatus der Stadt verstoße.

---

25. Juli | Drei Wochen nach der Aufhebung der Textilbewirtschaftung in den drei Westzonen gibt es zum ersten Mal seit 1939 wieder den Sommerschlussverkauf.

---

14. August | In den drei westlichen Besatzungszonen finden die Wahlen zum ersten Deutschen Bundestag statt.

---

7. September | In Bonn werden die beiden gesetzgebenden Organe Bundesrat und Bundestag feierlich eröffnet. Am 12. September erfolgt die Wahl Theodor Heuss' zum Bundespräsidenten und am 15. September die Konrad Adenauers zum Bundeskanzler.

---

18. September | An der ersten bundesdeutschen Buchmesse in den Wandelgängen der Frankfurter Paulskirche nehmen 205 deutsche Verlage teil.

---

24. September | Nach der erneuten Zulassung deutscher und japanischer Sportler zu den künftigen Olympischen Spielen durch das Internationale Olympische Komitee (IOC) tritt in Bonn das neue Nationale Olympische Komitee (NOK) zusammen.

---

7. Oktober | In Ostberlin proklamiert der Deutsche Volksrat die Deutsche Demokratische Republik (DDR) und beschließt zugleich die Schaffung eines provisorischen Parlaments. Am 11. Oktober wird der SED-Vorsitzende Wilhelm Pieck zum Präsidenten der DDR gewählt.

---

12. Dezember | Die Provisorische Volkskammer bestätigt die von Otto Grotewohl vorgestellte Regierung und Grotewohl als Ministerpräsidenten.

1950

Erich Honecker, Vorsitzender der FDJ

Das geteilte Berlin 1950

Aufbausonntag der FDJ am gesprengten Berliner Stadtschloss

Die Freiheitsglocke vor dem Schöneberger Rathaus

Hanns Eisler und Bertolt Brecht in der Ostberliner Akademie der Künste

von links nach rechts

Das Verhältnis zwischen den neu gegründeten deutschen Staaten ist geprägt von sich verschärfenden Spannungen. Die Bundesregierung zeigt keine Bereitschaft, mit dem »Marionettenregime in Pankow« Gespräche aufzunehmen. Umgekehrt gilt in der DDR die Bundesrepublik Deutschland als »Kolonie der US-Imperialisten«. Neben diesen verbalen Attacken belegen auch die politischen Fakten eine sich vertiefende Teilung des Landes. Die Bundesrepublik Deutschland wird zunehmend im Westen als Partner akzeptiert, die DDR in den Ostblock integriert. Frankreichs Außenminister Robert Schuman legt im Mai den Plan einer Montanunion vor, wonach die Kohle- und Stahlproduktion Frankreichs und der Bundesrepublik einer gemeinsamen Behörde unterstellt sein sollen. Im Juni wird die BRD Mitglied im Europarat und unterzeichnet das Abkommen über eine Europäische Zahlungsunion.

Die DDR wird im September Mitglied im Wirtschaftsbündnis des Ostens, dem Rat für gegenseitige Wirtschaftshilfe (RGW), und setzt erhebliche Mittel ein, um ihre Wirtschaftskraft zu stärken. Der III. Parteitag der SED beschließt den ersten Fünfjahresplan, der eine Verdoppelung der Industrieproduktion und die deutliche Steigerung der Arbeitsproduktivität vorsieht. Um die anspruchsvollen Ziele zu untermauern, beginnt der Aufbau des »Eisenhüttenkombinats Ost« bei Fürstenberg an der Oder. Hier an der Oder soll künftig aus russischem Erz und polnischer Steinkohle Stahl produziert werden.

1950

Originaltext 1950: »Kartoffelkäferbekämpfung im Krs. Chemnitz. Die Bevölkerung der DDR wehrt amerikanischen Kartoffelkäfer-Anschlag ab. Unmittelbar nach dem schändlichen Kartoffelkäferabwurf durch amerikanische Flugzeuge über die DDR, der bei der Bevölkerung helle Empörung ausgelöst hat, begann in den betroffenen Gebieten die große Suchaktion. UBz: Die Kinder betrachten ihren Fang.« Am 7. Juli weist die US-Regierung die Anschuldigung als falsch und albern zurück.

Der Name des Flusses im Osten gerät auch in anderer Hinsicht ins Blickfeld deutscher Politik. An der Grenzziehung zu Polen an Oder und Neiße entzünden sich bis zur endgültigen deutschen Einheit immer wieder Konflikte im deutsch-deutschen Verhältnis. Polen und die DDR erklären im Juni in Warschau die Oder-Neiße-Linie zur endgültigen deutsch-polnischen Grenze. Ungeachtet der Rechtsverwahrung, die der Bundestag einlegt, wird im Juli das Görlitzer Abkommen über die Oder-Neiße-Grenze zwischen Polen und der DDR unterzeichnet, die im Sprachgebrauch der DDR fortan als Friedensgrenze firmiert.

Im Februar 1950 billigt die Volkskammer das Gesetz zur Bildung des Ministeriums für Staatssicherheit (MfS) in der DDR. Das MfS sieht sich in der Tradition der Tscheka, der nachrevolutionären bolschewistischen Geheimpolizei der Jahre 1917 bis 1922, und orientiert sich am sowjetischen Vorbild. Als »Schild und Schwert« der Partei konzentriert es sich neben der Aufklärungsarbeit und Spionageabwehr vornehmlich auf die Überwachung der eigenen Bevölkerung mit einer zunehmenden Zahl informeller Mitarbeiter.

In der Bundesrepublik wird im Juli Hans Globke Ministerialdirigent im Kanzleramt und somit einer der wichtigsten Berater von Bundeskanzler Konrad Adenauer. Globke ist in der demokratischen Öffentlichkeit der BRD heftig umstritten wegen seiner Tätigkeit als juristischer Kommentator der 1936 erlassenen NS-Rassengesetze.

links: Originaltitel 1950: »Um die durch den Krieg hervorgerufene Wohnungsnot zu beseitigen, [...] wird im Oderbruch seit einigen Wochen die Blitzmethode angewandt. In Sachsendorf-Werder arbeitet die Blitzbaubrigade der KMU (Kommunalwirtsch. Unternehmen), Kreis Seelow, sie braucht durchschnittlich 36 Stunden für den richtfertigen Kernbau. UBz: Das neue Heim vor Augen geht die junge Umsiedlerin froh an ihre Feldarbeit.«

rechts: Am 10. Februar protestieren Kraftfahrer aus der ganzen Bundesrepublik mit einer Sternfahrt nach Bonn gegen die seit Beginn des Jahres gültige Benzinpreiserhöhung. Daraufhin wird die Erhöhung zum Teil zurückgenommen: 1 l Benzin von 0,60 auf 0,55 DM, 1 l Diesel von 0,45 auf 0,38 DM.

Ebenfalls im Juli konstituiert sich in Frankfurt am Main der Zentralrat der Juden in Deutschland. Er fungiert als Dachorganisation der jüdischen Gemeinden und ihrer Landesverbände, setzt sich für die Rechte der Juden in Deutschland ein und fordert Wiedergutmachung für das erlittene Unrecht während der NS-Diktatur.

Viele der während des Nationalsozialismus emigrierten Deutschen kehren in ihre Heimat zurück. Heinrich Mann, der 1933 aus der Akademie der Künste ausgeschlossen wurde, anschließend emigrierte und nun zum Präsidenten der am 24. März gegründeten Deutschen Akademie der Künste in Ostberlin gewählt wird, stirbt noch vor seiner Rückkehr am 12. März in den USA. Auch der Maler Max Beckmann und der Komponist Kurt Weill sterben im amerikanischen Exil.

Im September tritt das Gesetz über den Mutter- und Kinderschutz und die Rechte der Frau in der DDR in Kraft. »Die Verfassung der Deutschen Demokratischen Republik hat die volle Gleichberechtigung von Mann und Frau festgelegt und alle Gesetze aufgehoben, die die Frau gegenüber dem Mann benachteiligten«, heißt es in der Präambel. In der Bundesrepublik hält man indes noch am Überkommenen fest: Im vorläufigen Bundespersonalgesetz der BRD wird eine »Zölibatsklausel« für weibliche Beamte erlassen, die noch bis 1953 wirksam ist. Demnach sind weibliche Beamte zu entlassen, wenn das Familieneinkommen für ihre wirtschaftliche Versorgung ausreicht.

WAS SONST NOCH GESCHAH

1950

16. Januar | Die sowjetische Kontrollkommission in der DDR ordnet die Auflösung der Arbeitslager Sachsenhausen, Buchenwald und Bautzen an.

Die Stuttgarter Polizei informiert die Öffentlichkeit über den bisher größten Korruptionsskandal im Zusammenhang mit der Entnazifizierung. In über tausend Fällen sollen frühere Nationalsozialisten gegen Geldzahlungen die sogenannten Persilscheine von der Spruchkammer in Württemberg-Baden erhalten haben.

31. Januar | Vertreter der Bundesregierung unterzeichnen in Prag ein Abkommen über die Ausreise der noch in der Tschechoslowakei lebenden Sudetendeutschen. Etwa 20.000 von insgesamt 279.000 sollen das Land verlassen dürfen.

3. Februar | In Ostberlin wird der Nationalrat der Nationalen Front gegründet. In ihr sind alle Parteien und Massenorganisationen der DDR unter Führung der SED zusammengeschlossen.

10. Februar | Der Bundestag in Bonn beschließt ein Wirtschaftsförderungsprogramm für Westberlin in einer Höhe von 105 Millionen D-Mark.

1. März | In der Bundesrepublik wird die Rationierung von Lebensmitteln (außer Zucker) aufgehoben.

3. März | Ein erster Transport mit Deutschen, die aus den jetzt unter polnischer Verwaltung stehenden ehemaligen Ostgebieten ausgewiesen wurden, trifft im Lager Friedland ein.

24. März | In Ostberlin wird die Akademie der Künste gegründet. Sie sieht sich in der Nachfolge der Preußischen Akademie der Künste; ihr erster Präsident ist der Schriftsteller Arnold Zweig.

27. März | Der Bundestag in Bonn verabschiedet ein Gesetz über die Notaufnahme von Deutschen, wodurch der zunehmende Flüchtlingsstrom aus der DDR begrenzt werden soll.

1. April | Das 1944 geschlossene Spielkasino im Kurhaus von Baden-Baden wird wieder in Betrieb genommen.

Das Ministerium für Volksbildung der DDR verbietet das Abspielen angloamerikanischer Musik in der Öffentlichkeit.

11. Juni | Der NWDR beginnt mit Probesendungen für einen Fernsehbetrieb.

22. Juni | Die Automobilfirma »Borgward« stellt mit dem Lloyd 300 einen erschwinglichen Kleinwagen mit einer Sperrholz-Karosserie vor.

3. Juli | Das im Krieg zerstörte KaDeWe in Westberlin wird auf zunächst zwei Verkaufsetagen wieder eröffnet.

6. Juli | Mit der Unterzeichnung des Görlitzer Abkommens erkennt die DDR die Oder-Neiße-Linie als polnisch-deutsche Grenze an.

7. August | Die Bundesrepublik und das Saarland werden Mitglieder im Straßburger Europarat.

17. August | Die alliierten Hochkommissare unterzeichnen ein Gesetz über die Aufspaltung des IG Farben-Konzerns.

3. September | In Baden-Baden wird die erste Miss Germany gewählt.

9. September | In Ostberlin wird mit der Sprengung des Berliner Stadtschlosses begonnen.

24. Oktober | Auf dem Turm des Schöneberger Rathauses wird die Freiheitsglocke eingeläutet. Sie wurde durch Spenden US-amerikanischer Bürger finanziert.

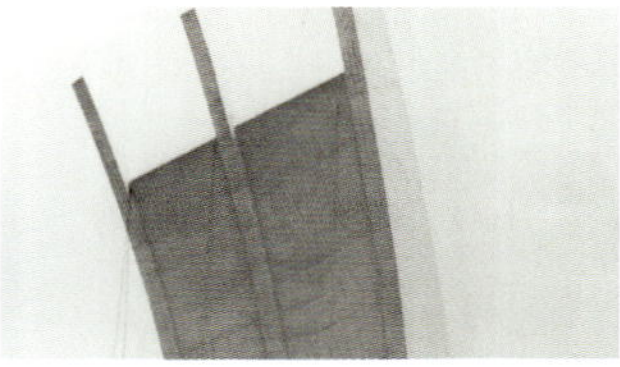

1951

Grundsteinlegung für den Hochofen I bei Fürstenberg an der Oder am 1. Januar

Einweihung des Luftbrückendenkmals in Westberlin am 10. Juli

Conny Froboess wird 1951 mit dem Lied »Pack die Badehose ein…« berühmt

Adenauer (r.) und der französische Planungskommissar Jean Monnet

Plakate zur Volksabstimmung am 2. September

von links nach rechts

Volle Schaufenster sind in den Städten der Bundesrepublik schon fast wieder eine Selbstverständlichkeit. Dank des Marshall-Plans konnten die schlimmsten Kriegsschäden weitestgehend behoben werden. Wenn auch für viele Menschen die wirtschaftliche und soziale Lage noch unbefriedigend ist, macht sich dennoch ein bescheidener Wohlstand breit; Bundeswirtschaftsminister Ludwig Erhard kreiert sein Konzept einer sozialen Marktwirtschaft.

Die moralische Verpflichtung, die nationalsozialistische Vergangenheit aufzuarbeiten, rückt im privaten wie im öffentlichen Leben hingegen immer mehr in den Hintergrund. Sechs Jahre nach dem Ende der nationalsozialistischen Verbrechen wird in der Bundesrepublik mit dem Entnazifizierungsschlussgesetz die »Trauerzeit« beendet. Die wachsende Selbstständigkeit der deutschen Justiz führt dazu, dass zunehmend NS-Täter von Amnestien profitieren können. Der größte Teil der Bevölkerung akzeptiert dies widerspruchslos.

In der DDR geht der Wiederaufbau langsamer voran. Die Last der kriegsbedingten Reparationen an die Sowjetunion wirkt sich auch auf den Lebensstandard der Bevölkerung aus. Dennoch werden zum zweiten Jahrestag der Gründung der Republik die Rationierung aller Produkte bis auf Fleisch, Fett und Zucker aufgehoben.

Mit einigem Stolz auf das Geleistete begrüßen die Ostdeutschen Jugendliche aus allen Ländern zu den III. Weltfestspielen der Jugend und Studenten. Die

1951

Vom 5. bis zum 19. August finden in Ostberlin die Weltjugendfestspiele statt. Höhepunkt der Spiele mit ihren politischen, kulturellen und sportlichen Veranstaltungen ist die Demonstration auf dem Marx-Engels-Platz, wo kaum mehr etwas an das hier erst vor wenigen Monaten abgerissene Stadtschloss erinnert.

DDR hofft damit, ihr Selbstverständnis als Friedensstaat demonstrieren zu können und ihr gewachsenes internationales Ansehen weiter zu stärken. Rund zwei Millionen Delegierte aus beiden Teilen Deutschlands und 26.000 Abgeordnete aus 104 Staaten treffen sich im August in Ostberlin, um ihre Sehnsucht nach einer friedfertigen Welt zum Ausdruck zu bringen.

Die innerdeutsche Politik ist von divergierenden Aktivitäten beider Regierungen in Sachen Wiedervereinigung geprägt. Bundeskanzler Konrad Adenauer lehnt den Vorschlag von DDR-Ministerpräsident Otto Grotewohl ab, einen Gesamtdeutschen Konstituierenden Rat zu bilden. Dieses paritätisch besetzte Gremium sollte freie gesamtdeutsche Wahlen vorbereiten, womit der Osten zum ersten Mal auf entsprechende Forderungen der Bundesrepublik und der Westmächte eingeht, die darin eine Voraussetzung für die deutsche Einheit sehen. Unter der Losung »Deutsche an einen Tisch« wendet sich die DDR-Volkskammer im September an den Bundestag mit dem Vorschlag, gemeinsam darüber zu beraten. Der Bundestag wiederum verabschiedet eine eigene Wahlordnung für freie Wahlen in ganz Deutschland unter Aufsicht der UNO. Zu Ergebnissen führt keine dieser Aktivitäten, und so bleibt der innerdeutsche Handel die wichtigste Klammer in den Beziehungen der beiden Staaten; im September wird ein Interzonenhandelsabkommen zwischen der DDR, der Bundesrepublik und Westberlin geschlossen.

links: Szene aus dem deutschen Spielfilm »Die Sünderin« mit Hildegard Knef. Uraufgeführt wird der Film von Regisseur Willi Forst, mit Gustav Fröhlich als Partner von Hildegard Knef, am 18. Januar im Frankfurter Turmpalast. Die kurze Nacktszene der Knef löst in der Bundesrepublik eine heftige Moraldiskussion aus.

rechts: Originaltext: »Am 10. April, zehn Tage vor dem Plantermin, konnten die Werktätigen des Schwerpunktbetriebes Eisenhüttenkombinat Ost die Richtkrone am Hochofen I anbringen.« In unmittelbarer Nähe des Stahlwerkes entsteht in den folgenden Jahren die »erste sozialistische Stadt der DDR«, die 1953 den Namen »Stalinstadt« erhält und 1961 in »Eisenhüttenstadt« umbenannt wird.

Die entgegengesetzten politischen Ziele sind auch im kulturellen Bereich spürbar, in der unterschiedlichen Auswahl der Stücke an den großen Theatern, in der Filmindustrie und auch in der bildenden Kunst, wo sozialistischer Realismus und abstrakte Kunst unvereinbar scheinen. Die DEFA, schon 1946 in Babelsberg ins Leben gerufen, verfilmt Heinrich Manns Roman »Der Untertan« unter der Regie von Wolfgang Staudte. In der Bundesrepublik wird der Film erst 1956 in einer gekürzten Fassung freigegeben. Die Presse dort wirft Staudte vor, er stehe »im Dienste kommunistischer Kulturpolitik« und betreibe die »Bolschewisierung der Welt«. »Der Spiegel« vom 12. Dezember spricht von einem »Paradebeispiel ostzonaler Filmpolitik. Der Film lässt vollständig außer Acht, dass es in der ganzen preußischen Geschichte keinen Untertan gegeben hat, der so unfrei gewesen wäre, wie die volkseigenen Menschen unter Stalins Gesinnungspolizei es samt und sonders sind.« Die Romanverfilmung gilt bis heute als Meisterwerk des deutschen Nachkriegsfilms.

In Westberliner Titania-Palast finden vom 6. bis 18. Juni die ersten Internationalen Filmfestspiele Berlin statt, und zum selben Zeitpunkt wird hier auch zum ersten Mal der Deutsche Filmpreis (später Bundesfilmpreis) an »Das doppelte Lottchen« vergeben, ein Film nach dem Roman von Erich Kästner. Mit beiden Veranstaltungen demonstrieren die Initiatoren zugleich die enge Anbindung Westberlins an die Bundesrepublik. WT

WAS SONST NOCH GESCHAH

1951

1. Januar | Grundsteinlegung für den ersten Hochofen des Eisenhüttenkombinats Ost (EKO) bei Fürstenberg an der Oder in der DDR.

18. Januar | Nach der 1950 erfolgten Verfassungsänderung für Westberlin wird der bisherige Oberbürgermeister Ernst Reuter zum Regierenden Bürgermeister Westberlins gewählt.

3. Februar | Nach der Begnadigung durch den amerikanischen Hochkommissar John J. McCloy verlässt Alfried Krupp von Bohlen und Halbach das Landsberger Kriegsverbrechergefängnis. Die Einziehung des Vermögens wird rückgängig gemacht.

15. März | Auf der 5. Tagung des ZK der SED in Ostberlin wird der Beschluss gefasst, den Kampf gegen den Formalismus in der Kunst und Literatur aufzunehmen. Von den Künstlern wird die Hinwendung zum sozialistischen Realismus gefordert.

17. März | Nur wenige Tage nach der Uraufführung an der Ostberliner Staatsoper wird die Oper »Das Verhör des Lukullus« von Paul Dessau (Musik) und Bertolt Brecht (Text) wegen formalistischer Tendenzen wieder abgesetzt.

10. April | Der Deutsche Bundestag verabschiedet das Gesetz über die »Mitbestimmung der Arbeitnehmer in der eisenschaffenden Industrie und im Kohlebergbau«.

18. April | Bundeskanzler und Außenminister Konrad Adenauer unterzeichnet in Paris den Vertrag über die Montanunion, die Europäische Gemeinschaft für Kohle und Stahl.

22. April | Gründung des Nationalen Olympischen Komitees (NOK) der DDR im Ostberliner Roten Rathaus.

6. Juni | Im Westberliner Titania-Palast werden die I. Internationalen Berliner Filmfestspiele eröffnet. Bis 18. Juni sind 34 Spiel- und 80 Kulturfilme aus 21 Nationen zu sehen.

10. Juli | Einen Tag, nachdem die Amerikaner den zivilen Teil des Berliner Flughafens Tempelhof wieder in deutsche Hände gegeben haben, wird auf dem Vorplatz das Luftbrückendenkmal eingeweiht. Es erinnert an die Hilfe der Westalliierten während der Berlin-Blockade 1948/49.

16. August | Der DDR-Ministerrat beschließt die Gründung eines Amtes für Literatur zur Erteilung von Druckgenehmigungen.

31. August | Die Deutsche Grammophon-Gesellschaft stellt auf der Düsseldorfer Musikmesse die erste Langspielplatte mit 33,3 Umdrehungen in der Minute vor.

4. September | In Darmstadt konstituiert sich als Abspaltung der gesamtdeutschen Sektion des internationalen Schriftstellerklubs PEN ein »Deutsches PEN-Zentrum der Bundesrepublik« mit seinem Vorsitzenden Erich Kästner.

16. September | In Anwesenheit von Bundespräsident Theodor Heuss erhält der Arzt und Theologe Albert Schweitzer in der Frankfurter Paulskirche den Friedenspreis des Deutschen Buchhandels überreicht.

28. September | Mit einem Festakt im Staatstheater Karlsruhe wird das Bundesverfassungsgericht eröffnet.

9. Dezember | Bei der Volksabstimmung über die Neuordnung der Länder Württemberg-Baden, Württemberg-Hohenzollern und (Süd-)Baden votiert die Mehrheit für den Zusammenschluss zu einem Südweststaat.

1952

Erste Badegäste nach dem Ende des Krieges auf der Insel Helgoland

Am Westberliner Haus des Rundfunks: Aussperrung der Mitarbeiter des DDR-Senders

Geschäftsidee: Rollerverleih für Westberliner Kinder

Unterzeichner des Deutschlandvertrages: Adenauer mit den Außenministern der drei Westmächte

Ein neuer Star in der Bundesrepublik: Caterina Valente

von links nach rechts

Nach längeren kontrovers geführten Debatten haben die Westdeutschen mit dem Deutschlandlied wieder eine offizielle Nationalhymne. Das Lied, von August Heinrich Hoffmann von Fallersleben 1841 auf eine Musik von Joseph Haydn verfasst, wurde seither geachtet und geächtet, als Zeichen der Zusammengehörigkeit und gemeinsamen Verantwortung verstanden, aber auch in nationalistischer Überhebung in der jüngeren Geschichte missbraucht. Bundeskanzler Konrad Adenauer hatte in einem Brief an Bundespräsident Theodor Heuss »das Hoffmann-Haydn'sche Lied« vorgeschlagen, obwohl dieser sich zunächst dagegen ausgesprochen hatte. Heuss erinnert an den Missbrauch durch die Nationalsozialisten, stellt aber auch fest: »Ich habe den Traditionalismus und sein Beharrungsbedürfnis unterschätzt.« Gemäß einer Regelung wird nun zu offiziellen Anlässen nur die dritte Strophe gesungen.

Die einzige Chance für das Gelingen eines politischen und wirtschaftlichen Aufbaus der Bundesrepublik sieht Adenauer in der Anlehnung an den Westen. Mit der Unterzeichnung des Deutschlandvertrages durch die Außenminister der USA, Großbritanniens und Frankreichs im Bonner Bundeshaus am 26. Mai wird das Besatzungsstatut beendet und die Bundesrepublik formell ein souveräner Staat. Die Westmächte erkennen die staatlichen Hoheitsrechte der Bundesrepublik an und sind bereit, den früheren Kriegsgegner gleichberechtigt in die Völkergemeinschaft aufzunehmen. Proteste dagegen gibt es sowohl im

1952

Gegen die geplante Unterzeichnung des Deutschlandvertrages protestieren am 11. Mai in Essen etwa 30.000 Menschen. Als die Polizei versucht, die »Friedenskarawane gegen den Generalvertrag« gewaltsam aufzulösen, kommt ein Demonstrant ums Leben.

Aus- als auch im Inland. Die SPD weist daraufhin, dass durch diesen Vertrag eine Wiedervereinigung nun in weite Ferne gerückt sei.

Auf die Bindung der Bundesrepublik an den Westen reagiert die DDR ihrerseits mit Abgrenzung. Durch den Ausbau der innerdeutschen Grenze, das Kappen von Telefonleitungen, die Einführung von Personenkontrollen und die Beschränkung von Reisemöglichkeiten zwischen Ost und West macht die Führung in Ostberlin deutlich, dass die beiden deutschen Staaten nichts mehr zusammenhält. Die bisherigen Länder Mecklenburg, Brandenburg, Sachsen-Anhalt, Sachsen und Thüringen werden in 14 Bezirke aufgeteilt; es ist der Beginn einer zentralistischen Verwaltung.

Territoriale Veränderungen gibt es auch in der Bundesrepublik. Als Ergebnis einer Volksabstimmung im Dezember 1951 entsteht nach den Wahlen zu einer Verfassungsgebenden Versammlung am 9. März ein neues Bundesland aus dem bisherigen Württemberg-Baden, aus Württemberg-Hohenzollern und Südbaden. Nach langem Streit einigt man sich auf den Namen »Baden-Württemberg«.

In Reaktion auf die nun festgeschriebene Orientierung Bonns nach Westen forciert auch die DDR ihre Eigenständigkeit. Im Juni beschließt die zweite Parteikonferenz der SED den Beginn einer neuen Phase der gesellschaftlichen Entwicklung in der DDR. Der antifaschistisch-demokratische Aufbau der ersten Nachkriegsjahre wird für abgeschlossen erklärt und der Aufbau des Sozialismus

links: Werbeplakat aus dem Jahr 1952. Am 8. März 1950 wurde in Wolfsburg mit der Produktion von zehn VW-Bussen am Tag begonnen. Das Fahrzeug verfügt über einen luftgekühlten Boxer-Motor mit einer Leistung von 18 kW (25 PS).

rechts: Originaltext: »Zur bisher größten Produktionsgenossenschaft der DDR schlossen sich 58 Bauern mit insgesamt 420 ha Boden in Ottersleben bei Magdeburg zusammen. Die Mitglieder dieser Produktionsgenossenschaft, die den Namen ›Neues Leben‹ erhielt, begannen als erste gemeinsame Arbeit mit dem Anbau von Wickroggen ...«

als Ziel formuliert. Alle Lebensbereiche sollen vergesellschaftet werden. Die Bildung Landwirtschaftlicher Produktionsgenossenschaften (LPG) wird gefördert und die Verstaatlichung von Privatbesitz vorangetrieben. Im Januar startet das »Nationale Aufbauwerk«, an dessen erstem zentral organisierten Aufbausonntag etwa 50.000 Berliner die Trümmer am Strausberger Platz beseitigen helfen. Am 5. Februar wird von Ministerpräsident Otto Grotewohl der Grundstein für den Bau der Berliner Stalinallee gelegt, eines Prachtboulevards mit Geschäften und 3.000 neuen Wohnungen. Dort leisten die Aufbauhelfer 1952 über vier Millionen Stunden freiwilliger Arbeit. Das Nationale Aufbauwerk (NAW) dehnt sich in den Fünfzigerjahren als Masseninitiative zur freiwilligen, gemeinnützigen und unentgeltlichen Arbeit auf die ganze DDR aus.

In diesem Jahr tritt ein neues Medium ins Bewusstsein der Deutschen: das Fernsehen. Das staatliche Fernsehen der DDR beginnt am 21. Dezember mit Versuchssendungen aus Berlin-Adlershof. Die erste Sendung ist die Aktuelle Kamera mit dem Schauspieler Herbert Köfer als Nachrichtensprecher. Rechtzeitig kommen die ersten Fernsehgeräte in den Handel; zum Sendestart sind es ganze 57 Fernsehempfänger in Ostberlin. Nur vier Tage darauf, am ersten Weihnachtsfeiertag, nimmt der Nordwestdeutsche Rundfunk (NWDR) den regelmäßigen Sendebetrieb auf. Am 26. Dezember wird um 20 Uhr die erste »Tagesschau« mit einem Rückblick auf das Jahr 1952 gesendet.   WT

1952

WAS SONST NOCH GESCHAH

8. Januar | Das Statistische Bundesamt veröffentlicht eine Erhebung, aus der hervorgeht, dass annähernd jeder fünfte Bewohner der Bundesrepublik ein Flüchtling ist; zahlreiche dieser etwa acht Millionen Menschen seien noch immer ohne Wohnung und Arbeit.

---

11. Januar | Der Deutsche Bundestag ratifiziert nach heftigen Debatten den Vertrag über die Gründung der Europäischen Gemeinschaft für Kohle und Stahl, der sogenannten Montanunion.

---

2. Februar | In Dortmund wird die Westfalenhalle eingeweiht, mit seinen möglichen 24.000 Plätzen Europas größtes Sport- und Veranstaltungszentrum.

---

5. Februar | Grundsteinlegung für die Stalinallee in Ostberlin durch Otto Grotewohl im Rahmen des Nationalen Aufbauwerks der DDR.

---

8. Februar | Nach einer über 20-stündigen Debatte spricht sich der Bundestag gegen die Stimmen von SPD und KPD für eine Teilnahme der Bundesrepublik an der Europäischen Verteidigungsgemeinschaft (EVG) aus.

---

25. Februar | In Oslo gehen die am 14. Februar begonnenen VI. Olympischen Winterspiele zu Ende. Nach dem Zweiten Weltkrieg nimmt mit den Sportlern aus der Bundesrepublik erstmals wieder eine deutsche Mannschaft teil; im Medaillenspiegel steht sie auf Platz vier.

---

29. Februar | Großbritannien übergibt die Verwaltung der 1945 besetzten und von der Royal Air Force als Übungsziel benutzten Nordseeinsel Helgoland wieder der Bundesrepublik.

---

18. März | Der S.Fischer Verlag in Frankfurt am Main beginnt mit der Herausgabe der Fischer Taschenbücher.

---

8. Mai | Die Landeszentralbanken der Bundesrepubliken bringen ein Fünfmarkstück in Umlauf.

---

26. Mai | Mit der Unterzeichnung des sogenannten Deutschlandvertrages durch die Außenminister der Westalliierten und Konrad Adenauer erhält die Bundesrepublik die Rechte eines souveränen Staates.

Auf den Deutschlandvertrag reagiert die DDR-Regierung mit der Errichtung einer Sperrzone entlang der Demarkationslinie zur Bundesrepublik sowie mit Einschränkungen im innerdeutschen Handel und Verkehr.

---

3. Juni | Westberliner Polizei und Alliierte verweigern den Mitarbeitern des Ostberliner Rundfunks den Zutritt zu ihren Arbeitsräumen im Haus des Rundfunks. Das in Westberlin gelegene Gebäude muss vom Ostberliner Rundfunk geräumt werden. Gleich nach dem Mai 1945 hatte der Berliner Rundfunk hier die Studios und Redaktionsräume mit sowjetischer Genehmigung bezogen.

---

24. Juni | Im Hamburger Springer Verlag erscheint die erste Ausgabe der »Bild-Zeitung«.

---

2. August | Bei den am 19. Juli begonnenen XV. Olympischen Sommerspielen in Helsinki gewinnt die deutsche Mannschaft keine Medaille.

---

10. September | In Luxemburg unterzeichnen Vertreter der Bundesrepublik und Israels ein Wiedergutmachungsabkommen.

---

24. September | Nach dem Tod Kurt Schumachers am 20. August übernimmt Erich Ollenhauer den Vorsitz der SPD.

---

7. Oktober | Die Kasernierte Volkspolizei der DDR (KVP) erhält neue Uniformen und Dienstgrade, die Grenzpolizei wird der Staatssicherheit unterstellt.

1953

Neu auf den Straßen: Messerschmitt-Kabinenroller

Stalin-Denkmal in der Ostberliner Stalinallee

Wagen der Frauenklinik auf der Demonstration zum 1. Mai in Leipzig

Enthüllung des Denkmals für die Widerstandskämpfer des 20. Juli 1944 in Westberlin

Erstes Endspiel um den DFB-Pokal: RW Essen – Alemannia Aachen 2:1

von links nach rechts

»Im Jahr 1953 gedenkt die deutsche Nation ihres größten Sohnes Karl Marx«, erklärt das ZK der SED Anfang Januar und feiert so den Klassiker des »wissenschaftlichen Sozialismus«, der am 15. Mai vor 135 Jahren in Trier geboren wurde. Die Ehrung des Theoretikers fällt jedoch in eine Zeit äußerst krisenhafter Zustände in der DDR. Schon in den ersten drei Monaten fliehen fast 60.000 Menschen aus der DDR in den Westen, Ende 1953 werden es insgesamt 331.390 sein. Ursachen dafür sind zum einen die Angst, dass Maßnahmen wie die Einrichtung von Sperrzonen an den Demarkationslinien und die Trennung des Straßenbahnverkehrs zwischen Ost- und Westberlin Vorbereitungen für eine gänzliche Schließung der DDR-Grenze sein könnten, zum anderen die schlechte wirtschaftliche Lage des Landes.

Die Partei- und Staatsführung schlingert in diesen Monaten von einem Kurswechsel in den nächsten. Unmittelbar nach dem Tod Stalins am 5. März setzt ein Machtkampf um dessen Nachfolge innerhalb der sowjetischen Parteiführung ein, wobei auch unterschiedliche Haltungen gegenüber den DDR-Genossen deutlich werden. Hatte die SED ein Jahr zuvor noch die planmäßige Errichtung der Grundlagen des Sozialismus in der DDR beschlossen, kommen nun aus Moskau Anweisungen, diese Entwicklung zu bremsen, um einer befürchteten instabilen politischen Lage vorzubeugen. Walter Ulbricht steht für die Position der konsequenten Verwirklichung des Sozialismus in der DDR, und Valen-

1953

DDR-Flüchtlinge in einem Durchgangslager in Westberlin. Dem schon Ende 1952 einsetzenden Flüchtlingsstrom sind die Behörden kaum mehr gewachsen. Es fehlt an Unterkünften und auch an Lebensmitteln. Der größte Teil der Menschen wird so schnell wie möglich in die Bundesrepublik ausgeflogen.

tin Falin berichtete: »Berija, assistiert von Malenkow, sah sich in der Ansicht bestätigt, die sowjetischen Positionen zur DDR seien nicht zu halten, man müsse die Republik zu günstigen Konditionen loswerden.« So beschließt dann am 9. Juni das ZK der SED einen neuen Kurs, der am 11. Juni vom Ministerrat verkündet wird. Versprochen werden u.a. die Zurücknahme der Preiserhöhungen, eine bessere Versorgung, ein Schritt zurück in der Kollektivierung der Landwirtschaft sowie die teilweise Rückgabe enteigneter Betriebe. Allerdings bleibt die Normerhöhung bestehen, die faktisch eine Lohnminderung bedeutet. Gerade aber diese löst Proteste auf den Großbaustellen in der Ostberliner Stalinallee aus, die sich dann am 17. Juni zu Massendemonstrationen in anderen Städten der DDR ausweiten, auf denen die Menschen nun auch politische Forderungen stellen: freie Wahlen, die Wiedervereinigung Deutschlands und die Absetzung Walter Ulbrichts. Die DDR-Führung scheint paralysiert und zieht sich zurück nach Berlin-Karlshorst, hinter die Mauern der Sowjetischen Militäradministration. Bis zum 11. Juli übernimmt die Sowjetarmee die Macht in der DDR. Der Ausnahmezustand wird ausgerufen, sowjetische Panzer rollen durch die Straßen. Daraufhin herrscht bald wieder Ruhe – Friedhofsruhe. Einige hundert Tote sind zu beklagen, 20.000 Menschen werden festgenommen, von denen in den ersten Tagen 29 durch sowjetische Standgerichte zum Tode verurteilt und hingerichtet werden. Nun entschließt sich die DDR-Führung, Fahr- und

links: Volksaufstand in der DDR am 17. Juni: sowjetischer Panzer auf dem Potsdamer Platz in Berlin. Gegen 13 Uhr verkündet der Militärkommandant Dibrowa den Ausnahmezustand über den sowjetischen Sektor, er wird erst am 11. Juli wieder aufgehoben. Gegen die Aufständischen in der DDR sind 16 sowjetische Divisionen mit etwa 20.000 Soldaten sowie 8.000 Angehörige der Kasernierten Volkspolizei der DDR (KVP) im Einsatz.

rechts: In München kommt es am 20. Juni während einer Demonstration gegen spätere Ladenschlusszeiten zu Auseinandersetzungen mit der Polizei. Die Geschäfte C & A Brenninkmeyer und Salamander wollen künftig am Samstag statt um 14 Uhr erst um 17 Uhr schließen.

Lebensmittelpreise sowie Arbeitsnormen wieder zu senken. Die Mindestrente wird erhöht und ein Wohnungsbauprogramm beschlossen.

Ulbrichts Position ist nach dem 17. Juni weiterhin geschwächt, die Mitglieder des Politbüros, außer Hermann Matern und Erich Honecker, unterstützen seine von Anton Ackermann geforderte Ablösung. Die Situation ändert sich nach der Verhaftung Berijas am 26. Juni. Ulbricht erkennt schnell seine Chance und schaltet seine Widersacher aus: Ackermann und Zaisser werden aus dem ZK ausgeschlossen. Bereits auf der folgenden ZK-Tagung am 24. Juli sitzt Ulbricht wieder fest im Sattel.

Damit sind auch mögliche Chancen für die Wiedervereinigung vertan, offenbar hat man sie im Westen auch nicht sehen wollen. Willy Brandt dazu: »Adenauer wusste mehr, aber wollte sein Wissen nicht mit Leuten teilen, die die Neigung hatten, Fragen zu stellen. Winston Churchill, den er Mitte Mai besuchte, hatte ihm Informationen aus Moskau gegeben, die geeignet gewesen wären, Tendenzen des Wandels in der sowjetischen Politik ernst zu nehmen […] Die Amerikaner, mit denen sich Adenauer umgehend ins Benehmen setzte, waren ebenfalls der Meinung, man solle dem Hinweis nicht nachgehen. Dass jedoch Ernstes im Busch gewesen war, wurde […] deutlich, als Ulbricht nach Berijas Sturz und Hinrichtung Ende Juni vor dem Plenum seines Zentralkomitees klagte, dieser habe die DDR verkaufen wollen.« HO

WAS SONST NOCH GESCHAH

1953

7. Januar | In den Neubauten der Ostberliner Stalinallee können die ersten 70 Wohnungen bezogen werden.

4. Februar | Der Bundestag in Bonn beschließt, in der Bundesrepublik das Anwerben von Deutschen für den Dienst in der französische Fremdenlegion unter Strafe zu stellen.

10. Februar | In den Ländern der Montanunion und somit in Westeuropa fallen die Zollschranken für Kohletransporte weg, ab dem 1. Mai wird auch der gemeinsame Stahlmarkt eröffnet.

15. Februar | Bei den Eiskunstlauf-Weltmeisterschaften in Davos belegt die bundesdeutsche Meisterin Gundi Busch den zweiten Platz.

12. März | Die Schauspielerin und Tänzerin, der einstige Ufa-Star Marika Rökk eröffnet in Hannover das größte und modernste Kino der Bundesrepublik. Im »Aegi« haben 1500 Zuschauer Platz.

19. März | In Frankfurt am Main wird die 36. Internationale Automobilausstellung (bis 29. März) eröffnet. Als eine der erfolgreichsten Neuheiten wird der Messerschmitt-Kabinenroller vorgestellt.

22. März | Zum ersten Mal wird im bundesdeutschen Fernsehen ein Fußballspiel live übertragen. Die Begegnung der Nationalmannschaften der Bundesrepublik und Österreichs in Köln endet 0:0.

25. März | Der Bundestag verabschiedet ein neues Vertriebenengesetz, nach dem alle Vertriebenen und Flüchtlinge aus der DDR unterschiedslos gleichberechtigte Staatsbürger der Bundesrepublik Deutschland sind.

1. April | In der Bundesrepublik wird die Gleichberechtigung von Mann und Frau in allen Bereichen rechtlich wirksam. Dagegen streitet vor allem noch die katholische Kirche.

6. April | Bundeskanzler Konrad Adenauer trifft in New York zu seinem ersten Staatsbesuch in den USA ein.

24. April | Zwei Kinos in Düsseldorf und Stuttgart zeigen zum ersten Mal in Europa einen 3-D-Film, die Zuschauer müssen Polarisationsbrillen tragen.

3. Mai | In Köln nimmt der Kurzwellensender »Deutsche Welle« den Betrieb auf.

4. Mai | Im Rahmen einer Verkehrserziehungswoche für Kinder und Jugendliche werden in der Bundesrepublik erstmals Schülerlotsen eingesetzt.

7. Mai | Die Ortschaften in der Umgebung des Eisenhüttenkombinats Ost an der Oder werden zur »Stalinstadt«.

25. Juni | Der Bundestag verabschiedet ein neues Wahlgesetz mit der sogenannten Fünf-Prozent-Hürde und der Einführung der Zweitstimme.

19. Juli | Einweihung des Mahnmals für die Widerstandskämpfer und Beteiligte am gescheiterten Attentat auf Hitler vom 20. Juli 1944 im Innenhof des früheren Kriegsministeriums in Westberlin.

4. August | Der Bundestag erklärt den 17. Juni zum »Tag der deutschen Einheit«.

22. August | Der sowjetische Regierungschef Georgi Malenkow unterzeichnet eine Vereinbarung, in der die UdSSR auf weitere Reparationszahlungen der DDR verzichtet.

30. September | Der CDU-Politiker Gebhard Müller ist neuer Ministerpräsident des 1952 gegründeten Südweststaates, der im Oktober endgültig den Namen Baden-Württemberg erhält.

1954

Eine der ersten Beiwagenmaschinen der ADAC-Straßenwacht

Plakatanschlag zur im Januar beginnenden Viermächtekonferenz in Berlin

Sepp Herberger nach der Halbzeitpause des Endspiels um die Fußball-WM in Bern

Adenauer mit den Außenministern der Westmächte im Oktober in Paris

Lilli Palmer in dem neuen deutschen Film »Feuerwerk«

von links nach rechts

Dieses Jahr kann als entscheidend für die Teilung Deutschlands gelten, auch wenn noch am 7. Januar in der DDR ein Ausschuss ins Leben gerufen wird, der sich mit Fragen der deutschen Wiedervereinigung beschäftigen soll. Die Arbeit dieses Gremiums ändert jedoch ebenso wenig etwas an der Teilung Deutschlands wie die zwei Wochen später stattfindende Außenministerkonferenz der Siegermächte. Zu dieser Konferenz treffen sich in Berlin John F. Dulles (USA), Wjatscheslaw M. Molotow (UdSSR), Anthony Eden (Großbritannien) und George Bidault (Frankreich). Die Vertreter der westlichen Staaten präsentieren mit dem Eden-Plan ein Fünf-Punkte-Programm zur Wiedervereinigung, das u. a. gesamtdeutsche freie Wahlen vorsieht sowie die Vorbereitung eines Friedensvertrages und einer gesamtdeutschen Verfassung. Der sowjetische Außenminister Molotow hingegen unterbreitet eine modifizierte Variante seines Vorschlages vom Frühjahr 1952: Er will erst mit beiden deutschen Staaten einen Friedensvertrag schließen. Danach sollen aus Bundesregierung und Volkskammer eine provisorische gesamtdeutsche Regierung gebildet und im Anschluss daran freie Wahlen durchgeführt werden. Außerdem stellt sich Molotow mit Blick auf die militärischen Bündnisse ein neutrales Gesamtdeutschland oder dessen Integration in ein System kollektiver Sicherheit vor.

Die Konferenz scheitert – nicht ohne beim Kanzler der Bundesrepublik, Konrad Adenauer, Gefühle der Genugtuung auszulösen. Adenauer beharrt auf der

1954

Das entscheidende Tor im WM-Finale von Bern: Helmut Rahn schießt das 3:2 gegen Ungarn. Damit ist die Nationalmannschaft der Bundesrepublik Fußballweltmeister. Der unerwartete Sieg gegen die als unschlagbar geltende ungarische Elf am 4. Juli versetzt ganz Deutschland in einen Freudentaumel. Der Dank der Nation gilt der gesamten Mannschaft, vor allem aber Trainer Sepp Herberger und Kapitän Fitz Walter.

Zugehörigkeit zu einem westeuropäischen politischen und militärischen Bündnis und steht einer Wiedervereinigung Deutschlands deshalb auf einer Basis der Neutralität ablehnend gegenüber. Auch dem Vorsitzenden der SED, Walter Ulbricht, ist klar, dass sich das Ziel der Etablierung eines sozialistischen Staates nur auf der Grundlage eines geteilten Deutschlands erreichen lässt.

In beiden deutschen Staaten beschleunigt sich nun die Divergenz der Systeme. Die Sowjetunion verleiht der DDR »erweiterte Souveränitätsrechte«, gibt auch die Betriebe der Sowjetischen Aktiengesellschaften (SAG) – mit Ausnahme der Uranbergwerke der Wismut-AG – an die DDR zurück, allerdings nicht ohne Entschädigung. Auf dem IV. Parteitag der SED wird im April nun endgültig ein Programm zur »Schaffung der Grundlagen des Sozialismus« beschlossen.

In Bonn werden die Vorbereitungen für die Wiederbewaffnung und die weitere Eingliederung in das westliche Bündnissystem getroffen. Bereits im Februar beschließt der Bundestag eine Ergänzung zum Grundgesetz. Sie regelt die Zuständigkeit des Bundes in Verteidigungs-, Wehrpflicht- und Zivilschutzangelegenheiten. Dazu gehört das Recht zur Gesetzgebung über die Verteidigung einschließlich der Einführung einer allgemeinen Wehrpflicht. Am 25. März wird diese Grundgesetzergänzung von der Alliierten Hochkommission mit dem Zusatz genehmigt, dass sie erst in Kraft tritt, wenn die Europäische Verteidigungsgemeinschaft (EVG) gegründet ist.

links: Bundestrainer Sepp Herberger (2.v.l.) und Nationalspieler Hans Schäfer (r.) vor einem der Fernsehgeräte, das jedem Mitglied der Nationalmannschaft für den Einzug ins Endspiel von der deutschen Fernsehindustrie versprochen wurde. Während der Fußball-WM in der Schweiz ist der Verkauf von Fernsehgeräten in der Bundesrepublik sprunghaft gestiegen.

rechts: Der 1. Sekretär des ZK der SED Walter Ulbricht während seiner Rede zur Eröffnung des IV. Parteitags der SED am 30. März in Ostberlin. Nach den innerparteilichen Auseinandersetzungen im Jahr 1953 ist Ulbrichts Position wieder gefestigt. Bereits im Januar erfolgte die Relegation Anton Ackermanns, Hans Jendreztkys und Elli Schmidts aus dem ZK.

Die Menschen in Ost und West indes wollen die Hoffnung auf die Wiedervereinigung nicht aufgeben. Sie gehen dafür auf die Straße und protestieren gegen die Wiederbewaffnung, die für sie die Gefahr der endgültigen Teilung und eines neuen Krieges in sich birgt. Auch namhafte Persönlichkeiten des öffentlichen Lebens und der Politik wie beispielsweise der spätere Bundespräsident Gustav Heinemann sind gegen ein neues Militärbündnis: »Wer militärische Blockbindung betreibt, kann dabei die Wiedervereinigung vielfältig im Munde führen, aber er verhindert sie zugleich. Wer die Deutschlandfrage lösen und damit auch Europa helfen will, muss der Tatsache Rechnung tragen, dass kein Nachbar, auch der östliche nicht, erneut eine militärische Gefahr von Deutschland her erleben will.« Der Plan einer Europäischen Verteidigungsgemeinschaft (EVG) scheitert im August allerdings am Veto der französischen Nationalversammlung.

Anfang Oktober auf der Londoner Neunmächte-Konferenz schließen sich die westlichen Reihen wieder. In einer »Londoner Akte« wird die Aufnahme der Bundesrepublik Deutschland und Italiens in den Fünfmächtepakt (Brüsseler Vertrag vom 17. März 1948) und in die NATO empfohlen. Drei Wochen später wird mit der Unterzeichnung der Pariser Verträge die Bundesrepublik aus dem Besatzungsstatus entlassen und in die Westeuropäische Union (WEU) aufgenommen. HO

WAS SONST NOCH GESCHAH

1954

7. Januar | Bildung eines Ministeriums für Kultur in der DDR, sein erster Minister ist der Schriftsteller Johannes R. Becher.

29. Januar | Der Allgemeine Deutsche Automobil Club (ADAC) der Bundesrepublik stellt seine ersten Pannenhilfsfahrzeuge in Dienst.

18. Februar | Die am 25. Januar begonnene Außenministerkonferenz der vier Siegermächte zum Deutschlandproblem endet in Berlin ohne Ergebnis.

19. Februar | Bei den Eiskunstlaufweltmeisterschaften in Oslo erringt Gundi Busch aus der Bundesrepublik den ersten Platz.

26. Februar | Der Bundestag beschließt gegen die Stimmen der Opposition das Wehrergänzungsgesetz.

9. März | Uraufführung des DEFA-Spielfilms »Ernst Thälmann – Sohn seiner Klasse« in Ostberlin. Für Schulklassen in der DDR wird der Besuch des Films zur Pflicht.

19. März | In Ostberlin eröffnet das von Bertolt Brecht und Helene Weigel geleitete Berliner Ensemble mit der Brecht'schen Bearbeitung von Molières »Don Juan« seine neue Spielstätte im Theater am Schiffbauerdamm.

25. März | Mit der Erweiterung der Souveränitätsrechte der DDR nimmt die Sowjetunion zugleich diplomatische Beziehungen mit Ostberlin auf.

7. April | Der Bundestag betont in einer Erklärung den Alleinvertretungsanspruch der Bundesrepublik für den »niemals untergegangenen Deutschen Staat« und lehnt damit eine Anerkennung der DDR als eigenen Staat ab.

1. Mai | Auf den Maikundgebungen in der Bundesrepublik fordert der DGB die 40-Stundenwoche und die Einführung der Fünftagewoche.

1. Juni | Gründung der Deutschen Lufthansa in der DDR; 1958 wird sie in »Interflug« umbenannt.

6. Juni | Über 500.000 Jugendliche nehmen über Pfingsten in Ostberlin am Zweiten Deutschlandtreffen der FDJ teil.

27. Juni | In der DDR startet eine Volksbefragung, in der die DDR-Bürger zwischen einem Friedensvertrag mit dem Abzug der Besatzungstruppen und dem EVG-Vertrag sowie Generalvertrag, verbunden mit der Anwesenheit der Besatzungstruppen über 50 Jahre, wählen sollen. 93 % votieren für den Friedensvertrag.

7. Juli | Unter dem Motto »Seid fröhlich in Hoffnung« versammeln sich in Leipzig etwa eine halbe Million Christen zum 6. Deutschen Evangelischen Kirchentag. Auch über 100.000 Gläubige aus der Bundesrepublik nehmen teil.

17. Juli | Die Bundesversammlung wählt in Westberlin Theodor Heuss erneut zum Bundespräsidenten.

28. August | Wiedereröffnung des Goethe-Museums in Frankfurt am Main.

29. September | Im Fernsehen der Bundesrepublik startet die Serie »Unsere Nachbarn heute abend: Die Familie Schölermann«.

17. Oktober | Bei den Wahlen zur DDR-Volkskammer stimmen 99 % der Wähler für die Einheitsliste der Nationalen Front.

13. Dezember | Der Rechtsausschuss des Bundestages lehnt es ab, unverheirateten Frauen statt »Fräulein« die Anrede »Frau« im Umgang mit den Behörden zuzugestehen.

1955

Erstes Auftreten der DDR-Betriebskampfgruppen am 1. Mai, hier in Leipzig

Kaiserin Soraya und Theodor Heuss in der Godesberger Redoute am 28. Februar

Streik der Hamburger Werftarbeiter im August für höhere Stundenlöhne

Wilhelm Pieck bei der Eröffnung des Ostberliner Tierparks am 2. Juli

Aus der Sowjetunion heimgekehrte Kriegsgefangene

von links nach rechts

Zum 200. Geburtstag des preußischen Generals Scharnhorst geht es in der Bonner Südstadt feierlich zu. In der Ermekeilkaserne erhalten am 12. November die ersten 101 Soldaten der Bundeswehr von Verteidigungsminister Theodor Blank ihre Ernennungsurkunden. Politiker und Presse bezeichnen dies als die Geburtsstunde der Bundeswehr, die allerdings von heftigen innenpolitischen Auseinandersetzungen begleitet wird. Vor allem SPD und CDU setzen sich darüber auseinander, ob es moralisch zu verantworten sei, dass Deutschland nach der Diktatur wieder über Streitkräfte verfügen soll. Doch dieser Streit ist längst entschieden. Die Pariser Verträge, die am 5. Mai in Kraft treten, schreiben den Beitritt der Bundesrepublik zur NATO und Westeuropäischen Union (WEU) fest.

Der NATO-Beitritt der Bundesrepublik bleibt nicht ohne Antwort. Die Sowjetunion reagiert mit der Gründung eines eigenen Militärbündnisses. Vertreter der Ostblockstaaten unterzeichnen am 14. Mai in der polnischen Hauptstadt den »Vertrag über Freundschaft, Zusammenarbeit und gegenseitigen Beistand«. Er wird bei der UNO unter der Nr. 2962 registriert und künftig als Warschauer Pakt bezeichnet. Als Konsequenz daraus forciert die DDR den Aufbau der Nationalen Volksarmee. Damit sind die Deutschen wieder bewaffnet und auf Jahrzehnte hinaus in zwei mächtige Militärblöcke integriert, die sich an der Trennlinie mitten durch Deutschland gegenüberstehen.

1955

Bundeskanzler Konrad Adenauer zwischen dem sowjetischen Ministerpräsidenten Nikolai Bulganin (l.) und dem Vorsitzenden der KPdSU, Nikita Chruschtschow (r.). Bei seinem Staatsbesuch in Moskau vom 8. bis 13. September verhandelt Adenauer auch über die Rückkehr der fast 10.000 deutschen Kriegsgefangenen, die sich noch in sowjetischen Lagern befinden. Im Oktober beginnt die Sowjetunion mit den Transporten nach Deutschland.

Den Führern beider Blöcke ist bei dem nunmehr bestehenden militärischen Gleichgewicht bewusst, welche Gefahren eine militärische Eskalation in Mitteleuropa in sich birgt. So bemühen sie sich in Genf um Entspannung; im Juli kommen die Staats- und Regierungschefs der USA, Großbritanniens, Frankreichs und der Sowjetunion zum ersten Gipfeltreffen über die Deutschlandfrage seit der Potsdamer Konferenz zusammen. Eingeladen sind auch Beobachterdelegationen aus der Bundesrepublik und der DDR. Selbst wenn das Treffen ohne konkrete Ergebnisse endet, lässt der »Geist von Genf« viele Menschen auf politische und militärische Entspannung hoffen.

Im September unternimmt Bundeskanzler Konrad Adenauer eine in der westdeutschen Öffentlichkeit nicht unumstrittene Reise. In Moskau verhandelt er mit der sowjetischen Partei- und Staatsführung über die Entlassung der letzten deutschen Kriegsgefangenen. Vereinbart werden die Heimkehr der noch etwa 10.000 Gefangenen und zudem die Aufnahme diplomatischer Beziehungen zwischen der Bundesrepublik und der UdSSR – ein erster Schritt zur Normalisierung der beiderseitigen Beziehungen, der jedoch zwischen beiden deutschen Staaten noch lange nicht in Sicht ist. Die nach der Moskaureise Adenauers entwickelte Hallstein-Doktrin, benannt nach dem Staatssekretär im Auswärtigen Amt Walter Hallstein, soll einer internationalen Anerkennung der DDR entgegenwirken. Die Aufnahme diplomatischer Beziehungen zur DDR durch

links: Kundgebung der Gewerkschaftsjugend, der Falken, der Jungsozialisten und des Sozialistischen Studentenbundes (SDS) auf dem Frankfurter Römer gegen die Wiederbewaffnung Deutschlands. Derartige Protestaktionen finden Anfang des Jahres überall in der Bundesrepublik statt.

rechts: In der DDR findet erstmals die Jugendweihe statt; Originaltext: »Schüler der 15. und der 16. Grundschule in Berlin-Bohnsdorf, die sich zur Teilnahme an der Jugendweihe gemeldet haben, besuchten im Rahmen der Jugendstunden am 5.10.1955 Stalinstadt, die erste sozialistische Stadt der DDR. Der Patenbetrieb dieser Schulen, das EAW ›J.W.Stalin‹, hatte den Schülern diese Fahrt ermöglicht und dafür den Werkomnibus zur Verfügung gestellt.«

dritte Staaten wird danach von Bonn als »unfreundlicher Akt« betrachtet und soll Sanktionen nach sich ziehen. Auf diesem Weg hofft die Bundesrepublik, ihren Alleinvertretungsanspruch durchzusetzen. Die Hallstein-Doktrin bleibt bis Ende der Sechzigerjahre die Leitlinie der Bonner Deutschlandpolitik.

Unbeeindruckt vom Bestreben der Bundesrepublik, den anderen deutschen Staat zu isolieren, vereinbart die DDR den Austausch von Handelsmissionen mit Finnland, Ägypten, Indien und Syrien und kämpft um die gleichberechtigte Mitgliedschaft in internationalen Organisationen wie dem Internationalen Olympischen Komitee. Dieses hat bislang alle bisherigen Aufnahmeanträge mit der Begründung abgewiesen, dass es für jedes Territorium nur ein Nationales Olympisches Komitee (NOK) geben könne. Nach Verhandlungen zwischen den Sportfunktionären beschließen die NOK's der DDR und der Bundesrepublik schließlich die Entsendung einer gesamtdeutschen Olympiamannschaft.

Unbeeinflusst von den politischen Auseinandersetzungen wächst der Wohlstand der Bundesbürger. Küchengeräte, komfortablere Wohnungen, das eigene Auto und Urlaubsreisen werden zu Symbolen des »Wirtschaftswunders«. Basis für diese Entwicklung sind die hohen Zuwachsraten in der Industrieproduktion der Bundesrepublik. Der Arbeitsmarkt steuert auf die Vollbeschäftigung zu. In einigen Industriezweigen, so im Bergbau, fehlen Arbeitskräfte, die Anwerbung von »Gastarbeitern« aus Italien soll dieses Defizit ausgleichen. WT

WAS SONST NOCH GESCHAH

1955

23. Februar | In Hamburg treffen der persische Schah Mohammed Resa Pahlawi und seine Frau Soraya zu einem dreiwöchigen Besuch in der Bundesrepublik ein.

3. März | Auf ihrer USA-Tournee wählen die Berliner Philharmoniker Herbert von Karajan zu ihrem ständigen Dirigenten. Karajan tritt damit die Nachfolge des im November 1954 verstorbenen Wilhelm Furtwängler an.

1. April | Die Deutsche Lufthansa AG nimmt zehn Jahre nach Kriegsende in der Bundesrepublik den Flugbetrieb wieder auf.

Die sowjetische Regierung gibt 750 Kunstwerke aus deutschem Besitz, die am Ende des Zweiten Weltkriegs in die UdSSR verbracht wurden, an die DDR zurück. Ein Teil wird noch 1955 in Dresden gezeigt.

5. Mai | Um 12 Uhr endet in Deutschland offiziell das Besatzungsregime der drei Westmächte. Dies gilt jedoch nicht für Westberlin.

14. Mai | Mit der Unterzeichnung eines »Vertrages über Freundschaft, Zusammenarbeit und gegenseitigen Beistand« in der polnischen Hauptstadt Warschau gründen die Sowjetunion und sieben osteuropäische Staaten, darunter die DDR, ein Militärbündnis.

15. Juli | Anlässlich einer internationalen Tagung auf der Insel Mainau im Bodensee veröffentlichen 18 renommierte Wissenschaftler einen Appell, in dem sie vor den Gefahren eines Atomkriegs warnen.

16. Juli | In Kassel wird die erste »documenta« feierlich eröffnet. Bis zum 18. September sind im Fridericianum Kunstwerke des 20. Jahrhunderts von 148 internationalen Künstlern zu sehen.

26. Juli | Nach Abschluss der Genfer Konferenz präsentiert der sowjetische Parteichef Nikita Chruschtschow vor mehreren tausend Menschen auf dem Ostberliner Marx-Engels-Platz die »Zwei-Staaten-Theorie« für Deutschland.

5. August | Im Wolfsburger Volkswagenwerk läuft der millionste »VW-Käfer« vom Band.

31. August | Bei Hoyerswerda im Bezirk Cottbus beginnen mit dem ersten Spatenstich durch den Minister für Schwerindustrie der DDR, Fritz Selbmann, die Bauarbeiten für das Braunkohlenkombinat »Schwarze Pumpe«.

20. September | Mit der Unterzeichnung des »Vertrages über die Beziehungen der DDR und der UdSSR« in Moskau erhält die DDR ihre staatliche Souveränität.

21. Oktober | Bundeskanzler Adenauer beruft den CSU-Politiker Franz Josef Strauß zum Minister für Atomfragen.

23. Oktober | Bei der Volksabstimmung über die politische Zukunft des Saarlandes spricht sich die Mehrheit der Bevölkerung gegen das Statut aus, das eine Europäisierung des Landes vorsieht.

1. November | Die DDR gibt sich ein eigenes Wappen (Ährenkranz, Hammer und Zirkel) und eine eigene Staatsflagge (schwarz-rot-gold mit dem Staatswappen).

23. Dezember | In München wird mit großem Erfolg der österreichische Spielfilm »Sissi« mit Romy Schneider in der Titelrolle uraufgeführt. Schon 1956 folgen mit »Sissi – die junge Kaiserin« und 1957 mit »Sissi – Schicksalsjahre einer Kaiserin« die Fortsetzungen.

1956

Horst Buchholz in dem Film »Die Halbstarken«

Unterzeichnung des Saarabkommens in Luxemburg

DGB-Plakat für die Einführung der Fünftagewoche

Bundeswehrsoldaten posieren für eine Werbezeitschrift des Verteidigungsministeriums

Anspielung auf die Entstalinisierung an der Sektorengrenze in Westberlin

von links nach rechts

Das Jahr 1956 beginnt mit dem kältesten Winter seit 200 Jahren. Die Donauschifffahrt muss eingestellt werden, Rhein und Elbe frieren zu. In der gesamten Bundesrepublik sind Schäden in Milliardenhöhe zu verzeichnen.

Während der Frost Deutschland fest im Griff hat, beziehen die ersten bundesdeutschen Nachkriegssoldaten die Kasernen. Zunächst sind es Freiwillige, die am 2. Januar den Wehrdienst aufnehmen. Zu »Staatsbürgern in Uniform« sollen sie in der Bundeswehr – so die offizielle Bezeichnung ab März – erzogen werden. Mündig sollen die neuen Soldaten sein und sich so deutlich von den Angehörigen der Wehrmacht unterscheiden, die einst in blindem Gehorsam in den Krieg gezogen waren. Im Juli wird dann die allgemeine Wehrpflicht eingeführt. Für die DDR ist die Gründung der Bundeswehr willkommener Anlass, die bis dahin verdeckte Aufstellung einer eigenen Armee offiziell zu vertreten. Aus der seit 1952 bestehenden Kasernierten Volkspolizei wird nun die Nationale Volksarmee (NVA), deren steingraue Uniformen im Gegensatz zu den amerikanischen Modellen der Bundeswehr den nationalen Traditionen des deutschen Volkes entsprechen sollen.

In der Sowjetunion ereignet sich mit der Zerschlagung der Legende Josef Stalins eine politische Sensation. Mit seiner zunächst geheim gehaltenen Rede am 25. Februar vor dem XX. Parteitag der KPdSU in Moskau entlarvt Parteichef Nikita Chruschtschow den sowjetischen Diktator als Mörder unzähliger

1956

Soldaten des ersten Regiments der Nationalen Volksarmee in Oranienburg bei Berlin marschieren nach der Vereidigung am 30. April an der Ehrentribüne vorbei. Sowohl die DDR als auch die Bundesrepublik gründen 1956 eigene Armeen. Bei großen Teilen der Bevölkerung in Ost und West stößt dies auf Proteste, da hierdurch die Teilung Deutschlands zementiert wird.

Menschen. Erschüttert vernehmen die Delegierten in Moskau, welche Verbrechen Stalin verantwortete.

Chruschtschows Rede, von der bald auch die Weltöffentlichkeit erfährt, löst in den kommunistisch regierten Ländern die Hoffnung auf Reformen aus und markiert den Beginn einer Tauwetterperiode. Die Furcht vor einem möglichen Machtverlust lässt die SED-Führung aber am bisherigen Kurs festhalten, nur wenige Genossen, darunter Politbüromitglied Karl Schirdewan, thematisieren die Entstalinisierung.

Auf dem 3. Parteikongress der SED Ende März und auf der Tagung des Zentralkomitees Ende Juli in Berlin stehen vor allem wirtschaftliche Probleme im Vordergrund, Walter Ulbricht kündigt die Aufhebung der Lebensmittelrationierung zum 1. Januar 1957 an.

Ganz im Gegensatz zur Mangelwirtschaft der DDR herrscht in der Bundesrepublik Hochkonjunktur. Das Jahr 1956 steht ganz im Zeichen des Wirtschaftswunders, und die Zeitungen melden Rekordzahlen. Im März sinkt die Zahl der Arbeitslosen um 800.000, im April wird die 45-Stunden-Woche eingeführt und im August ist mit nur 409.000 Beschäftigungslosen eine neue Bestmarke erreicht. Vor allem fehlt es an ungelernten Kräften, und so werden ausländische Arbeiter ins Land geholt. Wohlstand breitet sich aus: Etwa zwei Millionen angemeldete Pkw werden gezählt und in bundesdeutschen Haus-

links: Zwei Stunden nachdem das Verfassungsgericht in Karlsruhe die KPD in der Bundesrepublik verboten hat, wird die Redaktion des KPD-Organs »Freie Volkszeitung« in Hamburg von der Polizei geschlossen. In der Begründung des Urteils heißt es unter anderem, dass die von der KPD angestrebte »Errichtung einer Diktatur des Proletariats« mit der freiheitlich-demokratischen Ordnung der Bundesrepublik unvereinbar sei.

rechts: Kundgebung vor dem Schöneberger Rathaus von Westberlin gegen das Vorgehen der Sowjetunion in Ungarn. Der Versuch einer Demokratisierung Ungarns mündete in einen bewaffneten Aufstand, der von sowjetischem Militär mit Waffengewalt niedergeschlagen wurde.

halten 600.000 Fernsehgeräte. In dem noch jungen Medium sind vor allem Shows wie »Heiteres Beruferaten« mit Robert Lembke oder »Zwei auf einem Pferd« mit Hans-Joachim Kulenkampff beliebt. Am 1. Oktober beginnt das Deutsche Fernsehen mit der täglichen Ausstrahlung der »Tagesschau«.

Stärker als in der DDR reagieren in anderen Ostblockländern die Menschen auf die politischen Veränderungen in Moskau. Vor allem in Polen und Ungarn fühlt sich die Partei aufgrund einer breiten Demokratisierungsbewegung in der Bevölkerung zu Reformen gezwungen. Ende Oktober kommt es in Budapest zu Massendemonstrationen, Studenten fordern freie Wahlen und uneingeschränkte Freiheit für Kunst, Kultur und Medien. Trotz Waffeneinsatz seitens des Militärs erwächst daraus eine breite revolutionäre Bewegung, die zu einem Regierungswechsel führt. Als Ungarn den Austritt aus dem Warschauer Pakt ankündigt, greift das sowjetische Militär ein. Am 4. November schlagen sowjetische Panzer die ungarische Revolution brutal nieder.

Demokratische Reformen, um die sich im Laufe des Jahres SED-Genossen auch in der DDR bemühten, werden nun mit aller Macht verhindert, der ungarische Aufstand wird als hasserfüllte Konterrevolution abgetan. Viele der Reformwilligen werden in jahrelange Gefängnishaft genommen. Der Traum vom Tauwetter, die Hoffnung auf Reformen im Sozialismus, ist zum Jahresende 1956 für lange Zeit ausgeträumt. FS

WAS SONST NOCH GESCHAH

1956

5. Januar | In Siersdorf am Niederrhein treffen die ersten 50 Gastarbeiter aus Italien ein.

---

15. Januar | Der IV. Schriftstellerkongress der DDR geht mit dem Bekenntnis zum sozialistischen Realismus zu Ende.

---

23. Februar | Auf dem XX. Parteitag der KPdSU in Moskau spricht Nikita Chruschtschow zum ersten Mal öffentlich über die Verbrechen Stalins.

---

22. April | In dem Ostberliner Ortsteil Alt-Glienicke, unweit der Grenze zum amerikanischen Sektor Westberlins, entdecken die Sowjets einen Spionagestollen. Das US-Militär hörte hier den Telefonverkehr zwischen sowjetischen Militärdienststellen ab.

---

3. Juni | Mit der Wiedereröffnung des im Krieg zerstörten Zwingers beginnen in Dresden die Feierlichkeiten zum 750-jährigen Bestehen der Stadt.

---

4. Juni | In Luxemburg einigen sich Adenauer und der französische Ministerpräsident Guy Mollet über die Eingliederung des Saarlandes in die Bundesrepublik. Nach der Unterzeichnung des Vertrages am 27. Oktober tritt die Regelung am 1. Januar 1957 in Kraft.

21. Juni | Für 11.000 Gefangene, die in den vergangenen Jahren zumeist wegen angeblicher staatsfeindlicher Aktivitäten zu hohen Haftstrafen verurteilt wurden, erlässt die DDR-Regierung eine Amnestie und übt zugleich Kritik an Justizministerin Hilde Benjamin wegen Missachtung der »Prinzipien demokratischer Gesetzlichkeit«.

---

24. Juni | Im Berliner Olympia-Stadion gewinnt Borussia Dortmund 4:2 gegen den Karlsruher SC und ist damit deutscher Fußballmeister. DDR-Fußballmeister ist zum weiten Mal der SC Wismut Karl-Marx-Stadt.

---

28. Juni | Ein Arbeiteraufstand in der polnischen Stadt Posen wird von der Armee blutig niedergeschlagen.

---

14. August | In Ostberlin stirbt im Alter von 58 Jahren der Dramatiker Bertolt Brecht.

---

17. August | Das Bundesverfassungsgericht in Karlsruhe erklärt die Kommunistische Partei Deutschlands für verfassungswidrig und verfügt die Auflösung.

---

27. September | Deutsche Erstaufführung des Films »Die Halbstarken« mit Horst Buchholz und Karin Baal.

2. Oktober | Zu den Westberliner Festwochen kommt zum ersten Mal in Deutschland das Theaterstück »Das Tagebuch der Anne Frank« auf die Bühne.

---

11. Oktober | Der Bundestag beschließt die Einführung einer zentralen»Verkehrssünderkartei« mit Sitz in Flensburg.

---

15. Oktober | Zur »Miss World 1956« wird in London Petra Schürmann aus der Bundesrepublik gekürt.

---

16. Oktober | In Bonn übernimmt Franz Josef Strauß, bisher Minister für Atomfragen, das Verteidigungsministerium.

---

4. November | Nach der blutigen Niederschlagung der ungarischen Freiheitsbewegung durch sowjetische Truppen kommt es überall in der Bundesrepublik zu Protestdemonstrationen gegen die UdSSR.

---

22. November | Bei der Eröffnungsfeier der XVI. Olympischen Sommerspiele in Melbourne marschiert die gesamtdeutsche Mannschaft unter der schwarz-rot-goldenen Fahne mit den olympischen Ringen ein. Zur Siegerehrung – die deutschen Sportler gewinnen 20 Medaillen – erklingen Motive aus dem Schlusssatz von Beethovens 9. Sinfonie.

1957

Abiturienten aus Storkow in der DDR nach ihrer Flucht in die Bundesrepublik; sie wurden wegen einer Schweigeminute für Ungarn von der Schule verwiesen

Protest gegen die Einführung der Wehrpflicht in Frankfurt am Main

CSU-Plakat zur Bundestagswahl im September (Ausschnitt)

Inbetriebnahme des ersten Forschungsreaktors in der DDR in Rossendorf bei Dresden

Stars der Unterhaltungsindustrie: die Kessler-Zwillinge in dem Film »Der Graf von Luxemburg«

von links nach rechts

Zu Beginn des Monats April treten in der Bundesrepublik die ersten zehntausend Wehrpflichtigen ihren Dienst an, ab Juli werden die ersten drei Bundeswehrdivisionen der NATO unterstellt, neuer Oberbefehlshaber der NATO-Streitkräfte in Mitteleuropa ist General Hans Speidel von der Bundeswehr. Wenig später beginnt auch die Debatte um die Bewaffnung der Bundeswehr mit Trägersystemen für Kernwaffen. Bundeskanzler Konrad Adenauer spricht sich für eine atomare Bewaffnung der Bundeswehr aus. Darauf reagieren 18 führende deutsche Atomwissenschaftler mit deutlicher Kritik, die sie im »Göttinger Manifest« veröffentlichen. Auch Nobelpreisträger Albert Schweitzer weist in einer von 150 Rundfunkanstalten übertragenen Rede auf die Gefahren des möglichen Missbrauchs nuklearer Energie hin.

Im März des Jahres wird mit der Unterzeichnung der sogenannten Römischen Verträge auf dem Kapitol in Rom die Grundlage für eine Europäische Wirtschafts- und Atomgemeinschaft (EWG und EURATOM) geschaffen. Beteiligt sind die Vertreter der Beneluxstaaten, Italiens, Frankreichs und der Bundesrepublik. Den ersten Forschungsreaktor nimmt das Kernkraftwerk in Garching bei München gegen Ende des Jahres in Betrieb – auch in der DDR, in Rossendorf bei Dresden, wird im Dezember ein Atomreaktor fertiggestellt.

Im Juni verabschiedet der Bundestag das Gesetz über die Gleichstellung von Mann und Frau. Von nun an ist es unrechtmäßig, Frauen bei gleichem Arbeits-

1957

Rosemarie Nitribitt mit ihrem Mercedes 190 SL. Am 1. November wird die Prostituierte in ihrem Frankfurter Appartement tot aufgefunden. Der Mord an dem Callgirl, der nie aufgeklärt wird, löst einen bundesweiten Skandal aus, da zum Bekanntenkreis der Nitribitt auch zahlreiche Persönlichkeiten aus Politik und Wirtschaft zählten. Bereits 1958 dreht Regisseur Rolf Thiele den Film »Das Mädchen Rosemarie« mit Nadja Tiller in der Hauptrolle.

aufwand geringer zu entlohnen als ihre männlichen Kollegen. Auch wird die Zugewinngemeinschaft als gesetzmäßiger Güterstand festgelegt, jedoch bleiben die Männer bevorteilt: Bei Differenzen in der Kindererziehung erhalten sie das Zugeständnis eines Stichentscheids. Des Weiteren wird die »Zölibatsklausel« für nichtig erklärt, die besagt, dass ein Arbeitsverhältnis für eine im öffentlichen Dienst angestellte Frau endet, falls das allgemeine Familieneinkommen für den Lebensunterhalt ausreicht.

Im September finden die Wahlen zum dritten Deutschen Bundestag statt. Kanzler der neuen Regierung aus CDU/CSU und FDP wird am 29. Oktober wiederum Konrad Adenauer und Ludwig Erhard sein Vizekanzler, der auch das Amt des Bundesministers für Wirtschaft innehat. Umfragen zufolge gilt er als der beliebteste Politiker der Bundesrepublik. Mit seinem Konzept »Wohlstand für alle« stiftet Ludwig Erhard, Vater des »Wirtschaftswunders«, die Verbindung von sozialer und freier Marktwirtschaft. Nach der Wahl setzt sich Konrad Adenauer mit einer Rentenreform durch, die den Generationenvertrag festschreibt. Mit der Einführung der dynamischen Rente ist deren Höhe an die Entwicklung der Löhne und Gehälter gekoppelt.

Im Zuge des wirtschaftlichen Aufschwungs der Ära Adenauer wird die Bundesrepublik von einer Reisewelle erfasst. Nach einer Zeit der Entbehrungen wächst die Sehnsucht nach neuen, fremden Eindrücken, wobei sich Italien nun

links: Walter Ulbricht (l.) und Nikita Chruschtschow während einer Kundgebung auf dem Marx-Engels-Platz in Ostberlin. Der sowjetische Parteichef geht während seines Besuchs in der DDR auch auf die von Westmächten vorgeschlagenen freien Wahlen in ganz Deutschland ein.

rechts: Weihnachtsmarkt auf dem Marx-Engels-Platz in Ostberlin, rechts als Dekoration ein Sputnik. Der Start des künstlichen Satelliten in den Weltraum durch die Sowjetunion hat in der DDR vor allem unter der Jugend große Begeisterung ausgelöst.

als das Lieblingsreiseziel erweist – gefolgt von Österreich und der Schweiz. Für die meisten Arbeitnehmerinnen und Arbeitnehmer beträgt der Mindesturlaub lediglich zwölf Tage.

Im Oktober findet in Westberlin die Wahl zum Regierenden Bürgermeister statt, die der 43-jährige SPD-Politiker Willy Brandt für sich entscheiden kann. Im Juli unterzeichnen die Botschafter der Westmächte und Bundesaußenminister Heinrich von Brentano in Westberlin ein 12-Punkte-Papier zur Wiedervereinigung, in der erneut die Forderung nach freien Wahlen in ganz Deutschland gestellt wird. Zwei Tage vor der Unterzeichnung unterbreitet der Ministerpräsident der DDR, Otto Grotewohl, den Vorschlag, dass beide Staaten zunächst einen Staatenbund bilden sollten, wofür keine übergreifende Staatsgewalt geschaffen werden müsse. Bei seinem DDR-Besuch Anfang August befürwortet der sowjetische Parteichef Nikita Chruschtschow diesen Plan einer deutsch-deutschen Konföderation, lehnt aber die Forderung der Westmächte nach freien Wahlen in Gesamtdeutschland ab und bezeichnet sie als »Heuchelei«.

Währenddessen hält die Fluchtwelle weiter an: Mehr als 260.000 Menschen verlassen in diesem Jahr die DDR und siedeln in die Bundesrepublik über. Im Dezember beschließt die DDR-Regierung das neue DDR-Passgesetz, das Reisen in die Bundesrepublik beträchtlich erschwert. Das Verlassen der DDR ohne staatliche Genehmigung gilt nun als »Republikflucht«. NN

WAS SONST NOCH GESCHAH

1957

1. Januar | Das Saarland wird zehntes Land der Bundesrepublik.

---

14. Februar | Der bereits im Oktober 1956 begonnene Streik in 38 Betrieben der schleswig-holsteinischen Metallbetriebe endet mit einem Erfolg der IG Metall im Kampf um die Lohnfortzahlung im Krankheitsfall. Damit sind die Arbeiter den Angestellten weitgehend gleichgestellt.

---

9. März | Das Oberste Gericht der DDR verurteilt den Philosophen und ehemaligen stellvertretenden Cheflektor im Aufbau-Verlag, Wolfgang Harich, wegen »Bildung einer konterrevolutionären Gruppe« zu zehn Jahren Zuchthaus.

---

12. März | Das Landesgericht in München weist eine Klage des Bundesverbandes Deutscher Zeitungsverleger gegen Werbesendungen im bundesdeutschen Fernsehen zurück.

---

14. März | Bundeswirtschaftsminister Ludwig Erhard stimmt zwar einer Erhöhung der Brotpreise zu, warnt aber vor einer unausweichlichen Lohn-Preis-Spirale. Erhardt fordert die Bundesbürger zum Maßhalten auf, um die Stabilität der Wirtschaft nicht zu gefährden.

---

25. März | Ein Urteil des Bundesarbeitsgerichts in Kassel bestätigt, dass die im Grundgesetz verankerte Gleichberechtigung der Frau auch für Tarifverträge bindend sei.

---

12. April | In einem »Göttinger Manifest« fordern 18 führende deutsche Atomwissenschaftler die Bundesregierung zum Verzicht auf eine atomare Ausrüstung der Bundeswehr auf. Auch Albert Schweitzer weist in einer am 23. April von Radio Oslo weltweit verbreiteten Botschaft auf die Gefahren der atomaren Energie für die Menschheit hin.

---

24. April | Uraufführung des Films »Bekenntnisse des Hochstaplers Felix Krull« nach dem Roman von Thomas Mann im Westberliner Gloria-Palast. Regisseur ist Kurt Hoffmann, die Hauptrolle spielt Horst Buchholz.

---

5. Mai | Die deutsche Erstaufführung des Einakters »Opfer ist Pflicht« von Eugène Ionesco im Darmstädter Landestheater muss wegen der Proteste im Publikum abgebrochen werden.

---

7. Juni | Die im Zweiten Weltkrieg beschädigte Alte Pinakothek in München wird wiedereröffnet.

---

1. September | In der Bundesrepublik gilt für geschlossene Ortschaften künftig eine Geschwindigkeitsbegrenzung auf 50 km/h.

---

18. September | In Westberlin wird die Kongresshalle im Tiergarten feierlich eröffnet. Das Gebäude ist ein Geschenk der USA an die Stadt.

---

21. September | Das deutsche Segelschulschiff »Pamir« gerät westlich der Azoren in Seenot und sinkt. Nur neun Besatzungsmitglieder überleben.

---

4. Oktober | Mit dem Start des ersten künstlichen Erdsatelliten, »Sputnik 1« eröffnet die Sowjetunion die Ära der Raumfahrt.

---

13. Oktober | In der DDR werden innerhalb von zehn Stunden die seit 1948 gültigen Banknoten in neue Geldscheine umgetauscht. Durch die kurzfristig angekündigte Aktion erhofft sich die DDR-Regierung einen besseren Überblick über die in der DDR vorhandenen Geldmengen.

---

11. Dezember | Die Volkskammer der DDR verabschiedet ein neues Passgesetz, nach dem für eine sogenannte Republikflucht Freiheitsstrafen bis zu drei Jahren verhängt werden können.

1958

»Halbstarke« während des Bill-Haley-Konzerts im Westberliner Sportpalast

»Täve« Schur aus Magdeburg während der Friedensfahrt; im August wird er Straßenweltmeister der Radamateure

Das Hula-Hoop-Fieber breitet sich von den USA nach Europa aus, hier ist es in Westberlin

Willy Brandt am Abend der Wahlen zum Abgeordnetenhaus in Westberlin

Bundespräsident Theodor Heuss (l.) während seines Amerika-Besuchs im Juni mit US-Präsident Dwight D. Eisenhower

von links nach rechts

Das Brandenburger Tor in Berlin erhält seine im Zweiten Weltkrieg zerstörte Quadriga mit der Siegesgöttin zurück. Die Wiederherstellung des ebenfalls beschädigten Tores und seines Bildschmucks war eine Gesamtberliner Aktion. Die Ostberliner Seite leistete die Arbeiten am Säulenbau, während der Westberliner Senat die Quadriga nach originalen Gipsabformungen fertigen ließ.

Trotz dieser eigentlich ermutigenden Kooperation bleibt das Brandenburger Tor auf Jahre hinaus ein Symbol der Teilung der Stadt – einer Stadt, in der die Menschen wie sonst nirgendwo in Deutschland die Folgen der Trennung im Alltag so unmittelbar spüren. Infolge der Teilung des Landes waren die von den drei Westalliierten verwalteten westlichen Sektoren in eine Insellage inmitten der DDR geraten. Unter der Führung Nikita Chruschtschows versucht die UdSSR ihre – nicht zuletzt durch den Sputnik-Start 1957 – gewonnene neue Stärke zu nutzen, um die DDR zu stabilisieren, deren internationale Anerkennung durchzusetzen und die Westmächte aus Berlin zu verdrängen.

In Noten an die drei Westmächte, die Bundesrepublik und die DDR kündigt die Sowjetunion am 27. November den Vier-Mächte-Status für Berlin auf. Gleichzeitig schlägt sie vor, Westberlin in eine »entmilitarisierte freie Stadt« umzuwandeln. Für Verhandlungen über den neuen Berlin-Status räumt die UdSSR eine Frist von sechs Monaten ein. Sie kündigt an, die Kontrolle über die Zufahrtswege nach Westberlin der DDR zu übertragen. Mit diesem Ultimatum

1958

Demonstration in der Münchner Innenstadt am 24. Juni gegen die atomare Bewaffnung der Bundeswehr. An der ständig wachsenden Protestbewegung gegen eine Atomaufrüstung nehmen Menschen aller Bevölkerungsschichten aus der Bundesrepublik teil.

wird nach der Berlin-Blockade von 1948/49 die Lebensfähigkeit Westberlins zum zweiten Mal ernsthaft bedroht.

Dem von politischen und – vor allem in der DDR – wirtschaftlichen Problemen belasteten Alltag entfliehen Westdeutsche wie auch Ostdeutsche in ihrer Freizeit am liebsten ins Kino. Da das Fernsehen noch in den Kinderschuhen steckt, bleibt es den Filmschaffenden vorbehalten, die gesellschaftliche Realität in Ost und West ins Bild zu setzen.

Konrad Wolf, einer der bedeutendsten deutschen Filmemacher, dreht 1958 bei der DEFA »Sonnensucher«. Der Film spielt in einem Uranbergwerk, in dem nicht nur Arbeiterhelden tätig sind. Es ist ein packendes Dokument des schweren Neuanfangs in der DDR, das Abbild einer ganzen historischen Etappe. Wolf stößt mit »Sonnensucher« aber auch an die Grenzen künstlerischer Freiheit. Die DDR-Behörden stoppen den Film, weil er den Uranabbau für die sowjetische Atomrüstung thematisiert. Erst 1972 darf er aufgeführt werden.

Mit der bundesdeutschen Gesellschaft setzt sich »Das Mädchen Rosemarie«, einer der umstrittendsten und zugleich erfolgreichsten Filme der Fünfzigerjahre, auseinander. Nadja Tiller verkörpert die Prostituierte Rosemarie Nitribitt, die 1957 in Frankfurt am Main ermordet wurde. Begleitet von satirischen Songs über Wirtschaftswunder und Remilitarisierung glossiert der Film die Doppelmoral der bundesdeutschen Gesellschaft in der Zeit des Wiederaufbaus.

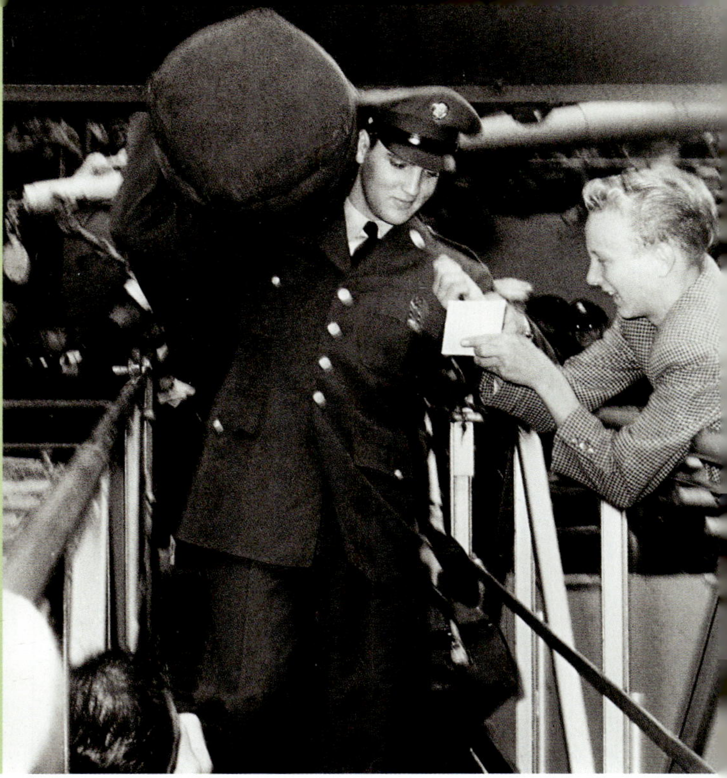

links: Ankunft der Siegesgöttin am 1. August auf dem Pariser Platz. Von der 1794 von Johann Gottfried Schadow geschaffenen und im Zweiten Weltkrieg stark zerstörten Quadriga auf dem Brandenburger Tor ist in Westberlin ein Nachguss hergestellt worden. Vor der Aufstellung am 27. September werden jedoch auf Anweisung des Ostberliner Magistrats das Eiserne Kreuz und der preußische Adler im Bildwerk entfernt.

rechts: Begeisterter Empfang für den Rock-'n'-Roll-Star Elvis Presley in Bremerhaven. Im Oktober beginnt er seinen Militärdienst als Gefreiter der US-amerikanischen Armee im hessischen Friedberg, wo er »wie ein ganz normaler Soldat behandelt« wird.

Neben dem Kino bleibt der Rundfunk ein beliebtes Medium für Information und Unterhaltung. Radiosender reichen in den Fünfzigerjahren bis zu tausend Kilometer weit, überwinden spielend die innerdeutsche Grenze. Ost und West nutzen diese Möglichkeit gleichermaßen für ideologische Zwecke. Im Frühjahr zieht der Sender Freies Berlin (SFB) in das Haus des Rundfunks in der Masurenallee am Funkturm, nachdem der Ost-Berliner Rundfunk das Gebäude 1956 räumen musste. Radio DDR erhält zwei Sendernetze. Die »Berliner Welle« geht auf Sendung. Sie wendet sich gezielt an Hörer in Westberlin und ist als Gegenpart zu RIAS (Rundfunk im Amerikanischen Sektor) und SFB gedacht.

Das Radio ist es auch, das am 30. August Tausende an den Radsportweltmeisterschaften im französischen Reims teilhaben lässt. In einer Reportage von Heinz Florian Oertel erleben sie, wie Gustav Adolf »Täve« Schur Weltmeister im Straßenradsport der Amateure wird. Schurs sportliche Erfolge werden Legende und tragen nicht zuletzt zum internationalen Renommee der DDR bei.

Am 1. Oktober legt der Truppentransporter »USS General Randall« am Columbus-Kai in Bremerhaven an. Sein prominentester Passagier: Elvis Presley. Deutsche Teenager empfangen den charismatischen King of Rock 'n' Roll an den Docks. Kein anderer Star der früheren Jahre wird von der Jugend so hingebungsvoll verehrt wie Elvis Presley, der nun als LKW-Fahrer seinen Dienst in der US-Armee in Friedberg bei Frankfurt am Main versieht. WT

WAS SONST NOCH GESCHAH

1958

12. Januar | Die Westberliner SPD wählt den Regierenden Bürgermeister Willy Brandt zum Landesvorsitzenden.

23. Januar | In einer erregt geführten Bundestagsdebatte zur Außenpolitik wird Konrad Adenauer von Thomas Dehler (FDP) und Gustav Heinemann (SPD) heftig angegriffen. Sie werfen ihm vor, 1952 mit der Ablehnung der Stalin-Note die Chance auf eine Wiedervereinigung vertan zu haben.

14. Februar | In einem Interview mit der »Süddeutschen Zeitung« äußert sich Walter Ulbricht zu seinem Vorschlag einer deutsch-deutschen Konföderation. So solle schrittweise eine Annäherung der beiden deutschen Staaten erreicht werden – allerdings erst nach einem Verzicht auf Atomwaffen.

14. März | Das Deutsche Fernsehen der Bundesrepublik strahlt einen ersten Film der Kriminalreihe »Stahlnetz« aus.

25. März | Mit dem Stimmen der Regierungsparteien CDU/CSU und DP billigt der Deutsche Bundestag einen Antrag auf die Ausrüstung der Bundeswehr mit Atomwaffen. Während der Debatte und auch in der Folgezeit kommt es überall in der Bundesrepublik zur Protestaktionen.

6. Mai | Anziehungspunkt für die Besucher der beginnenden Hannover-Messe sind die von der Firma Grundig vorgestellten Stereo-Musiktruhen.

29. Mai | In der DDR werden die Rationierung der Lebensmittel aufgehoben und im Zuge dessen die Lebensmittelkarten abgeschafft.

13. Juni | In der bayerischen Landeshauptstadt beginnen die Feierlichkeiten zum 800-jährigen Bestehen Münchens.

14. Juni | Der Ministerrat der DDR beschließt Maßnahmen zur Förderung der Landwirtschaftlichen Produktionsgenossenschaften (LPG).

16. Juli | Der am 10. Juli begonnene V. Parteitag der SED, auf dem die »Vollendung des Sozialismus« verkündet wird, geht in Ostberlin zu Ende. Beschlossen wird außerdem, den Lebensstandard der Bundesrepublik bis 1961 in der DDR einzuholen und nach Möglichkeit zu übertreffen.

14. September | Auf dem Ettersberg bei Weimar wird die Mahn- und Gedenkstätte im ehemaligen KZ Buchenwald eingeweiht. Das Buchenwald-Denkmal schuf der Bildhauer Fritz Cremer.

26. Oktober | Während eines Konzerts des amerikanischen Rock-'n'-Roll-Sängers Bill Haley im Westberliner Sportpalast kommt es zu Krawallen Jugendlicher.

28. Oktober | In München findet die Uraufführung des Films »Wir Wunderkinder« von Regisseur Kurt Hoffmann statt.

2. November | Auf der Museumsinsel in Ostberlin wird eine Ausstellung mit einem Teil der von der Sowjetunion zurückgegebenen Kunstschätze eröffnet. Sie waren im Mai 1945 als Kriegsbeute in die Sowjetunion verbracht worden. Unter den Kunstwerken befinden sich auch die Marmorreliefs des Pergamonaltars.

6. November | Der Bundestag verabschiedet eine Novelle zum Lebensmittelgesetz, die ein weitgehendes Verbot von Fremdstoffen in Nahrungsmitteln sowie die Kennzeichnungspflicht für alle Zusatzstoffe enthält.

7. Dezember | Bei den Wahlen zum Abgeordnetenhaus in Westberlin erhält die SPD unter Willy Brandt bei einer Wahlbeteiligung von 93,7 % die absolute Mehrheit.

1959

In der DDR wird die Kollektivierung der Landwirtschaft vorangetrieben

Carlo Schmid (SPD) gratuliert dem neuen Bundespräsidenten Heinrich Lübke (r.)

Programm der IG Bergbau zu den 1. Arbeiterfestspielen

Schulkinder erwarten US-Präsident Dwight D. Eisenhower, der am 27. August Bonn besucht

Eine sowjetische Erfindung in der LPG Klein Vielen in Mecklenburg: der Rinderoffenstall

von links nach rechts

Von Mai bis August kommen die Außenminister der vier Siegermächte in Genf zu einer »Deutschlandkonferenz« zusammen, an der Delegationen der Bundesrepublik Deutschland und der Deutschen Demokratischen Republik als Beobachter teilnehmen. Die Konferenz, immer wieder wegen Meinungsverschiedenheiten unterbrochen, endet wie schon die Treffen in den vergangenen Jahren ergebnislos. Ansätze zum Abbau der Spannungen scheitern nicht zuletzt an der Haltung der Bundesregierung, die gegenüber der UdSSR und der DDR keine Kompromisse eingehen will. Bonn hält konsequent an der Hallstein-Doktrin von 1955 fest und verweigert der DDR jede Form der Anerkennung. Auch Vorschläge der Westmächte zu einer Neutralisierung Deutschlands als Gegenleistung für die Wiedervereinigung lehnt die Bundesregierung ab; eine Veränderung des Status quo liegt nicht in ihrem Interesse. Sie zieht einer Wiedervereinigung mit unsicherer Zukunft eine feste Einbindung in das westliche Bündnis vor.

Ganz in diesem Sinne wirkt Willy Brandt, Westberlins Regierender Bürgermeister. Er betont die Bindungen der geteilten Stadt an die Bundesrepublik und fordert Sicherheitsgarantien für Westberlin. Der populäre SPD-Politiker, der seiner Partei die absolute Mehrheit im Berliner Abgeordnetenhaus verschaffte, zählt auch zu den eifrigsten Verfechtern eines neuen Programms seiner Partei. Nach drei verlorenen Bundestagswahlen zieht die SPD die Konsequenzen aus den Veränderungen der Nachkriegszeit. Sie will sich neue Wählerschichten er-

1959

Willy Brandt (l.) im Gespräch mit dem Parteivorsitzenden Erich Ollenhauer (r.) auf dem außerordentlichen Parteitag der SPD in der Stadthalle von Bad Godesberg. Mit dem am 15. November beschlossenen Programm wird die Partei der Arbeiterklasse zur Volkspartei.

schließen, um endlich auch im Bund Regierungsverantwortung übernehmen zu können. Auf ihrem außerordentlichen Parteitag in Bad Godesberg vollzieht sie nach fast 100 Jahren den Wandel von einer Arbeiter- zu einer modernen Volkspartei. Im Godesberger Programm bekennt sich die SPD zur Bundeswehr und zur Landesverteidigung im Rahmen der NATO, sie bejaht die soziale Marktwirtschaft und das Privateigentum an Produktionsmitteln.

In der Bonner Außenpolitik tragen die Bemühungen um eine Normalisierung des Verhältnisses zu Israel erste Früchte, erstmals besucht eine Studentengruppe aus Israel die Bundesrepublik. Auch innerhalb der Bundesrepublik engagiert sich die Politik für eine Normalisierung des jüdischen Lebens und für eine Wiedergutmachung. In Berlin entsteht am Ort der 1938 zerstörten Synagoge in der Fasanenstraße ein neues jüdisches Gemeindezentrum, in Köln wird eine Synagoge neu eingeweiht. Aber es treten auch schon wieder antisemitische Kräfte auf den Plan: Am Weihnachtstag wird das Kölner Gebäude mit Hakenkreuzen und nationalsozialistischen Parolen beschmiert.

In der DDR fällt mit der 1. Bitterfelder Kulturkonferenz am 24. April der Startschuss für eine breite Volksbewegung, mit der den Werktätigen ein aktiver Zugang zu Kunst und Kultur ermöglicht werden soll. Unter der Losung »Greif zur Feder, Kumpel! Die sozialistische Nationalkultur braucht Dich!« sind die Arbeiter aufgerufen, sich auch schöpferisch zu betätigen. Gleichzeitig wird an

links: Marika Kilius und Hans-Jürgen Bäumler werden am 10. Januar im Berliner Sportpalast zu den neuen Deutschen Meistern im Eiskunstlauf der Paare gekürt. Den zweiten Platz erkämpfen sich Franz Ningel und Margret Göbl. Ningel war bis vor zwei Jahren Partner von Marika Kilius, ihre Zusammenarbeit endete jedoch, als die jetzt 16-jährige Marika für ihn zu groß geworden war.

rechts: Geht mit gutem Vorbild voran: Walter Ulbricht auf dem im August stattfindenden III. Deutschen Turn- und Sportfest in Leipzig. Am 3. Juni schon propagierte er vor den jugendlichen DDR-Sportlern des »Treffpunkts Olympia« im Ostberliner Friedrich-Ludwig-Jahn-Sportpark die Losung »Jeder Mann an jedem Ort – einmal in der Woche Sport!«

die Künstler appelliert, ihre Werke lebensnaher zu gestalten. Dem Ruf »Künstler in die Produktion!« folgen zahlreiche Schriftsteller und bildende Künstler. Sie gehen in die Betriebe, aufs Land und auf die Großbaustellen, um sich inspirieren zu lassen und ihre Werke an der Realität der Arbeitswelt zu messen. So absolviert die Schriftstellerin Christa Wolf ein Betriebspraktikum im VEB Waggonbau Halle. Dort leitet sie einen »Zirkel schreibender Arbeiter«. In Anlehnung hieran gestalten sich auch die ersten Arbeiterfestspiele. Im Juni treffen sich im Bezirk Halle die besten Laienkünstler aus etwa 80 Ensembles, rund 100 Zirkel schreibender Arbeiter stellen die Ergebnisse ihrer literarischen Arbeit vor. Die Leistungsschau der Amateurkunst findet von nun an regelmäßig in einem anderen Bezirk der DDR statt. Die Kampagne für eine engere Verbindung von Künstlern und Arbeitern geht als »Bitterfelder Weg« in die DDR-Geschichte ein.

Am 22. November hat das Sandmännchen des DDR-Fernsehens seinen ersten Auftritt auf den Bildschirmen. Mit aufwendiger Tricktechnik wurde die erste Folge gedreht, nachdem Gerhard Behrendt eine Puppe gestaltet und Wolfgang Richter das Sandmännchen-Lied komponiert hatte. Der Fernsehsender in Berlin-Adlershof gewann damit einen Wettlauf gegen den Sender Freies Berlin, der ebenfalls einen Fernseh-Sandmann entwickelte. Das Ost-Sandmännchen aber behielt immer die Nase vorn und begleitete fortan ganze Generationen von Kindern in Ost und West in den Schlaf. WT

WAS SONST NOCH GESCHAH

1959

21. Januar | Das Bundeskabinett in Bonn beschließt auf Vorschlag des zuständigen Wohnungsbauministers Paul Lücke die Aufhebung der Wohnungsbewirtschaftung in der Bundesrepublik bis zum Jahr 1962.

---

1. Februar | Bei den Europameisterschaften in Davosin der Schweiz erringen Marika Kilius und Hans-Jürgen Bäumler aus der Bundesrepublik den Sieg im Eiskunstlauf der Paare.

---

5. Februar | Bundesverteidigungsminister Franz Josef Strauß teilt in Bonn mit, dass die Bundesluftwaffe mit 300 Abfangjägern vom Typ »F-104-Starfighter« der US-amerikanischen Firma Lockheed ausgerüstet werden soll.

---

12. Februar | Im Deutschen Fernsehen wird die erste Folge des sechsteiligen Fernsehfilms »Soweit die Füße tragen« ausgestrahlt. Erzählt wird die auf Tatsachen beruhende Geschichte eines deutschen Kriegsgefangenen in der Sowjetunion, dem die Flucht aus Sibirien gelingt.

---

15. Februar | Die Polizei des Regierungsbezirks Düsseldorf bringt das erste Radargerät zur Geschwindigkeitsmessung im Straßenverkehr zum Einsatz.

---

19. März | Chruschtschow lenkt in der Berlin-Frage ein und nimmt das im November gestellte Ultimatum an die Westmächte zurück, ihre Truppen binnen sechs Monate aus Berlin abzuziehen.

---

30. April | Beim ersten Deutschen Schlager-Festival in Essen vergibt Radio Luxemburg den »Goldenen Löwen« an den 20-jährigen Peter Kraus für »Sugar Baby«, den »Silbernen Löwen« erhält die 15-jährige Conny Froboess für »I love you, baby«.

---

21. Mai | Die Arbeitsgemeinschaft der Rundfunkanstalten Deutschlands (ARD) beschließt, ab dem 1. Juli während der ganzen Nacht ein Musikprogramm auszustrahlen.

---

1. Juli | Die in der Berliner Ostpreußenhalle tagende Bundesversammlung wählt Landwirtschaftsminister Heinrich Lübke (CDU) zum neuen Bundespräsidenten.

---

26. September | Über 50.000 Bergarbeiter aus dem Ruhrgebiet fordern auf einer Demonstration in Bonn von der Bundesregierung eine Drosselung der Kohle- und Ölimporte, um der Absatzkrise im Kohlebergbau entgegenzuwirken.

---

7. Oktober | Mit Gewalt versucht die Westberliner Polizei, die auf Westberliner Bahnhöfen gehissten neuen DDR-Flaggen zu entfernen. Das Bahngelände untersteht der zur DDR gehörenden Reichsbahn.

---

2. November | Unter der Losung »Wir wollen keinen Lipsi und keinen Ado Kroll, wir wollen Elvis Presley und seinen Rock 'n' Roll«, machen Leipziger Jugendliche ihren Unmut deutlich über das Verbot von westlicher Musik in der DDR. Mit dem vom Komponisten Ado Kroll kreierten Tanzrhythmus »Lipsi« versucht die DDR-Führung, dem »verrotteten« Rock 'n' Roll etwas entgegenzusetzen. Wegen des Hörens von »Westmusik« werden in der DDR zahlreiche Jugendliche zu Haftstrafen verurteilt.

---

2. Dezember | Die Volkskammer der DDR beschließt die Einführung der zehnklassigen allgemeinbildenden polytechnischen Oberschule in der gesamten DDR bis 1964.

---

24. Dezember | Tausende Familien in der Bundesrepublik folgen dem Aufruf des »Kuratoriums Unteilbares Deutschland«, in den Fenstern ihrer Wohnung »Lichter der Hoffnung auf Freiheit für 17 Millionen Menschen unseres Volkes in der Zone« anzuzünden.

1960

Ende der Care-Mission

Eröffnung des ersten europäischen Autokinos in Gravenbruch

Adenauer trifft Ben Gurion in New York

Die MS »Völkerfreundschaft«

Weltrekordler Armin Hary

von links nach rechts

In der Bundesrepublik herrscht Hochkonjunktur, die Nachkriegszeit scheint vollständig überwunden. Steigender Wohlstand, Vollbeschäftigung und Leistungsdenken verdrängen die jüngste deutsche Vergangenheit aus dem Gedächtnis und ebenso die Bereitschaft zu deren Aufarbeitung. Dabei erinnert im gesellschaftlichen und politischen Alltag der Bundesrepublik noch einiges an die Zeiten nationalsozialistischer Gewaltherrschaft. Dies kommt unter anderem zum Ausdruck durch eine Welle rechtsextremistischer Ausschreitungen Anfang des Jahres, die Schändung von Synagogen mit antisemitischen Schmierereien, aber auch durch den Umstand, dass die bundesdeutsche Justiz erst jetzt beginnt, systematisch gegen die zumeist hinter gutbürgerlicher Fassade lebenden NS-Straftäter vorzugehen. Nach dem Krieg machten viele überzeugte Nationalsozialisten Karriere in Politik und Gesellschaft. Bis in die Bonner Führung hinein werden Politiker wie Kanzlerberater Hans Globke nun durch die Öffentlichkeit mit ihrer nationalsozialistischen Vergangenheit konfrontiert. Globke hatte als Jurist unter anderem am Kommentar zu den Nürnberger Rassegesetzen von 1935 mitgearbeitet, mit denen die Verfolgung der Juden in ein neues Stadium getreten war. Vertriebenenminister Theodor Oberländer muss wegen des Verdachts, an Kriegsverbrechen teilgenommen zu haben, seinen Dienst quittieren; in Argentinien wird Adolf Eichmann, der für den Mord an Millionen Juden verantwortlich ist, aufgespürt und an Israel überstellt.

1960

Vor dem Titania-Palast in Westberlin, in dem Marlene Dietrich Anfang Mai ihre Tournee durch die Bundesrepublik beginnt. Unter die Zuschauer, die Marlene Dietrich begeistert empfangen, mischen sich immer wieder zahlreiche Fanatiker, die den Hollywood-Star als Verräterin bezeichnen, da die Sängerin während des Zweiten Weltkriegs vor den Soldaten der US-Armee aufgetreten ist und gegen Hitlerdeutschland Position bezogen hat.

Auf eine solch widersprüchliche gesellschaftliche Wirklichkeit trifft die Schauspielerin und Chanson-Sängerin Marlene Dietrich bei ihrer Deutschland-Tournee, die sie am 1. Mai in ihrer Heimatstadt Berlin beginnt. 1930 folgte sie dem Regisseur Josef von Sternberg nach Hollywood und war seitdem in Deutschland nicht mehr aufgetreten. Sie setzte sich in den Dreißiger- und Vierzigerjahren für jüdische und politische Flüchtlinge ein und agitierte im Zweiten Weltkrieg in der US-Armee als Truppenbetreuerin gegen die Hitler-Diktatur. Nun füllt sie die Konzertsäle und erntet frenetischen Beifall, aber auch Schmähungen und Rufe wie »Verräterin« oder »Marlene go home!« begleiten die Auftritte. Zahlreiche Medien betreiben eine beispiellose Hetze wegen ihrer antifaschistischen Haltung. Die »Aachener Zeitung« bezeichnet sie gar als »asoziale Parasitin«, die »Tausende von deutschen Soldatengräbern auf dem Gewissen« habe.

In der DDR wird die Kollektivierung der Landwirtschaft abgeschlossen und als »endgültiger Sieg der sozialistischen Produktionsverhältnisse auf dem Lande« bewertet. Ziel ist produktiveres und effektiveres Arbeiten auf den Feldern und in den Ställen für eine bessere Versorgung der Bevölkerung. Ende Mai gibt es 19.345 Landwirtschaftliche Produktionsgenossenschaften (LPG) unterschiedlichen Typs, die 83,6 % der landwirtschaftlichen Fläche bewirtschaften. Auf Bauern, die den Beitritt zur LPG verweigerten, wurde sowohl ökonomischer als auch politischer Druck ausgeübt. Viele Landwirte verließen deshalb die DDR

links: Junges Mädchen in einem Teenagerkleid des Ateliers Susanne Erichsen in Westberlin vor einer Musikbox. Die Petticoats, die unter den weiten Röcken getragen werden, sind wie die Musikbox – auch Jukebox genannt – unverzichtbare Attribute der Jugendkultur am Ende der Fünfziger / Anfang der Sechzigerjahre.

rechts: Helmut Recknagel aus der DDR gewinnt für die gesamtdeutsche Mannschaft bei den Olympischen Winterspielen in Squaw Valley eine Goldmedaille im Skispringen. Recknagel war 1958 und 1959 bereits Gewinner der Vierschanzentournee.

Richtung Westen. Die Bundesregierung verurteilt die erzwungene Überführung von bäuerlichen Privatbetrieben in sozialistisches Eigentum und legt ein Weißbuch über »Die Zwangskollektivierung des selbständigen Bauernstandes in Mitteldeutschland« vor, in dem sie den Zwangscharakter und die Erpressungsmethoden bei der Umgestaltung der Landwirtschaft dokumentiert.

Es hat nicht erst dieses »Weißbuches« bedurft, um zu erkennen, dass die deutsch-deutschen Beziehungen einen Tiefpunkt erreicht haben. Deutlich wird das auch Anfang September, als wegen des in Westberlin stattfindenden »Tages der Heimat« die DDR einschneidende Behinderungen im Berlin-Verkehr verfügt. Anlässlich des Heimkehrer- und Vertriebenentreffens verbietet sie Bürgern der Bundesrepublik für fünf Tage das Betreten Ostberlins. Eine Großkundgebung mit 15.000 Teilnehmern in der Westberliner Waldbühne findet aufgrund solcher Maßnahmen große Aufmerksamkeit in den in- und ausländischen Medien. Der Regierende Bürgermeister Willy Brandt betont in seiner Rede, die deutsche Jugend sei in ihrer überwältigenden Mehrheit vom Geiste der Völkerfreundschaft durchdrungen und Begriffe wie Revanchismus, Militarismus und Kriegshetze gehörten für sie genauso der Vergangenheit an wie für diejenigen, die im Westen Deutschlands Verantwortung tragen. Am 8. September beschließt die DDR-Führung, dass Bundesbürger generell nur noch mit einer Aufenthaltsgenehmigung nach Ostberlin einreisen dürfen. WT

WAS SONST NOCH GESCHAH

1960

10. Februar | Die Volkskammer der DDR verabschiedet das Gesetz zur Bildung eines Nationalen Verteidigungsrates der DDR. Sein Vorsitzender wird Walter Ulbricht, der Erste Sekretär der SED.

18. Februar | Bei den bis 28. Februar dauernden Olympischen Winterspielen im amerikanischen Squaw Valley ist Deutschland wieder mit einer gesamtdeutschen Mannschaft vertreten, in der Nationenwertung liegt sie auf Platz 2.

21. März | Im Fernsehen der DDR wird zum ersten Mal die Sendung »Der schwarze Kanal« mit Karl-Eduard von Schnitzler ausgestrahlt.

31. März | In der Nähe des Frankfurter Autobahnkreuzes öffnet das erste Autokino Mitteleuropas.

28. April | Auf Anweisung des Ministerrats der DDR wird auf Landkarten künftig nicht mehr die Bezeichnung »Deutschland« verwendet.

3. Mai | Der Bundesvertriebenenminister Theodor Oberländer tritt zurück, nachdem die CDU / CSU-Fraktion beschlossen hat, die angeblichen Verbrechen des Politikers während der Zeit des Nationalsozialismus untersuchen zu lassen.

15. Mai | Im Leipziger Hauptbahnhof kommen bei einem Zusammenstoß zweier Personenzüge 59 Menschen ums Leben.

16. Mai | Die italienische Sopranistin Renata Tebaldi beginnt in München eine 14-tägige Tournee durch die Bundesrepublik.

22. Mai | Der Brite Stirling Moss gewinnt auf einem Maserati das vom ADAC ausgetragene Rennen auf dem Nürburgring.

25. Mai | Mit einem 3:2-Sieg über den 1. FC Köln im Frankfurter Waldstadion wird der Hamburger SV Deutscher Fußballmeister. DDR-Meister wird ASK Vorwärts Berlin.

21. Juni | In Zürich erreicht Armin Hary aus Frankfurt am Main im 100-m-Lauf zum ersten Mal die Grenze von 10,0 sec.

8. Juli | In Bad Homburg einigen sich Arbeitgeberverbände und die Industriegewerkschaft Metall auf die stufenweise Einführung der 40-Stunden-Woche.

25. August | Bei den an diesem Tag beginnenden XVII. Olympischen Sommerspielen in Rom (bis 11. September) erreicht die gesamtdeutsche Mannschaft unter anderem mit zwölf Goldmedaillen Platz 4 der Nationenwertung.

7. September | In Ostberlin stirbt der erste Präsident der DDR, Wilhelm Pieck, im Alter von 84 Jahren. Walter Ulbricht übernimmt den Vorsitz des neu geschaffenen Staatsrates der DDR. Er ist damit sowohl Partei- als auch Staatschef.

7. Oktober | »Psycho«, der neueste Film des britischen Regisseurs Alfred Hitchcock mit Anthony Perkins in der Hauptrolle, kommt in die bundesdeutschen Kinos. Erfolgreichster deutscher Film dieses Jahres ist »Das Spukschloß im Spessart« mit Liselotte Pulver in der Hauptrolle.

8. Oktober | In Leipzig findet die feierliche Eröffnung des neu erbauten Opernhauses mit einem Gastspiel des sowjetischen Geigers David Oistrach statt.

8. November | In den USA wird der Demokrat John F. Kennedy zum 35. Präsidenten gewählt.

17. Dezember | In München stürzt eine US-amerikanische Militärmaschine wenige Minuten nach dem Start über der Innenstadt ab. Das Feuer erfasst eine vollbesetzte Straßenbahn, in der die meisten Fahrgäste ums Leben kommen.

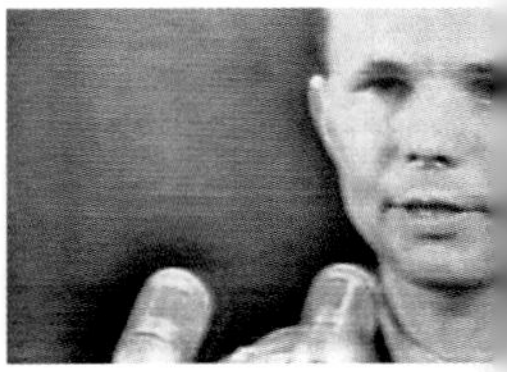

1961

Bundeskanzler Adenauer bei Präsident Kennedy

Die ersten Zivildienstleistenden in der Bundesrepublik

Adolf Eichmann vor Gericht in Jerusalem

Der erste Drive-In in Deutschland

Juri Gagarin, der erste Mensch im Weltraum

von links nach rechts

Am 15. Juni besuchen 300 Journalisten eine internationale Pressekonferenz im Ostberliner Haus der Ministerien. Walter Ulbricht, der Vorsitzende des Staatsrates der DDR, beantwortet Fragen zu aktuellen politischen Themen wie dem angestrebten Friedensvertrag mit Deutschland und zur Westberlin-Problematik. Die Berliner Korrespondentin der »Frankfurter Rundschau«, Annemarie Doherr, entlockt Walter Ulbricht durch ihre Nachfrage eine Äußerung, die in die Geschichte eingehen wird. »Herr Vorsitzender, bedeutet die Bildung einer freien Stadt [gemeint ist der sowjetische Vorschlag einer Freien Stadt Westberlin und entmilitarisierten Zone] ihrer Meinung nach, dass die Staatsgrenze am Brandenburger Tor errichtet wird? [...]« Darauf Ulbricht: »[...] Ich verstehe Ihre Frage so, dass es Menschen in Westdeutschland gibt, die wünschen, dass wir die Bauarbeiter der Hauptstadt der DDR dazu mobilisieren, eine Mauer aufzurichten? [...], mir ist nicht bekannt, dass eine solche Absicht besteht, da sich die Bauarbeiter der Hauptstadt der DDR hauptsächlich mit Wohnungsbau beschäftigen und ihre Arbeitskraft dafür voll ausgenutzt wird, voll eingesetzt wird! Niemand hat die Absicht eine Mauer zu errichten!«

In der Nacht zum Sonntag, dem 13. August 1961, wird unter Sicherung durch Volkspolizei, Nationale Volksarmee (NVA) und Betriebskampfgruppen die Grenze nach Westberlin geschlossen. Straßen werden aufgerissen, Stacheldrahtverhaue errichtet, Panzersperren installiert. Die Anzahl der Grenzüber-

1961

Andrang im Notaufnahmelager Marienfelde in Westberlin. Die Zahl der Flüchtlinge aus der DDR nach Westberlin und in die Bundesrepublik ist in den ersten Monaten des Jahres sprunghaft angestiegen, Ende Februar waren es mehr als 30.000, bis zum 12. August werden über 150.000 registriert.

gangsstellen zwischen beiden Stadthälften wird auf zwei reduziert, das gesamte Berliner Verkehrsnetz über Nacht an der Grenze zu den Westsektoren unterbrochen. Die Sperranlage trennt unzählige Berliner Familien und schneidet über 50.000 Ostberliner von ihren Arbeitsplätzen im Westen ab. In den folgenden Tagen werden auch die Grenzen zwischen dem Territorium der DDR und der Bundesrepublik dicht gemacht. Die Mauer entsteht.

Bereits im März fordert Ulbricht auf einer Sitzung des Warschauer Pakts die Schließung der Grenzen nach Westberlin, stößt aber auf Ablehnung, weil dies den angestrebten Plänen zur Wiedervereinigung entgegensteht. Erst am 5. August setzt er sich auf einem neuerlichen Treffen mit dem Argument durch, die DDR verliere ihre ökonomische Basis durch die zunehmende Fluchtbewegung. Von 1949 bis 1961 verließen 2,6 Millionen Menschen die DDR. Zu den Flüchtlingen zählen vor allem gut ausgebildete Kräfte, die unter den für sie unerträglichen ideologischen Zwängen und in der Mangelwirtschaft nicht mehr leben wollen. In einem Interview beklagt Walter Ulbricht, dass der DDR durch die Massenflucht ein Schaden von rund 30 Milliarden Mark entstanden sei.

In den Tagen und Wochen nach dem 13. August kommt es immer wieder zu spektakulären Fluchtversuchen und militärischen Konfrontationen an der Berliner Grenze. Am 25. Oktober stehen sich am Checkpoint Charlie amerikanische und sowjetische Panzer direkt gegenüber. Dennoch – die Westmächte rea-

links: In den frühen Morgenstunden des 13. August beginnen bewaffnete Einheiten der Grenzpolizei und Betriebskampfgruppen der DDR, die Grenzen zwischen Ost- und Westberlin sowie zwischen der DDR und Westberlin mit Stacheldraht und Sperrzäunen abzuriegeln. Das Brandenburger ist ab dem 14. August, 14 Uhr, für die nächsten 28 Jahre nicht mehr passierbar.

rechts: Nach der Abriegelung mit Stacheldrahtsperren wird mit dem Aufbau der Mauer begonnen, hier an der Zimmerstraße zwischen den Berliner Bezirken Kreuzberg und Mitte, aufgenommen am 15. August.

gieren abwartend. Ihnen kommt die Entwicklung nicht ungelegen, weil sie selbst eine Destabilisierung der Verhältnisse durch die anschwellende Fluchtwelle befürchten und durch den Mauerbau den Status quo manifestiert sehen.

Am 11. April beginnt vor dem Jerusalemer Bezirksgericht der Prozess gegen den ehemaligen SS-Obersturmbannführer und Leiter der Dienststelle »Endlösung der Judenfrage« im »Dritten Reich«, Adolf Eichmann. Der Prozess findet weltweit große Aufmerksamkeit, über 500 Journalisten aus 40 Ländern sind als Beobachter nach Israel gekommen, 100 Zeugen werden befragt, darunter 90 Überlebende aus nationalsozialistischen Konzentrationslagern. Am 15. Dezember wird Eichmann wegen Verbrechen gegen das jüdische Volk, Verbrechen gegen die Menschheit und Kriegsverbrechen zum Tode verurteilt.

Auch vor dem Hintergrund dieses Prozesses werden im Gedenken an die Opfer des Nationalsozialismus in der DDR in ehemaligen Konzentrationslagern Gedenkstätten errichtet, die über die Nazi-Verbrechen und deren Ursachen aufklären. Über 100.000 Menschen kommen am 23. April zur Eröffnung der bei Oranienburg gelegenen Nationalen Mahn- und Gedenkstätte Sachsenhausen. Damit unterstreicht die Staatsführung der DDR ihre antifaschistischen Ziele; Sachsenhausen ist nach Buchenwald und Ravensbrück die dritte KZ-Gedenkstätte auf dem Boden der DDR. In der Bundesrepublik wird mit Dachau eine erste Gedenkstätte dieser Art im Jahr 1965 eingeweiht. WT

WAS SONST NOCH GESCHAH

1961

11. Januar | Die Behörden der DDR verbieten für den im Juli in Berlin geplanten 10. Deutschen Evangelischen Kirchentag die Austragung in Ostberlin.

17. Januar | Mit der Umwandlung des Fünfjahresplanes in einen Siebenjahresplan verschiebt die DDR auch das Ziel, den Lebensstandard in der DDR dem in der Bundesrepublik anzugleichen, auf das Jahr 1965.

9. Februar | Die Deutsche Bundesbank in Frankfurt am Main gibt einen neuen 20-DM-Schein heraus. Auf dem grünen Schein befindet sich ein Bildnis der Nürnberger Patrizierin Elisabeth Tucher nach einem Gemälde von Albrecht Dürer.

23. Februar | In Bad Nauheim wird der Vertrag über die Bundesangestelltentarife (BAT) unterzeichnet. Er löst die Dienstanordnungen für den öffentlichen Dienst aus dem Jahr 1938 ab.

18. März | Die Landesversammlung der CSU in München wählt den 45-jährigen Franz Josef Strauß zu ihrem neuen Parteivorsitzenden.

29. März | In ihrem Abschlusskommuniqué fordern die Teilnehmer einer Tagung der Warschauer-Pakt-Staaten in Moskau den Abschluss eines Friedensvertrages mit den beiden deutschen Staaten und die Umwandlung Westberlins in eine entmilitarisierte freie Stadt.

12. April | Der erste Flug eines Menschen im Weltraum endet erfolgreich. Mit dem sowjetischen Raumschiff »Wostok« umrundet Juri Gagarin den Erdball und landet nach 108 Minuten in der Nähe von Saratow an der Wolga.

6. Juni | Die Ministerpräsidenten der Bundesländer unterzeichnen in Stuttgart den Staatsvertrag zur Gründung des Zweiten Deutschen Fernsehens (ZDF).

20. August | Der US-Vizepräsident Lyndon B. Johnson besucht mit General Lucius D. Clay das abgesperrte Westberlin.

7. September | Bei den Wahlen zum vierten Bundestag verliert die CDU / CSU die absolute Mehrheit. Sie bleibt mit 43,3 % der Stimmen jedoch stärkste Fraktion vor der SPD mit 36,2 % und der FDP mit 12,8 %.

11. September | Die einzelnen Firmen der Borgward-Gruppe melden in Bremen Konkurs an. Damit verschwinden auch von den Deutschen gern gefahrene Automobile wie »Borgward Isabella« und der »Lloyd Alexander« vom Markt.

20. September | Die Volkskammer der DDR verabschiedet das »Gesetz zur Verteidigung der DDR«, das dem Staatsrat umfassende Vollmachten im Verteidigungsfall einräumt.

27. September | In der Bundesrepublik wird mit der Polio-Schluckimpfung gegen Kinderlähmung begonnen.

13. November | Im Zuge der Entstalinisierung in der DDR wird unter anderem die Ostberliner »Stalinallee« in »Karl-Marx-Allee« umbenannt.

14. November | In Bonn wird das vierte Bundeskabinett unter Konrad Adenauer vereidigt, eine Koalitionsregierung aus CDU/CSU und FDP.

8. Dezember | Die Bundesregierung beschließt die Verlängerung des Wehrdienstes in der Bundeswehr von 12 auf 18 Monate.

17. Dezember | In Westberlin wird die im Zweiten Weltkrieg größtenteils zerstörte und nun nach Plänen Egon Eiermanns neu erbaute Kaiser-Wilhelm-Gedächtniskirche geweiht.

Haus an der Berliner Mauer

Grubenunglück auf der Zeche Luisenthal im saarländischen Völklingen am 7. Februar

»Anvolar« heißt die erste Anti-Baby-Pille auf dem bundesdeutschen Markt

Der neue Trabant 600

Sowjetische Militärbeobachter in Berlin

von links nach rechts

1962

Nur wenige Monate nach der Schließung der deutsch-deutschen Grenze steht das Land weiter unter dem Eindruck des Mauerbaus. Keine Woche vergeht, in der westdeutsche Medien nicht von spektakulären Fluchtversuchen berichten. Viele gelingen, zahlreiche aber scheitern und enden tragisch. Erste Tote sind an der Mauer zu beklagen – Opfer des DDR-Schießbefehls. Am 24. Januar verabschiedet die Volkskammer der DDR das Gesetz über die Einführung der Wehrpflicht, die den 18-monatigen Wehrdienst sowohl in der Nationalen Volksarmee als auch bei den Grenztruppen vorsieht. Am 23. November fordert der DDR-Verteidigungsminister die Verbesserung der Schießausbildung bei den Grenztruppen. Sie sei so zu organisieren und durchzuführen, dass die Ausbildung des Grenzsoldaten zu einem ausgezeichneten Schützen gewährleistet und dieser in der Lage sei, jedes unbewegliche und sich bewegende Ziel mit dem ersten Schuss bei Tag und Nacht zu vernichten.

Nunmehr abgeschottet von der kapitalistischen Welt, forciert die DDR gemeinsam mit Moskau die Politik zweier deutscher voneinander unabhängiger Staaten. Walter Ulbricht, der in einer Rede am 9. September die Mauer erstmals als »antifaschistischen Schutzwall« bezeichnet, kündigt baldige Verhandlungen über einen Friedensvertrag mit der Sowjetunion an. Eng verbunden mit dieser Politik ist die Berlin-Frage. Die sowjetische Regierung bestreitet die Zugehörigkeit Westberlins zur Bundesrepublik und erklärt den Viermächtestatus für über-

1962

In der Nacht vom 16. zum 17. Februar erlebt Norddeutschland die schwerste Flutkatastrophe seit 1855, hohe Springfluten als Folge schwerer Sturmböen durchbrechen die Deiche an vielen Stellen der Nordseeküste. Über 300 Menschen sterben. Besonders betroffen sind die Bewohner des Hamburger Stadtteils Wilhelmsburg.

holt. Im August wird die Garnison sowjetischer Truppen in Berlin geschlossen und der sowjetische Stadtkommandant durch Generalmajor Poppe von der Nationalen Volksarmee abgelöst. Als die Westmächte sich jedoch weigern, den Viermächtestatus infrage zu stellen, provoziert das sowjetische Militär immer wieder Störungen des Flugverkehrs in den drei Luftkorridoren zwischen Westberlin und der Bundesrepublik. Eine politisch brisante Situation, die vor allem beim Ausbruch der Kuba-Krise im Oktober ei vielen Ängste vor einem neuen Weltkrieg schürt.

Katastrophen drücken auf die Stimmung in der Bevölkerung. Nur zehn Tage vor der verheerenden Sturmflut an der norddeutschen Küste kommen bei einem Grubenunglück im saarländischen Völklingen 299 Kumpel ums Leben, und im Juli beginnen die Ermittlungen gegen die Herstellerfirma des Schlafmittels Contergan, die Chemie Grünenthal GmbH. Durch die Einnahme des Medikaments in der Frühphase der Schwangerschaft waren 1960 und 1961 über 5.000 Kinder missgebildet zur Welt gekommen. Die Ermittlungen dauern bis 1968, erst dann kann Anklage gegen Grünenthal erhoben werden.

Ein Umdenken in der Wirtschafts- und Sozialpolitik fordert Bundeswirtschaftsminister Ludwig Erhard (CDU), als er am 21. März die Bundesbürger zum Maßhalten auffordert. Anlass sind die Lohnforderungen der Gewerkschaften (im Durchschnitt 8 %). Seine Warnung vor einer Wirtschaftskrise erscheint

links: In den warmen Juninächten kommt es in München zu Auseinandersetzungen zwischen der Polizei und feiernden Studenten, die den Verkehr auf der Leopoldstraße im Stadtteil Schwabing zum Erliegen bringen. Die »Schwabinger Krawalle« gehen als erste Jugendrevolte seit der Gründung der Bundesrepublik in ihre Geschichte ein.

rechts: Am 17. August 1962 wird der 18-jährige Ostberliner Peter Fechter bei einem Fluchtversuch an der Berliner Mauer durch Schüsse schwer verletzt. Er verblutet, da er fast eine Stunde ohne Hilfe im Schatten der Mauer liegt. Das Foto von seinem Abtransport durch DDR-Grenzsoldaten wurde zum Symbol für die Unmenschlichkeit des herrschenden Systems in der DDR.

angesichts der ökonomischen Probleme in der DDR allerdings fast schon kokett. Zwei Jahre nach der vollzogenen Kollektivierung der Landwirtschaft sieht sich Walter Ulbricht gezwungen, zur schlechten Wirtschaftslage in der DDR Stellung zu nehmen, und kommt nicht umhin, den Kartoffelnotstand auszurufen. Im November veröffentlicht die SED den Entwurf eines neuen Parteiprogramms, das die Reform des Wirtschaftssystems vorsieht. Wie bundesdeutsche Zeitungen berichten, hat die DDR-Führung auch um einen Millionenkredit bei der Bundesregierung nachgesucht.

Das wohl einschneidendste innenpolitische Ereignis der Bundesrepublik ist die Spiegel-Affäre. In einer nächtlichen Aktion werden am 26. Oktober die Redaktionsräume des Hamburger Nachrichtenmagazins »Der Spiegel« durchsucht und Herausgeber Rudolf Augstein sowie der Militärexperte Conrad Ahlers verhaftet. Der Vorwurf: Landesverrat. Anlass der Polizeiaktion ist ein Artikel über das NATO-Manöver »Fallex 62«. Das Vorgehen löst bundesweit Proteste gegen die Einschränkungen der Pressefreiheit aus, der Bundestag fordert eine lückenlose Aufklärung des Vorfalls. Verteidigungsminister Franz Josef Strauß muss schließlich seine Einflussnahme zugeben und löst damit eine Regierungskrise aus. Als sich Kanzler Konrad Adenauer vor seinen Minister stellt, verlassen alle FDP-Minister am 19. November die Regierungskoalition. Erst jetzt verzichtet Strauß auf seinen Ministerposten. AM

WAS SONST NOCH GESCHAH

1962

12. Januar | Der Bürgermeister von Baden-Baden ordnet die Absetzung des Stückes »Mutter Courage und ihre Kinder« von Bertolt Brecht am dortigen Theater an, da die CDU-Fraktion im Stadtrat das Werk eines kommunistischen Dramatikers ablehnt.

Die Tank-Automaten GmbH in Hagen kündigt die Aufstellung erster Automaten für Selbstbedienung an Tankstellen in Deutschland an.

---

17. Januar | Im Deutschen Fernsehen läuft die letzte Folge des sechsteiligen Fernsehkrimis »Das Halstuch« von Francis Durbridge. Über 25 Millionen Zuschauer sahen die seit dem 3. Januar laufenden Folgen.

---

18. Januar | Wegen der ernsten politischen Lage in Berlin sagen einige Städte in Nordrhein- Westfalen die Rosenmontagszüge für dieses Jahr ab.

---

20. Januar | Max Frischs Schauspiel »Andorra« wird als deutsche Erstaufführung zeitgleich in München, Düsseldorf und Frankfurt am Main auf die Bühne gebracht.

---

12. Februar | Mit ihrem Konzert im Kongresssaal des Deutschen Museums in München beginnt Maria Callas ihre Tournee durch die Bundesrepublik.

---

28. Februar | In Oberhausen veröffentlichen 26 junge Filmemacher im Oberhausener Manifest eine Erklärung über den »Zusammenbruch des konventionellen deutschen Films« und den »Anspruch, den neuen deutschen Spielfilm zu schaffen«.

---

13. April | Im Hamburger Stadtteil St. Pauli wird der Star-Club mit dem Auftritt der Beatles eröffnet. Ihrem ersten siebenwöchigen Gastspiel schließen sich noch weitere Konzerte im November und Dezember an.

---

12. Mai | Mit einem 4:0-Sieg über den 1. FC Nürnberg im Berliner Olympiastadion wird der 1. FC Köln neuer Fußballmeister. In der DDR holt der ASK Vorwärts zum zweiten Mal den Meistertitel.

---

15. Mai | Bei Köln wird die erste sechsspurige Autobahn der Bundesrepublik in Betrieb genommen.

---

24. Mai | Der Gemeinderat der westfälischen Stadt Mettingen verbietet im Freibad das Tragen von Bikinis, da diese Bekleidungsstücke amoralisch seien.

---

13. Juli | Die Ministerpräsidenten der Bundesländer beschließen die Beschränkung der täglichen Werbesendungen im Fernsehen auf 20 Minuten.

---

1. September | In Frankfurt am Main erscheint die erste Nummer der »deutschen satirischen Monatsschrift Pardon«. Auf ihrem Titelblatt prangt eine Zeichnung von Loriot.

---

12. September | Mit der Gründung des »Rates für Industrieform« reagieren die Formgestalter in der DDR auf die wachsenden Ansprüche bei technischen Gebrauchsgütern für Privathaushalte .

---

7. November | Der Architekt Walter Gropius legt den Grundstein für eine Großraumsiedlung in Westberlin. Die im Süden gelegene Gropiusstadt ist ein Beispiel für die zahlreichen Trabantenstädte, die in diesen Jahren entstehen.

---

7. Dezember | Der Bundestag einigt sich auf eine Erhöhung des Mindesturlaubs in der Bundesrepublik auf 15 Tage.

---

12. Dezember | In den bundesdeutschen Kinos läuft »Der Schatz im Silbersee« mit Pierre Brice als Winnetou und Lex Barker als Old Shatterhand an.

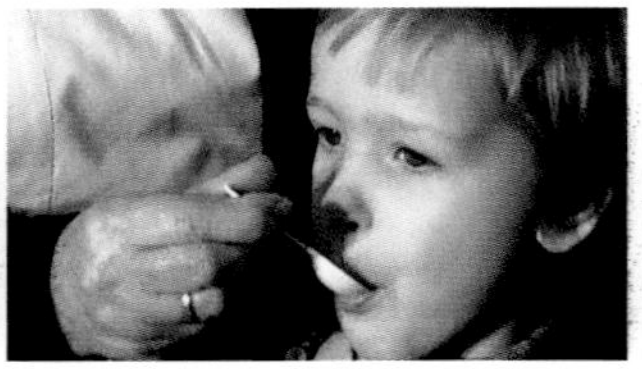

1963

Eröffnung der Berliner Stadtautobahn

Die Polio-Schluckimpfung setzt sich durch

Gründung der Fußball-Bundesliga

Beisetzung des am 12. Dezember verstorbenen Theodor Heuss

Am 20. Dezember beginnt in Frankfurt am Main der Auschwitz-Prozess

von links nach rechts

Das Jahr beginnt farbig. Der Elektroingenieur Walter Bruch meldet am 3. Januar das von ihm entwickelte PAL-Farbfernsehverfahren zum Patent an und stellt es in Hannover erstmals vor. Es vergehen allerdings noch vier Jahre, bis in der Bundesrepublik das Farbfernsehen eingeführt wird. So müssen sich die Westdeutschen die Buntheit im wirklichen Leben suchen. Und das tun sie ausgiebig – vor allem im Urlaub. Ein neu erlassenes Bundesurlaubsgesetz verschafft ihnen hierfür mehr freie Zeit. Bunter wird auch die Welt des Sports: Die Fußball-Bundesliga startet in diesem Jahr in ihre erste Saison.

Neue Entwicklungen zeichnen sich in den Ost-West-Beziehungen ab. Der sowjetische Partei- und Regierungschef Nikita Chruschtschow und der amerikanische Präsident John F. Kennedy setzen ein Testverbot für Kernwaffen durch und schaffen damit die Voraussetzung für weitere Abrüstungsverhandlungen. Auch war eine Zusammenkunft zwischen dem Regierenden Bürgermeister Westberlins, Willy Brandt, und Chruschtschow geplant. Aufgrund erheblicher Vorbehalte in der eigenen Partei und beim Koalitionspartner CDU sagt Brandt jedoch das Treffen ab. Dafür gestaltet sich der Aufenthalt John F. Kennedys am 26. Juni in Westberlin auch für Brandt zu einem politischen Triumph. Mit seinem Bekenntnis »Ich bin ein Berliner« löst Kennedy regelrechte Begeisterungsstürme aus. Beinahe unbeachtet von der breiten Öffentlichkeit bleibt jedoch die Rede Kennedys in der Freien Universität. Hier fordert er, die Fakten anzuerken-

1963

Mit überschwänglicher Begeisterung feiern die Westberliner am 26. Juni den amerikanischen Präsidenten John F. Kennedy, während er mit Konrad Adenauer und Willy Brandt im offenen Wagen durch die Stadt fährt. Nach mehreren Stationen, unter anderem an der Kongresshalle und dem Brandenburger Tor – dort versperren riesige Fahnen auf Ostberliner Seite die Sicht in die »Hauptstadt der DDR« – erwarten ihn am Schöneberger Rathaus etwa 400.000 Menschen.

nen: »Wenn wir für die Zukunft dieser Stadt arbeiten wollen, dann lassen Sie uns mit den Gegebenheiten fertig werden, so wie sie wirklich sind, nicht so, wie sie hätten sein können und wie wir sie uns gewünscht hätten.« Für Egon Bahr, den späteren »Architekten der Neuen Ostpolitik«, gewinnt das Kennedy-Wort »Wir müssen den Status quo anerkennen, um ihn ändern zu können« zentrale Bedeutung in seinem Konzept »Wandel durch Annäherung«.

Mit dieser Strategie liegt Bahr allerdings weit entfernt von der Politik des noch amtierenden Bundeskanzlers Konrad Adenauer. Der legt am 16. Oktober mit 87 Jahren sein Amt nieder, sein Nachfolger wird Ludwig Erhard.

Nur zwei Tage nach Kennedy besucht auch Chruschtschow Berlin; es ist dieses Jahr bereits sein zweiter Aufenthalt in der DDR. Auf dem VI. Parteitag der SED im Januar mahnte Chruschtschow die SED, die Produktion besser zu organisieren, weil »Fritz in der DDR bisher noch weniger verdiene als Hans in der BRD.« Die Unzufriedenheit über die wirtschaftlichen und politischen Bedingungen im eigenen Land lässt für viele DDR-Bürger den Westen als einzige Alternative erscheinen, und so kommt es immer wieder zu Fluchtversuchen. Um dies zu verhindern, wird am 21. Juni »Die Verordnung zum Schutz der Staatsgrenze zwischen der DDR und West-Berlin« in Kraft gesetzt. Eine Sperrzone von 100 Metern auf der Ostberliner Seite der Mauer und von 500 Metern im Bezirk Potsdam darf ab jetzt nur mit Passierschein betreten werden.

links: Mehrere Stunden stehen die Westberliner an, um einen Passierschein nach Ostberlin zu beantragen. Zum ersten Mal seit dem Mauerbau im August 1961 dürfen sie zwischen dem 19. Dezember und dem 5. Januar 1964 ihre Verwandten im Ostteil der Stadt besuchen. Insgesamt werden eine Million Passierscheine ausgestellt.

rechts: Der erste Sekretär des ZK der KPdSU, Nikita Chruschtschow, und der erste Sekretär der SED, Walter Ulbricht, auf dem VI. Parteitag der SED. Er findet vom 15. bis 21. Januar in der Ostberliner Werner-Seelenbinder-Halle statt und endet mit der Verabschiedung eines Parteiprogramms sowie der Wiederwahl Walter Ulbrichts zum Parteivorsitzenden.

Gleichzeitig beginnt mit dem Häftlingsverkauf ein Geschäft, das der DDR bis zu ihrem Ende etwa 3,5 Milliarden D-Mark einbringen wird. Nach einem erstmaligen Verkauf von acht Häftlingen zeigt sich die DDR bereit, 500 bis 1.500 politische Gefangene jährlich gegen Devisen ausreisen zu lassen.

Anlässlich seines Besuches bei Walter Ulbricht zu dessen 70. Geburtstag am 30. Juni formuliert Chruschtschow als Zielvorstellung eine Steigerung der Wirtschaftskraft der DDR gegenüber der Bundesrepublik sowie eine Wiedervereinigung auf sozialistischer Grundlage. In der daraufhin von Walter Ulbricht verbreiteten Vision soll denn auch die DDR die Bundesrepublik »Überholen ohne Einzuholen«. Der DDR-Staatsrat verkündet nun ein »Neues Ökonomisches System der Planung und Leitung der Volkswirtschaft« (NÖSPL), und es wird eine Internationale Bank für Wirtschaft und Zusammenarbeit gegründet sowie der Transfer-Rubel als Verrechnungseinheit eingeführt.

Im November erschüttert eine Nachricht die Menschen sowohl im Westen als auch im Osten. Am 22. November wird John F. Kennedy in der texanischen Stadt Dallas Opfer eines Attentats.

Dennoch endet das Jahr vor allem für viele Berliner mit einem Hoffnungsschimmer. Am 17. Dezember einigen sich der Westberliner Senat und die DDR auf ein Passierscheinabkommen. Erstmals seit dem Sommer 1961 dürfen Westberliner wieder ihre Verwandten im Ostteil der Stadt besuchen. HO

WAS SONST NOCH GESCHAH

1963

7. Januar | In Hamburg trifft der sowjetische Dichter Jewgeni Jewtuschenko zu einem mehrwöchigen Aufenthalt in der Bundesrepublik ein. Seine Auftritte lösen beim deutschen Publikum überschwängliche Begeisterungsstürme aus.

17. Januar | Der sowjetische Parteichef Nikita Chruschtschow, der anlässlich des SED-Parteitages in Ostberlin weilt, besichtigt gemeinsam mit Walter Ulbricht den Grenzübergang Checkpoint Charlie. Dabei erwidert Chruschtschow die Grüße von Schaulustigen auf der Westberliner Seite und geht zum Schrecken der DDR-Parteigenossen auf den Schlagbaum zu.

22. Januar | Im Pariser Elysée-Palast unterzeichnen der französische Staatspräsident Charles de Gaulle und Bundeskanzler Konrad Adenauer den sogenannten Elysée-Vertrag über die deutsch-französische Zusammenarbeit.

28. Februar | Bei den Eiskunstlaufweltmeisterschaften in Cortina d' Ampezzo erringt das deutsche Paar Marika Kilius und Hans-Jürgen Bäumler seinen ersten Weltmeistertitel.

1. April | Das Zweite Deutsche Fernsehen (ZDF) geht in Mainz auf Sendung.

30. April | Die sich auf sieben Betonpfeilern über die Ostsee schwingende Fehmarnsundbrücke wird dem Verkehr übergeben. Auf einer Länge von 963,40 Metern verbindet sie die Ostseeinsel Fehmarn mit dem Festland.

23. Juni | US-Präsident John F. Kennedy trifft zu einem Besuch in der Bundesrepublik ein. Während seines Aufenthalts bis zum 26. Juni besucht er die Städte Köln, Bonn, Frankfurt am Main und Westberlin.

2. August | Erste offizielle Vorführung einer Stereo-Rundfunksendung vor DDR-Journalisten im Ostberliner Funkhaus in der Nalepastraße.

27. August | In Dresden findet der Wiederaufbau des im Krieg zerstörten Dresdner Zwingers seinen Abschluss.

15. Oktober | Die beiden sowjetischen Kosmonauten Valentina Tereschkowa und Juri Gagarin beginnen eine fünftägige Reise durch die DDR, wo sie von der Bevölkerung begeistert empfangen werden. Valentina Tereschkowa umkreiste im Juni drei Tage die Erde.

In Westberlin wird die nach Plänen von Hans Scharoun gebaute Philharmonie feierlich eingeweiht. Zur Eröffnung spielen die Berliner Philharmoniker unter Herbert von Karajan Beethovens 9. Sinfonie.

20. Oktober | Bei den Wahlen zur Volkskammer der DDR erhalten die Abgeordneten der Nationalen Front 99 % der abgegebenen Stimmen.

7. November | Mit der Rettung von elf überlebenden Bergleuten endet in Lengede eine der spektakulärsten Rettungsaktionen im Bergbau. Mit Hilfe der sogenannten Dahlbuschbombe gelangen die Bergleute durch einen nur 50 Zentimeter breiten Schacht ans Tageslicht. Bei dem Unglück in der Erzgrube am 24. Oktober kamen 24 Menschen ums Leben.

17. Dezember | Unterzeichnung des ersten Passierscheinabkommens zwischen dem Westberliner Senat und der DDR.

18. Dezember | Die Erdölleitung »Druschba« (Freundschaft) von der Sowjetunion in die DDR nach Schwedt an der Oder geht in Betrieb.

30. Dezember | Nach der Einführung der Polio-Schluckimpfung 1961 in der Bundesrepublik (1960 in der DDR) ist die Zahl der Erkrankungen von fast 6.000 im Jahr auf weit unter 100 gesunken.

Gastarbeiter in der BRD

Bademode

Trauerfeier für den am 21. September verstorbenen Otto Grotewohl

Pop-Art

Franz Josef Strauß

von links nach rechts

1964

Ab dem 2. Januar können sich die DDR-Bürger auch per Dokument als solche ausweisen. Die neuen Personalausweise enthalten die Bezeichnung »Bürger der Deutschen Demokratischen Republik«. Zu den Olympischen Spielen in Innsbruck und in Tokio treten die deutschen Sportler zwar noch einmal gemeinsam an, aber es sollte das letzte Mal sein.

Der von der olympischen Idee getragene friedliche Wettstreit kann nicht über die Kriege im Kongo und in Vietnam, die Krisen im Jemen, Indien, Malaysia oder Zypern hinwegtäuschen. In der Bundesrepublik indes scheint alles sicher, ist doch für einen Großteil der Bürger der wachsende materielle Wohlstand Erfahrungs- und Lebenshorizont. »Wir sind wieder wer«, verkündet der neue Bundeskanzler Ludwig Erhard, »Vater des Wirtschaftswunders«.

Einige Misstöne dringen aber dennoch in diese heile Welt. Zu Ostern marschieren mehr als 100.000 Atomwaffengegner durch die Innenstädte der Bundesrepublik, und im Herbst gehen die Bergarbeiter an der Ruhr auf die Straße, um gegen die beabsichtigte Stilllegung von 31 Zechen zu demonstrieren. Bei immer mehr Jugendlichen setzt zudem eine deutliche Abkehr von den bislang gültigen Werten der Nachkriegsgesellschaft ein. Erkennungszeichen dafür sind lange Haare, Jeans und Lederjacken. Mit den Beatles und Rolling Stones vollzieht sich ein radikaler Wandel der Jugendkultur. Die neue Musik gelangt über Mauer und Stacheldraht auch in die DDR, wo sie sofort Teil der jugendlichen

Bundeskanzler Ludwig Erhard auf der »documenta III«, fotografiert durch eine Plastik von Henry Moore. Ein Anziehungspunkt der vom 27. Juni bis 5. Oktober in Kassel stattfindenden Ausstellung ist die Abteilung »Licht und Bewegung«, unter anderem mit Arbeiten von Jean Tinguely und ZERO-Künstlern wie Günther Uecker. Gezeigt wird erstmals auch Pop-Art.

Subkultur wird. Im Mai begegnen sich eine halbe Million junger Leute auf dem Deutschlandtreffen der FDJ in Ostberlin. Die Stimmung ist ausgelassen, oft drängt man sich um ein kleines Transistorradio Marke »Sternchen«: Der neu gegründete Jugendsender DT 64 sendet die Musik der jungen Generation.

Die Überwindung der Berlin- und Kuba-Krise erhöht bei beiden Weltmächten die Bereitschaft auf Verständigung. In Bonn jedoch verharrt man im Klima des Kalten Krieges, weshalb sich die Beziehungen zu Washington deutlich abkühlen. Eine stärkere Affinität besteht zum Nachbarn Frankreich; die Konfrontation zwischen »Gaullisten« und »Atlantikern« erreicht Mitte des Jahres ihren Höhepunkt. Obwohl die Bundesrepublik von globalen politischen Prozessen weitgehend ausgeschlossen ist, unternimmt Außenminister Gerhard Schröder vorsichtige Schritte in Richtung Osten. Die Bundestagsfraktion der FDP verständigt sieht die Notwendigkeit, die Hallstein-Doktrin zu überwinden. »Wir forderten die Aufnahme diplomatischer Beziehungen mit den Staaten Mittel- und Südosteuropas«, kommentiert dies Hans-Dietrich Genscher.

Auch Walter Ulbricht wird aktiv. Am 24. April unterbreitet er den Vorschlag eines deutsch-deutschen Zeitungsaustauschs: »Obgleich die westdeutsche Presse ständig empörende Beweise dafür liefert, dass sie die westdeutsche Bevölkerung nicht informiert, sondern desorientiert und in die Irre führt, wären wir bereit, einige westdeutsche Zeitungen wie etwa ›Die Zeit‹ oder die ›Süddeutsche

links: Vertreter der Bundesvereinigung Deutscher Arbeitgeberverbände empfangen auf dem Bahnhof Köln-Deutz den einmillionsten Gastarbeiter in Deutschland. Als Begrüßungsgeschenk bekommt der Portugiese Armando Rodriguez de Sa ein Moped überreicht.

rechts: Durch einen Tunnel an der Bernauer Straße gelangen Anfang Oktober insgesamt 57 Ostberliner auf die Westberliner Seite der Mauer. Diese Frau wird an einem Flaschenzug in die Freiheit gezogen.

Zeitung‹ bei uns zum Verkauf auszulegen, wenn die Garantie dafür gegeben wäre, dass in Westdeutschland das ›Neue Deutschland‹ in gleichem Maße öffentlich verkauft wird.« Bonn lehnt ab.

Anlässlich des dritten Jahrestages des Mauerbaus fordert der Regierende Bürgermeister von Westberlin, Willy Brandt: »Deutschland muss vereinigt werden, damit zusammengefügt wird, was zusammengehört.« In Moskau allerdings möchte die Mehrheit des Politbüros der KPdSU anders als Nikita Chruschtschow die Entwicklung der DDR zum eigenständigen sozialistischen Staat vorantreiben. Mit einem Staatsbesuch in der Bundesrepublik hofft Chruschtschow, das Ruder doch noch herumzureißen zu können, denn in einem vereinigten Deutschland sieht er die Voraussetzung für das Ende des Kalten Krieges. Zunächst schickt er seinen Schwiegersohn, Alexej Adschubej, nach Bonn. Franz Josef Strauß versicherte ihm: »›Wenn Ihr Schwiegervater kommt, dann wird der Empfang nicht sehr freundlich sein. Aber ich sage Ihnen, wenn Ihr Schwiegervater den Willen und die Kraft hat, im Grundsatz die Unvermeidbarkeit und Notwendigkeit eines wiedervereinigten Deutschland anzuerkennen und diese Entwicklung einzuleiten, dann wird der Jubel grenzenlos sein.‹«

Chruschtschows Zeit ist jedoch abgelaufen. Sein Sturz am 14. Oktober verhindert für lange Zeit eine vielleicht hoffnungsvolle Chance für eine deutsch-deutsche Annäherung. HO

WAS SONST NOCH GESCHAH

1964

24. Januar | In den bundesdeutschen Kinos läuft der mit vielen moralischen Vorbehalten belegte Film »Das Schweigen« des schwedischen Regisseurs Ingmar Bermann an.

9. Februar | In Innsbruck gehen die am 29. Januar begonnenen IX. Olympischen Winterspiele zu Ende. Die gesamtdeutsche Mannschaft gewinnt jeweils dreimal Gold, Silber und Bronze. Allein fünf Medaillen, davon zweimal Gold, erringen die Rennrodler aus der DDR.

16. Februar | Mit großer Mehrheit wählt der außerordentliche Parteitag der SPD in Bad Godesberg Willy Brandt zum neuen Parteivorsitzenden und Kanzlerkandidaten der SPD.

26. Februar | Bei den Eiskunstlauf-Weltmeisterschaften in der Dortmunder Westfalenhalle können Marika Kilius und Hans-Jürgen Bäumler aus der Bundesrepublik ihren Titel im Paarlauf verteidigen.

12. März | Robert Havemann, Professor für physikalische Chemie an der Humboldt-Universität in Ostberlin, wird aus der SED ausgeschlossen und verliert seinen Lehrstuhl. Grund dafür ist unter anderem seine Vorlesungsreihe »Allgemeine Freiheit, Informationsfreiheit und Dogmatismus«, in der er von der Linie des Marxismus-Leninismus abweicht.

9. Mai | Die erste Saison der neugeschaffenen Bundesliga beendet der 1. FC Köln mit einem 2:1-Sieg über den VfB Stuttgart und ist damit Deutscher Fußballmeister. DDR-Meister ist Chemie Leipzig.

26. Juni | Bei seinem Besuch in Westberlin enthüllt der US-amerikanische Justizminister Robert Kennedy am Rathaus Schöneberg eine Gedenktafel für seinen am 22. November 1963 ermoderten Bruder John F. Kennedy.

1. Juli | Von der in Westberlin tagenden Bundesversammlung wird Heinrich Lübke zum zweiten Mal zum Bundespräsidenten gewählt.

1. August | In der DDR kommen neue Geldscheine in den Umlauf, tags zuvor wurde die Bezeichnung »Deutsche Mark der Deutschen Notenbank« in »Mark der Deutschen Notenbank« geändert.

9. September | Der DDR-Ministerrat beschließt, Rentnern der DDR jährlich einen bis zu vier Wochen dauernden Besuch zu Verwandten in der Bundesrepublik zu genehmigen.

21. September | Der Ministerpräsident der DDR, Otto Grotewohl, stirbt im Alter von 70 Jahren. Sein Nachfolger wird Will Stoph.

22. September | Der Bayerische Rundfunk beginnt als erste Sendeanstalt der ARD mit der Ausstrahlung eines Dritten Fernsehprogramms.

3. Oktober | Am Marx-Engels-Platz in Ostberlin wird das neuerbaute Staatsratsgebäude eingeweiht.

5. Oktober | Zwischen dem 3. und 5. Oktober gelingt 57 Ostberlinern durch einen Tunnel die Flucht nach Westberlin. Es ist die zwölfte erfolgreiche Tunnelflucht seit dem Mauerbau im August 1961.

14. Oktober | Überraschend für die Öffentlichkeit in Ost und West wird in Moskau Nikita Chruschtschow all seiner Ämter enthoben. Seine Nachfolge als Regierungschef übernimmt Alexei Kossygin, als Generalsekretär des ZK der KPdSU beerbt ihn Leonid Breschnew.

1. Dezember | An den Grenzübergängen in die DDR wird der Mindestaustausch eingeführt, Besucher müssen am Tag 5 DM bezahlen.

1965

Eröffnung des Westberliner Europa-Centers

Besuch der britischen Königin Elizabeth II. im Mai

Das Westberliner Kabarett »Die Stachelschweine« bezieht sein Domizil im Europa-Center

Beat-Club

Protest in Israel gegen die Verjährung von NS-Verbrechen

von links nach rechts

Zum ersten Mal bröckelt der Alleinvertretungsanspruch der Bundesrepublik: Am 24. Februar trifft Walter Ulbricht zu einem Besuch in Kairo ein und wird vom ägyptischen Präsidenten Gamal Abd el Nasser mit allen Ehren für ein Staatsoberhaupt empfangen. Es ist dies der erste offizielle Besuch eines DDR-Politikers außerhalb des Ostblocks. Nasser verhilft so der DDR zu einer politischen Aufwertung und setzt damit gleichzeitig die Bundesrepublik unter Druck. Er verlangt von Bonn die Einstellung aller Waffenlieferungen an Israel. Da die Bundesregierung an guten Beziehungen zu den arabischen Ländern – nicht zuletzt aus wirtschaftlichen Gründen – interessiert ist und eine diplomatische Anerkennung der DDR in jedem Fall vermeiden möchte, geht sie indirekt auf die Forderung ein. Sie beschließt, keine Waffen in Spannungsgebiete zu liefern. Das wiederum führt zu Konflikten zwischen Israel und der Bundesrepublik, die nach zähen Verhandlungen beigelegt werden und in die Aufnahme diplomatischer Beziehungen münden. Ein Großteil der arabischen Länder bricht daraufhin die diplomatischen Beziehungen zur Bundesrepublik ab. Auch in Jerusalem stößt die Einrichtung einer deutschen Vertretung auf Widerstand, äußerst umstritten ist der erste deutsche Botschafter Rolf Friedemann Pauls, ein ehemaliger Wehrmachtsoffizier und Ritterkreuzträger.

Im März tritt die Beweisaufnahme beim sogenannten Auschwitz-Prozess vor dem Schwurgericht in Frankfurt am Main in die entscheidende Phase. Im größ-

1965

Sowjetische Düsenjäger über der Kongresshalle im Westberliner Tiergarten. Aus Protest gegen die am 10. April dort stattfindende Sitzung des Bundestages überfliegen sowjetische Düsenjäger den ganzen Tag über den Veranstaltungsort, sodass durch den Lärm eine Arbeit des Plenums nicht möglich ist.

ten Strafprozess der Nachkriegsgeschichte stehen zum ersten Mal Aufseher eines Vernichtungslagers der Nationalsozialisten vor Gericht. Insgesamt werden über 360 Zeugen vernommen, wobei sich häufig erschütternde Szenen abspielen. Die Beweisaufnahme endet im Mai, bei der Urteilsverkündung am 19. August werden lebenslängliche und hohe Freiheitsstrafen verhängt. Drei der 20 Angeklagten werden aus Mangel an Beweisen freigesprochen, in einigen Fällen wirkt sich die Begründung »Befehlsnotstand« strafmildernd aus.

Ebenfalls im März debattiert der Bundestag darüber, ob die Verbrechen der Nazizeit 20 Jahre nach Kriegsende verjähren wie normaler Mord. Mit 344 gegen 96 Stimmen bei vier Enthaltungen wird die Verjährungsfrist verlängert. Der amtierende Justizminister Ewald Bucher, der mit seiner FDP-Fraktion geschlossen dagegen gestimmt hatte, tritt nach der Abstimmung zurück.

Die innerdeutschen Beziehungen sind nach wie vor kritisch. Immer wieder kommt es auch zu Behinderungen im innerdeutschen Verkehr. Als am 7. April der Bundestag eine Plenarsitzung in der Westberliner Kongresshalle abhält, wird den Abgeordneten die Benutzung der Transitstrecken vonseiten der DDR verweigert. Am Tag der Sitzung jagen sowjetische Militärmaschinen in ununterbrochenem Tiefflug über den Veranstaltungsort. Mit dem Störmanöver protestiert die DDR gegen die »Verletzung des Völkerrechts«, da sie die Zugehörigkeit Westberlins zur Bundesrepublik nicht akzeptiert.

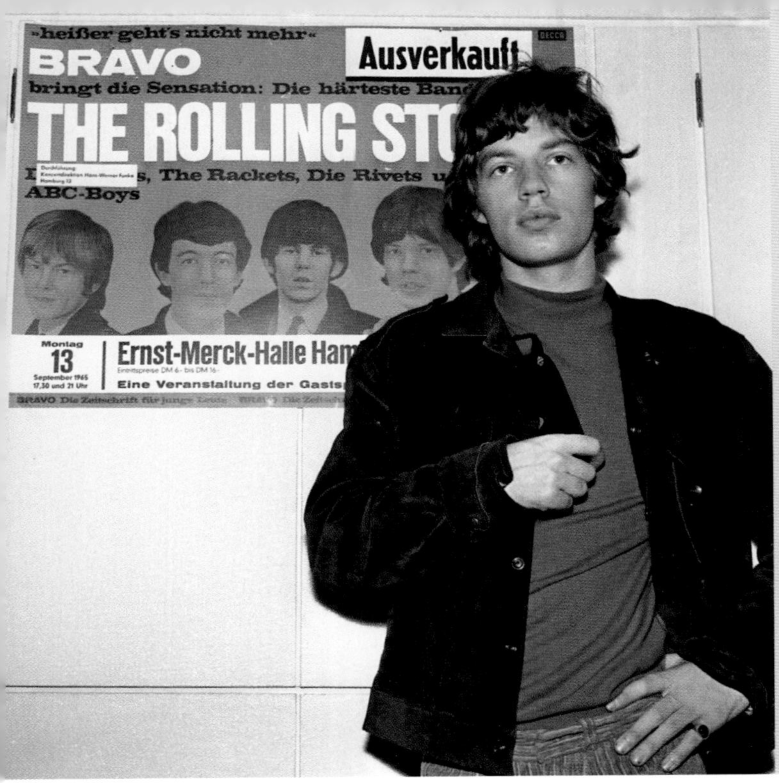

links: Rockstar Mick Jagger in Hamburg, wo die Rolling Stones während ihrer ersten Deutschland-Österreich-Tournee am 13. September ein Konzert geben. Im Mai erscheint auch erstmals der Song »(I Can't Get No) Satisfaction«, den Mick Jagger und Keith Richards für ihre Band schrieben.

rechts: Am 19. Oktober wird das Theaterstück »Die Ermittlung. Oratorium in elf Gesängen« in mehreren Städten der Bundesrepublik und der DDR uraufgeführt; hier Helene Weigel am Pult während der Aufführung in der Ostberliner Akademie der Künste. Der Autor Peter Weiss lässt in dem Stück Protokolle aus dem Auschwitz-Prozess verlesen.

Im Privatleben der Deutschen nimmt das Fernsehen mittlerweile einen festen Platz ein. So entwickelt sich die Unterhaltungssendung »Einer wird gewinnen« zu einem wahren Straßenfeger am Samstagabend. Der Titel der Quiz-Show mit Moderator Hans-Joachim Kulenkampff spielt mit der Abkürzung EWG, »Europäische Wirtschaftsgemeinschaft«, dem Vorläufer der EU. Am 25. September erscheint mit dem »Beat Club« die erste speziell für Jugendliche konzipierte Musiksendung auf der Mattscheibe, eine kleine Revolution in der deutschen Fernsehlandschaft. Das neue Format von Radio Bremen macht Beatmusik in Westdeutschland salonfähig. Zehn Tage zuvor ist es allerdings bei einem Rolling-Stones-Konzert in der Berliner Waldbühne noch zu schweren Auseinandersetzungen zwischen den 21.000 Fans und der Polizei gekommen.

Die DDR-Führung versucht daraus sogleich, ideologisches Kapital zu schlagen. Was man im Westen beklage, aber dulde und fördere, weil man eine brutale, nicht denkende Jugend brauche, werde in der DDR mit allen Mitteln der Staatsgewalt bekämpft. Dies nimmt auf dem XI. Plenum des ZK der SED im Dezember konkrete Gestalt an. Alle Hoffnungen auf eine freizügigere Jugend- und Kulturpolitik, die infolge einer Konsolidierung nach Schließung der innerdeutschen Grenzen möglich schien, werden zerstört. Im Zentrum der Kritik Honeckers stehen vor allem die Künstler der DDR, zahlreiche Bücher, Filme, Theaterstücke und Musikgruppen werden kurzerhand verboten. FS

WAS SONST NOCH GESCHAH

1965

2. Januar | Bundeskanzler Ludwig Erhard und seine Frau Luise beziehen den neuerbauten Kanzlerbungalow in Bonn.

1. Februar | In München wird mit dem Bau der U-Bahn begonnen. Die geplanten Trassen führen radial aus dem Stadtzentrum hinaus.

9. Mai | Die am 28. November 1964 gegründete NPD veranstaltet in Hannover ihren ersten Parteitag. Unter den Mitgliedern und Funktionsträgern befinden sich zahlreiche ehemalige Mitglieder der NSDAP.

13. Juni | »Mit 17 hat man noch Träume«, gesungen von Peggy March, wird auf dem 5. Deutschen Schlagerfestival in Baden-Baden zum Schlager des Jahres gewählt.

30. Juni | In Bochum erfolgt die feierliche Eröffnung der Ruhr-Universität.

1. Juli | Die drei Hamburger Verleger Gerd Bucerius, John Jahr und Richard Gruner schließen ihre Unternehmen zu »Gruner und Jahr GmbH und Co« zusammen. Es ist nach dem Haus Axel Springer der zweitgrößte Pressekonzern der Bundesrepublik.

8. Juli | Die Kultusministerkonferenz der Länder beschließt in Kiel einen einheitlichen Schuljahresbeginn in der Bundesrepublik zum 1. August 1967.

6. August | Weil sie Franz Josef Strauß in der Zeitschrift »konkret« als »infamsten deutschen Politiker« bezeichnet hat, wird die 29-jährige Ulrike Meinhof vom Münchener Amtsgericht zu einer Geldstrafe von 600 DM verurteilt.

19. August | Mit der Übergabe des Beglaubigungsschreibens an den israelischen Staatspräsidenten in Jerusalem, Salman Schasar, durch den ersten Botschafter der Bundesrepublik, Rolf Pauls, nimmt die Bundesrepublik die diplomatischen Beziehungen zu Israel auf.

4. September | Fünf Minuten vor der Spätausgabe der Tagesschau findet ab jetzt jeden Samstag die Ziehung der Lottozahlen vor den Augen der Fernsehzuschauer statt.

19. September | Bei den Wahlen zum fünften Deutschen Bundestag gehen CDU / CSU mit einem Stimmenanteil von 47,6 % als klarer Sieger hervor. Kanzler Ludwig Erhard bildet am 26. Oktober erneut eine Regierungskoalition aus CDU / CSU und FDP.

3. Dezember | Der stellvertretende Vorsitzende des Ministerrates der DDR und Vorsitzender der Staatlichen Plankommission, Erich Apel, begeht eine Stunde vor dem Termin für die Unterzeichnung eines Handelsabkommens mit der Sowjetunion Selbstmord. Apel soll kritisiert haben, dass der Vertrag der DDR Einkaufspreise über und Verkaufspreise unter dem internationalen Niveau vorschreibe.

15. Dezember | Auf seiner 11. Tagung (bis 18. Dezember) beschließt das ZK der SED die zweite Etappe des Neuen Ökonomischen Systems und kündigt einen schärferen Kurs in der Kulturpolitik der DDR an.

21. Dezember | In dem in der DDR in Kraft tretenden Familiengesetzbuch werden eheliche und uneheliche Kinder rechtlich gleichgestellt und das Schuldprinzip bei Ehescheidungen abgeschafft.

22. Dezember | Der Ministerrat der DDR beschließt die Einführung der 45-Stunden-Woche und der Fünftagewoche (in jeder zweiten Woche).

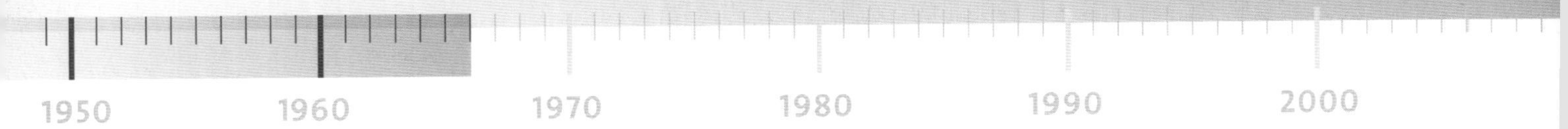

1966

Hippies

Kurt Georg Kiesinger wird Bundeskanzler

Studentendemonstration mit Rudi Dutschke

Starfighter-Absturz

Ostermärsche

von links nach rechts

Demonstrationen gegen den Vietnamkrieg, Auseinandersetzungen um Reformen an Universitäten, Proteste gegen die geplanten Notstandsgesetze – in der Bundesrepublik kündigen sich unruhige Zeiten an. Nachdem im Januar die Bundesregierung den Eintritt der USA in den Vietnamkrieg gutgeheißen und die US-Luftwaffe erneut Ziele in Nordvietnam angegriffen hat, versammeln sich vor dem Amerikahaus in Westberlin protestierende Studenten. Im Laufe des Jahres dehnen sich die Demonstrationen auf andere Städte aus. Der Vietnamkrieg ist für viele junge Intellektuelle Anlass, grundlegende Veränderungen der Gesellschaft und auch der Universitäten und Hochschulen zu fordern.

Ein weiteres Thema der gesellschaftlichen Diskussionen ist die geplante Notstandsgesetzgebung der Bundesrepublik. Ein aus Gewerkschaftlern, Wissenschaftlern, Künstlern und Vertretern der Kirche gebildetes Gremium, darunter der Philosoph Ernst Bloch und der Schriftsteller Hans Magnus Enzensberger, ruft die Bundesbürger zum Protest auf gegen »die Erprobung der Diktatur in der zweiten deutschen Demokratie«: Über 20.000 Menschen nehmen am 30. Oktober an der von diesem Kuratorium veranstalteten Demonstration auf dem Römerberg in Frankfurt am Main teil.

Auch die Kunst mischt sich in die gesellschaftliche Diskussion ein. Im »Jahr 1 des jungen deutschen Films« fordern junge Regisseure wie Alexander Kluge, Jean-Marie Straub, Ulrich und Peter Schamoni sowie Volker Schlöndorff die

Vor dem Konzert der Beatles in der Essener Gruga-Halle. Während der von der Zeitschrift »Bravo« veranstalteten »Beatles-Blitztournee« vom 23. bis 27. Juni spielt die britische Pop-Gruppe vor einem begeisterten Publikum in München, Essen und Hamburg.

Auseinandersetzung mit den Fehlern der Vergangenheit. Das Theaterstück »Publikumsbeschimpfung« von Peter Handke, das im Juni in Frankfurt am Main unter der Regie von Claus Peymann uraufgeführt wird, ist in seinem provokatorischen Gehalt ein Novum auf der Theaterbühne.

Die Regierungskoalition aus CDU/CSU und FDP scheitert jedoch nicht an den immer breiteren Protestbewegungen, sondern am Hauhaltsdefizit. Nachdem am 27. Oktober die FDP-Minister die Regierung verlassen, stellt sich am 1. Dezember in Bonn ein neues Kabinett aus CDU und SPD vor. Nachfolger von Bundeskanzler Ludwig Erhard (CDU) wird Kurt-Georg Kiesinger (CDU), sein Vizekanzler und Außenminister Willy Brandt (SPD).

Die SED gründet 1966 einen »Rat für gesamtdeutsche Fragen« und sendet im März zur Lösung der Deutschland-Frage einen offenen Brief des ZK der SED an die SPD. Vorgeschlagen wird ein Redneraustausch zwischen West und Ost, der im Juli des Jahres in Hannover und Karl-Marx-Stadt (Chemnitz) vor der Öffentlichkeit stattfinden soll. Das Vorhaben wird von der DDR jedoch kurzfristig abgesagt. Die nicht gehaltenen Reden der drei SPD-Politiker werden nun von den Rundfunk- und Fernsehanstalten der Bundesrepublik gesendet. Herbert Wehner erklärt unter anderem darin, dass eine diplomatische Anerkennung der DDR nur im Falle eines Bekenntnisses zu demokratischen Prinzipien denkbar sei. Auf der 14. Tagung des ZK der SED im Dezember lehnt Parteichef Walter

links: Über 20.000 Menschen nehmen am 30. Oktober in Frankfurt am Main an der Demonstration gegen die von der Bundesregierung geplante Notstandsgesetzgebung teil.

rechts: Szene aus dem DEFA-Spielfilm »Spur der Steine« mit Manfred Krug (2. v. r.). Nach dem Kinostart am 1. Juli im Ostberliner »International« wird der Film nach wenigen Aufführungen wieder abgesetzt, da der anarchisch handelnde Held nicht den Vorstellungen der Parteifunktionäre entspricht.

Ulbricht eine Intensivierung der Kontakte zur Bundesregierung ab mit dem Hinweis auf einen zu rechtskonservativen Kurs in Bonn.

Unverständnis und Empörung unter den Bundesdeutschen löst die sogenannte Starfighter-Affäre aus. Am 12. Januar teilt der Generalinspekteur der Luftwaffe, Werner Panitzki, vor dem Verteidigungsausschuss des Bundestages mit, dass 1965 insgesamt 26 Kampfflugzeuge des Typs »Starfighter« der Bundeswehr abgestürzt sind und 15 Piloten dabei ums Leben kamen. Nach seiner Kritik am Bundesverteidigungsministerium wird Panitzki im August entlassen. Erst nach weiteren Abstürzen stoppt die Regierung schließlich im Dezember weitere Flüge bis zur Lieferung sicherer Schleudersitze.

Das sportliche Ereignis des Sommers ist die in England ausgetragene Fußballweltmeisterschaft, bei der Deutschland zum zweiten Mal im Finale steht. Der Gastgeber gewinnt den Titel mit 4:2 im ausverkauften Wembley-Stadion. Die hundertste Spielminute gehört zu den umstrittensten Szenen der Fußballgeschichte. Die Frage, ob der vom Schweizer Schiedsrichter Gottfried Dienst gewertete Treffer des englischen Stürmers Geoffrey Hurst zum 3:2 tatächlich ein Tor war, bewegte noch Jahrzehnte die Gemüter. Ein weiterer sportlicher Höhepunkt des Jahres ist der Kampf um die Box-Weltmeisterschaft im Schwergewicht am 10. September im Frankfurter Waldstadion. In der 12. Runde besiegt Muhammad Ali alias Cassius Clay den Europameister Karl Mildenberger. NN

1950 1960 1970 1980 1990 2000

WAS SONST NOCH GESCHAH

1966

18. Februar | In Ostberlin hat mit »Die Söhne der großen Bärin« der erste Indianerfilm der DEFA Premiere. Die Hauptrolle spielt Gojko Mitic.

21. Februar | In Paris kündigt der französische Staatspräsident Charles de Gaulle den Austritt Frankreichs aus der NATO an.

Bei den Nordischen Skiweltmeisterschaften in Oslo belegen Georg Thoma und Franz Keller aus der Bundesrepublik die ersten beiden Plätze.

6. März | Am ersten Tag der Leipziger Frühjahrsmesse besuchen die DDR-Spitzenpolitiker Walter Ulbricht und Willi Stoph die Stände bundesdeutscher Aussteller. Nach der Sowjetunion ist die Bundesrepublik der zweitgrößte Handelspartner der DDR.

23. März | Auf dem Bundesparteitag der CDU wird Ludwig Erhard zum Parteivorsitzenden gewählt. Er tritt damit die Nachfolge von Konrad Adenauer an, der dieses Amt seit 1950 innehatte.

1. April | In der Hamburger Universität werden die Preisträger des erstmals ausgetragenen Wettbewerbs »Jugend forscht« ausgezeichnet. Initiator der Aktion ist die Illustrierte »stern«.

5. Mai | Der BV 09 Borussia Dortmund gewinnt in Glasgow mit einem 2:1 über den FC Liverpool den Europapokal der Pokalsieger. Deutscher Fußballmeister wird am 28. Mai die Mannschaft des TSV 1860 München. Den Meistertitel in der DDR erringt der FC Vorwärts Berlin.

9. Mai | In Rheinsberg wird das erste Atomkraftwerk der DDR in Betrieb genommen. Es soll neben der Energieversorgung auch Ausbildungs- und Forschungszwecken dienen.

13. Mai | Zum Abschluss des DGB-Kongresses in Westberlin entscheiden sich 251 von 431 Delegierten gegen die geplante Notstandsgesetzgebung der Bundesrepublik.

10. Juli | Bei den Landtagswahlen in dem bisher von einer CDU-FDP-Koalition regierten Nordrhein-Westfalen erzielt die SPD 49,5 % der abgegebenen Stimmen.

30. Juli | Im Endspiel um die Fußball-Weltmeisterschaft im Londoner Wembley-Stadion unterliegt die Mannschaft der Bundesrepublik gegen England 2:4.

28. August | Auf dem Nürburgring wird der Kölner Rudi Altig Straßenweltmeister der Radprofis.

17. September | Das erste Deutsche Fernsehen strahlt die erste Folge der Sience-Fiction-Serie »Raumpatrouille« aus.

1. Oktober | Die 1946 im Nürnberger Prozess gegen Hauptkriegsverbrecher verurteilten Albert Speer und Baldur von Schirach werden nach 20 Jahren aus dem Spandauer Militärgefängnis in Westberlin entlassen.

6. Oktober | In der Westberliner Kochstraße wird das direkt an der Mauer errichtete Hochhaus des Springer Verlags eingeweiht.

6. November | Bei den Landtagswahlen in Hessen und Bayern erhält die NPD erstmals über 5 % der Stimmen (7,9 % und 7,4 %) und zieht in die Länderparlamente ein.

15. November | Im VEB Automobilwerk Eisenach läuft die Produktion des Pkw »Wartburg 353« an. Das Modell wird bis 1988 gebaut.

30. November | Nachdem sich infolge des Rücktritts der FDP-Minister CDU und SPD auf die Bildung einer Großen Koalition geeinigt haben, tritt Kanzler Ludwig Erhard zurück. Neuer Kanzler der Großen Koalition in Bonn wird am 1. Dezember Kurt Georg Kiesinger von der CDU.

1967

Der Schah und Farah Diba

Beate Uhse

Vizekanzler Brandt führt durch Knopfdruck das Farbfernsehen ein

Fritz Teufel

Studenten an der Freien Universität Berlin

von links nach rechts

In den Jahren 1967 und 1968 streben die politischen Aktivitäten der westdeutschen Studenten ihrem Höhepunkt entgegen. Mit der heftigen und vielfach aggressiven Kritik an der herrschenden politischen Praxis, an tradierten Wertvorstellungen und gesellschaftlichen Normen gehen weitgreifende Verunsicherungen, aber auch Impulse für Modernisierung und Verjüngung einher.

Im Januar wird die Kommune 1 ins Leben gerufen. Sie soll eine Alternative zur bürgerlichen Institution Familie bieten. Der Entwurf einer neuen Lebensform gründet unter anderem in der Auffassung, dass in dem Muster der Kleinfamilie eine der Keimzellen für die gesellschaftliche Struktur des Faschismus liege. Dieter Kunzelmann, Rudi Dutschke und Bernd Rabehl sind Protagonisten dieser Idee. Am 19. Februar ziehen neun Männer und Frauen sowie ein Kind in eine gemeinsame Wohnung in Berlin, um »den Alltag zu revolutionieren«. Große Popularität erreichen durch ihre spektakulären Auftritte vor allem die Kommunarden Fritz Teufel, Rainer Langhans und Uschi Obermeier.

Die Entwicklung der Kommune 1 steht nahezu exemplarisch für die Entwicklung der Studentenbewegung der Bundesrepublik: Stark politisierte, teilweise straff organisierte und schließlich auch radikalisierte Teile der Studentenschaft richten ihre Forderungen mit sozialistischer Perspektive auf die konsequente Änderung des politischen Systems, andere verstehen unter Politisierung eine grundlegende Änderung der eigenen Vergesellschaftung, die in neuen individu-

1967

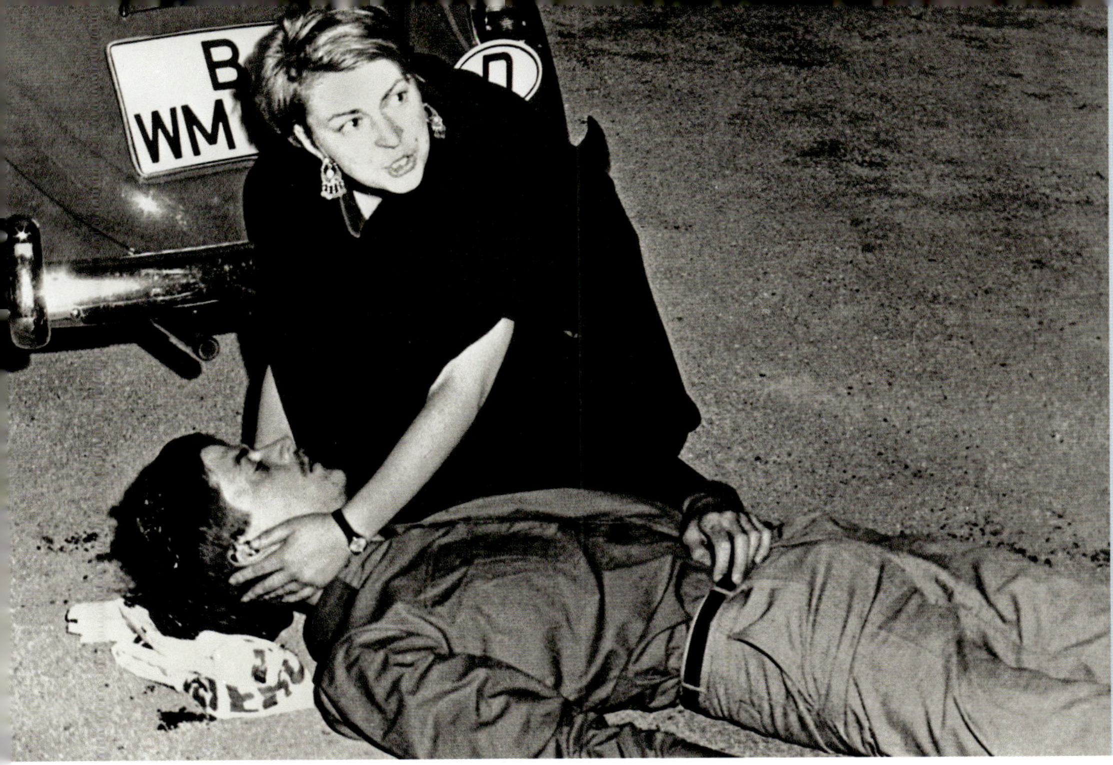

Am Rande der Anti-Schah-Demonstrationen kommt es durch das gewaltsame Eingreifen der Westberliner Polizei zu heftigen Auseinandersetzungen. Der Student Benno Ohnesorg wird dabei durch den Schuss eines Polizisten tödlich getroffen; eine Passantin kümmert sich um ihn, doch kommt jede Hilfe zu spät.

ellen Lebensformen, sexueller Revolution und Bewusstseinserweiterung durch Drogen ihren Ausdruck finden müsse.

Auch in der DDR hinterlässt die Protestbewegung ihre Spuren. Als der amerikanische Sänger Pete Seeger in Ostberlin mit seinem »We shall overcome« auftritt, wird er als Botschafter antimilitaristischer und antikapitalistischer Überzeugungen gefeiert. Er erhält die Friedensmedaille der DDR. Von Seeger inspiriert, gründet sich der Hootenanny-Klub (der spätere Oktoberklub) – es ist sozusagen der Startschuss der FDJ-Singebewegung.

In der Bundesrepublik halten die Demonstrationen gegen den US-amerikanischen Vietnamkrieg und die proamerikanische Politik der Bundesregierung an. Auf Transparenten ist zu lesen »Ky-Ky-Kysinger« und »Keine Unterstützung der USA-Politik in Vietnam«. Am 2. Juni besucht der persische Schah Mohammad Resa Pahlawi mit seiner Frau Farah Diba Westberlin. Als sich der Schah im Schöneberger Rathaus in das goldene Buch der Stadt einträgt, demonstrieren vor dem Gebäude rund 400 Schah-Gegner. Sie skandieren »Mörder, Mörder« und fordern Amnestie für politische Gefangene in Persien. Schah-Anhänger reagieren darauf unter den Augen der Westberliner Polizei mit dem hemmungslosen Einsatz von Schlagstöcken. Am Abend spitzt sich die Situation zu. Während des Besuchs des persischen Kaiserpaares in der Deutschen Oper kommt es zu gewalttätigen Auseinandersetzungen zwischen Studenten und

rechts: Hartmut König, der Star des späteren »Oktoberklubs«, mit seinem Singeklub vor dem Denkmal des Kleinen Trompeters in Halle, wo Ende September eine Werkstattwoche der DDR-Singebewegung stattfindet.

links: Die Mitglieder der Kommune 1; Rainer Langhans (M. mit Sonnenbrille) und Dieter Kunzelmann (rechts daneben mit Bart) im Kreise ihrer Anhänger, in der vorderen Reihe stehend Fritz Teufel (mit Bart), links neben dem Spitzhut sitzend Gudrun Ensslin und Andreas Baader.

Polizei. Die Devise der Polizei lautet »Knüppel frei, räumen«. Dabei wird der Student Benno Ohnesorg von einem Polizisten erschossen. Die Folge ist eine zunehmende Radikalisierung der politischen Proteste. Im November beginnt der Prozess gegen Fritz Teufel. Er ist des Landfriedensbruchs angeklagt, der Vorwurf lautet auf Steinwurf während des Schah-Besuches. 1 000 Demonstranten versammeln sich vor dem Kriminalgericht in Berlin Moabit, um gegen seine Inhaftierung und gegen den Freispruch des Kriminalobermeisters Karl Heinz Kurras zu protestieren, der für den Tod Benno Ohnesorgs verantwortlich ist. Die Staatsmacht greift mit berittener Polizei und Wasserwerfern ein.

Die Studentenrevolte verdeutlicht einen Konsensverlust der Nachkriegsgesellschaft. Durch die zum Jahreswechsel einsetzenden öffentlichen Hearings zu den umstrittenen Notstandsgesetzen ist ein neuer Schauplatz des politischen Dissens' eröffnet.

Die Konflikte in der Bundesrepublik erscheinen in den Medien der DDR als Berechtigung und Bestätigung des eigenen politischen Systems. Benno Ohnesorg wird von Westberlin in die Bundesrepublik überführt – durch die DDR. An der Transit-Autobahn stehen FDJler mit Transparenten »Polizeiterror zeigen die wahre Demokratie in West-Berlin«.

Im Juni ist es endlich soweit: ARD und ZDF werden bunt; als erste Farbsendung strahlt das ZDF die Live-Fernsehshow »Der goldene Schuss« aus. UK

WAS SONST NOCH GESCHAH

1967

17. Januar | Mit der Stilllegung der Friedrich-Krupp-Hüttenwerke AG in Bochum verlieren 4.300 Kumpel ihren Arbeitsplatz, und im Laufe der nächsten Monate folgen weitere Zechenschließungen. Die Arbeitslosenquote erreicht hier mit 3,5 % bundesweiten Höchststand.

---

5. Februar | Bei den Eiskunstlauf-Europameisterschaften im Ljubljana erringt Gaby Seyfert aus der DDR Platz 1.

---

17. Februar | Der Bundestag beschließt die Erhöhung des Arbeitslosengeldes von 55 % auf 62,5 % des Netto-Arbeitsentgelts.

---

20. Februar | Die DDR-Volkskammer verabschiedet das Gesetz über eine eigene DDR-Staatsbürgerschaft.

---

17. März | Laut einer Pressemitteilung besitzen etwa 15.000 Bundesbürger eine Kreditkarte, 1963 waren es lediglich 3.500. Vor allem bei Fluggesellschaften, in großen Hotels, Restaurants und exklusiven Geschäften kann inzwischen mit Karte bezahlt werden.

---

26. März | Über Ostern feiern Gäste aus 15 europäischen Ländern das 900-jährige Bestehen der Wartburg bei Eisenach in Thüringen.

17. April | In der Eröffnungsrede zum VII. Parteitag der SED in Ostberlin greift Parteichef Walter Ulbricht die Bundesrepublik wegen ihres »unverschämten Alleinvertretungsanspruchs« an.

---

19. April | In seinem Haus in Rhöndorf stirbt Altbundeskanzler Konrad Adenauer im Alter von 91 Jahren.

---

26. April | Der Bundestag verabschiedet ein Gesetz zur Umsatzsteuerreform, das die Einführung der Mehrwertsteuer ab dem 1. Januar 1968 einschließt.

---

30. April | In Düsseldorf wird die neue Kunsthalle feierlich eröffnet.

---

6. Juli | Bei dem Zusammenstoß eines Ferienzuges mit einem Tankwagen in Langenweddingen in der DDR sterben 94 Menschen, darunter 44 Kinder.

---

2. August | Die Regelkommission des Weltfußballverbandes (FIFA) beschließt, dass zu einer Mannschaft künftig nicht mehr nur elf, sondern bis zu 16 Spieler gehören, von denen 13 während des Treffens eingesetzt werden können.

---

26. September | Der Regierende Bürgermeister von Westberlin, Heinrich Albertz, gibt seinen Rücktritt und den des SPD-Senats bekannt. Die Amtsnachfolge Albertz' übernimmt Klaus Schütz (SPD).

---

1. Oktober | Im Dresdener Albertinum wird die VI. Deutsche Kunstausstellung der DDR eröffnet. Mehr als 250.000 Besucher werden bis zu ihrer Schließung am 4. Februar 1968 gezählt.

---

20. Oktober | Das ZDF strahlt die erste Folge der neuen Serie »Aktenzeichen XY ungelöst« aus. TV-Moderator Eduard Zimmermann präsentiert dem Publikum ungeklärte Kriminalfälle und bittet die Zuschauer um Mithilfe.

---

31. Oktober | Die von Rita Maahs und Karl-Eduard von Schnitzler kuratierte Fotoausstellung »Vom Glück des Menschen«, veranstaltet von der Liga für Völkerfreundschaft und der Gesellschaft für Deutsch-Sowjetische Freundschaft, wird in Ostberlin eröffnet. Zu sehen sind 770 Bilder von Fotografen aus 71 Staaten.

---

4. Dezember | In den bundesdeutschen Kinos läuft der im Auftrag von Bundesgesundheitsministerin Käthe Strobel gedrehte, abendfüllende Aufklärungsfilm »Helga« an. Bei einer etwa zehn Minuten langen Geburtsszene sollen die Männer reihenweise in Ohnmacht gefallen sein.

1968

Bauarbeiten am Ostberliner Alexanderplatz

Die Neue Nationalgalerie in Berlin

Oswalt Kolle

Nach dem Attentat: das Fahrrad von Rudi Dutschke

Sowjetische Panzer in Prag

von links nach rechts

1968 – gleichsam eine Chiffre, die den Höhepunkt der Studentenrevolte in der Bundesrepublik markiert. Die von der Studentenbewegung ausgehenden Forderungen zielen auf einen umfassenden Wandel von Staat und Gesellschaft und reichen von der Einforderung einer Hochschulreform, mit der die traditionelle Ordinarienuniversität demokratisiert werden soll, bis zur Beseitigung der bestehenden Besitzverhältnisse.

Im Zentrum der studentischen Proteste steht die Kritik am US-amerikanischen Engagement im Vietnamkrieg sowie die unterstützende Haltung der Bundesregierung. Die zunehmende Radikalisierung eines Teils der APO (Außerparlamentarische Opposition) zeigt sich drastisch im Brandanschlag auf zwei Frankfurter Kaufhäuser am 2. April. Hiermit soll ein Fanal gesetzt werden gegen den Krieg, gegen Konsumterror und gegen die Diffamierung der Studenten durch die Springer-Presse. Und es soll ein Schritt sein »vom Protest zum Widerstand«. Die Brandstifter, Andreas Baader und Gudrun Ensslin, die es für besser halten, »ein Kaufhaus in Brand zu stecken, als es zu besitzen«, werden später Gründungsmitglieder der »Roten Armee Fraktion« (RAF).

Die Springer-Presse reagiert auf die studentischen Proteste pauschalisierend mit Schmähartikeln und größtenteils verunglimpfender Berichterstattung, die in der öffentlichen Meinung Wirkung zeigen. Auf dem Siedepunkt der Auseinandersetzung wird der Spiritus Rector der Studentenbewegung und Vorsitzende

1968

Rudi Dutschke während seiner Rede am 17. Februar auf dem Internationalen Vietnam-Kongress, den der Sozialistische Deutsche Studentenbund (SDS) im Audimax der Technischen Universität Berlin veranstaltet und der sich gegen die amerikanische Politik in Vietnam richtet.

des Sozialistischen Deutschen Studentenbundes (SDS), Rudi Dutschke, am 11. April in Berlin Opfer eines Attentats, das er nur knapp überlebt. Nach dem Anschlag eskaliert die Situation, in vielen Städten Deutschlands demonstrieren linke Studentenorganisationen und ihre Sympathisanten gegen das dafür mitverantwortlich gemachte Establishment.

In Paris greifen die Unruhen noch stärker in das alltägliche Leben ein. Nach Straßenkämpfen zwischen Polizei und Studenten wird die Universität Sorbonne geschlossen, und ein Generalstreik legt im Mai das öffentliche Leben nahezu vollständig lahm. Um vergleichbaren Verhältnissen in Deutschland zuvorzukommen, beschließt am 30. Mai der Bundestag die Ergänzung des Grundgesetzes durch die sogenannte Notstandsverfassung, die unter anderem den Einsatz der Bundeswehr zur Abwehr der inneren Bedrohung vorsieht.

Die Demonstrationen in Deutschland halten weiterhin an; die Diskussionen in den Studentenverbänden sind nun vielfach von der Frage nach dem politischen Weg der Veränderung bestimmt: Revolution oder Reform?

Der Partei- und Staatsführung in der DDR sind die Konflikte in der Bundesrepublik Bestätigung des eigenen Systems. Die Studentenrevolte wird als Zeichen für den Zerfall der kapitalistischen Ordnung und als Wille zur »real-sozialistischen« Neugestaltung interpretiert. Die politisch-historisch Selbstgewissheit der SED-Funktionäre wird jedoch durch den Prager Frühling konterkariert: In

links: Szene aus »Wunder der Liebe«, dem ersten Aufklärungsfilm von Oswalt Kolle. In der vielfach von Doppelmoral geprägten bürgerlichen Gesellschaft in der Bundesrepublik stößt Kolles Engagement für mehr Freizügigkeit zum Teil auf heftigen Widerstand.

rechts: Nachdem das Experiment eines demokratischen Sozialismus durch den Einmarsch der Truppen aus den Warschauer-Pakt-Staaten am 20. August in Prag gewaltsam beendet wurde, besucht der stellvertretende Minister für Nationale Verteidigung der DDR, Generaloberst Heinz Keßler, am 5. September die Truppenteile der NVA, die »an den gemeinsamen Handlungen der Bruderarmeen zum Schutz der sozialistischen Errungenschaften in der ČSSR teilnehmen«.

der ČSSR weckt der im Januar zum Parteichef gewählte Alexander Dubček die Hoffnung auf eine umfassende Demokratisierung der Gesellschaft in einem »Sozialismus mit menschlichem Antlitz«. Die DDR-Führung reagiert mit einem Ausreiseverbot ins benachbarte Freundesland ČSSR. Am 21. August fahren in Prag sowjetische Panzer auf. Der Prager Frühling wird gewaltsam beendet.

Von den politischen Unruhen weitgehend unbeirrt funktioniert die Unterhaltungsbranche reibungslos. Mit seinem Lied »Mama« landet Heintje auf dem 1. Platz der Hitlisten und scheint die Sehnsucht vieler Menschen nach Harmonie und Sentiment in kleinen Glücksnischen auf den Punkt gebracht zu haben. In der DDR singt das Schlagerpaar Chris Doerk und Frank Schöbel unterhaltsam und erfolgreich vom »Heißen Sommer«.

Auch wenn sich die Wogen äußerlich geglättet haben, wird nichts mehr sein wie zuvor. Viele Impulse aus der Studentenbewegung zeigen ihre Wirkung in veränderten Lebensgewohnheiten. Die Mode wird bunt; zunächst skandalträchtige Miniröcke und Hotpants werden Normalität. Neue Familienformen finden nicht nur in der Kommune 1 ihre Erprobung, sondern auch in anderen Wohngemeinschaften. In der Erziehung sollen kleinbürgerliche Muster der Vergangenheit angehören, die Prinzipien der antiautoritären Erziehung haben bei jüngeren Eltern Konjunktur. Und Oswalt Kolle propagiert in zunehmend medialer Präsenz eine libertinäre Sexualmoral. UK

WAS SONST NOCH GESCHAH

1968

1. Januar | In der Bundesrepublik tritt das System der Mehrwertsteuer in Kraft. Sie beträgt zehn Prozent; für Lebensmittel, Bücher und Zeitschriften und für einige Dienstleistungen fünf Prozent.

4. Januar | Die Uraufführung des deutschen Spielfilms »Zur Sache, Schätzchen« von Regisseurin May Spils mit Uschi Glas in der Hauptrolle wird zu einem großen Erfolg. Den Film sehen in den folgenden 18 Monaten drei Millionen Zuschauer.

14. März | Im Springer-Verlag erscheint die erste Nummer der Zeitschrift »Jasmin« für »das Leben zu zweit« in einer Auflage von einer Million.

17. März | Das DDR-Fernsehen strahlt die erste Folge des fünfteiligen Fernsehfilms »Axel Cäsar Springer« mit Horst Drinda in der Hauptrolle aus.

3. April | Aus Protest gegen die gesellschaftlichen Verhältnisse in der Bundesrepublik verüben vier Linksextremisten, darunter Andreas Baader und Gudrun Ensslin, in Frankfurt am Main Brandanschläge auf die Kaufhäuser M. Schneider und Kaufhof. Am 31. Oktober werden sie zu je drei Jahren Zuchthaus verurteilt.

6. April | In der DDR stimmen 94,49 % der Wahlberechtigten in einem Volksentscheid für die Annahme der neuen DDR-Verfassung, die zwei Tage später in Kraft tritt.

30. Mai | Trotz heftiger Proteste von Denkmalschützern und weiten Teilen der Bevölkerung wird in Leipzig die 800 Jahre alte Universitätskirche gesprengt.

11. Juni | Im Transitverkehr zwischen Westberlin und der Bundesrepublik führt die DDR die Pass- und Visapflicht ein. An der Grenze muss jeder einen Antrag auf Durchreise stellen. Für das erteilte Visum erhebt die DDR eine Gebühr von 5 D-Mark, die ab 17. Juni von der Bundesregierung übernommen wird. Ab dem 20. Juni erhöht sich der Mindestumtausch für DDR-Besucher aus dem Westen auf 10 D-Mark.

16. August | Der 22-jährige Franz Beckenbauer vom FC Bayern wird nach 1966 zum zweiten Mal zum Fußballer des Jahres gekürt.

4. September | Auf dem 82. Deutschen Katholikentag in Essen formiert sich eine breite Opposition gegen das päpstliche Unfehlbarkeitsdogma. Mit Plakaten wie »Sich beugen und zeugen« oder »Wir reden nicht über die Pille – wir nehmen sie« äußern die Protestierenden ihren Unmut über die Enthaltsamkeitslehre von Papst Paul VI.

15. September | In Westberlin wird der nach einem Entwurf von Mies van der Rohe errichtete Bau der Neuen Nationalgalerie eröffnet.

8. Oktober | Die Konferenz der Kultusminister der Länder beschließt die Einführung der Sexualkunde im Rahmen des Biologieunterrichts in allen Bundesländern.

24. Oktober | Im Münchener Theater an der Briennerstraße findet die deutschsprachige Erstaufführung des Musicals »Hair« – Kultstück der Hippie-Generation – statt.

27. Oktober | In Mexico-City gehen die XIX. Olympischen Sommerspiele zu Ende. Erfolgreichster Deutscher ist mit zwei Goldmedaillen der Schwimmer Roland Matthes aus der DDR.

7. November | Auf dem CDU-Parteitag in Westberlin ohrfeigt Beate Klarsfeld Bundeskanzler Georg Kiesinger. Die 29-Jährige will damit auf Kiesingers angebliche Nazi-Vergangenheit aufmerksam machen.

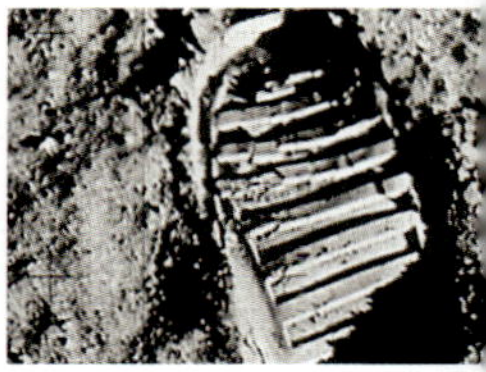

1969

Der 1. Mai in Ostberlin

Willy Brandt wird Bundeskanzler

Fernsehturm in Ostberlin

Hildegard Knef

Erste Mondlandung

von links nach rechts

Es ist das Jahr beginnender Entspannung in den deutsch-deutschen Beziehungen – und das, obwohl es mit Spannungen anfängt: »Die Absicht, den neuen westdeutschen Präsidenten in Westberlin, also außerhalb des Staatsgebietes der westdeutschen Bundesrepublik und auf dem Territorium der DDR wählen zu lassen, stellt einen groben Bruch des Völkerrechts dar. [...] so handelt es sich um nichts anderes als um eine vorsätzliche, ernste Provokation.« So liest es sich im Protestschreiben der DDR an die Bundesregierung vom 6. Februar. Die Wahl des Bundespräsidenten soll in Westberlin stattfinden, was die DDR als Verstoß gegen das Viermächteabkommen ansieht. Die DDR-Regierung verhängt ein Durchreiseverbot nach Westberlin für alle Mitglieder der Bundesversammlung, für Bundeswehrangehörige und Mitglieder des Bundestagsverteidigungsausschusses. Anfang März spitzt sich die Situation zu. Im Rahmen gemeinsamer Manöver von sowjetischen und Truppen der Nationalen Volksarmee wird die Transit-Autobahn Helmstedt–Berlin mehrmals für Stunden »aus Manövergründen« gesperrt. Trotzdem findet die Wahl am 5. März statt – mit einem überraschenden Ergebnis: Erstmals wählt die Bundesversammlung mit Gustav Heinemann einen SPD-Politiker zum Bundespräsidenten. Am 1. Juli tritt er sein Amt an mit den Worten: »Wir stehen erst am Anfang der ersten wirklich freiheitlichen Periode unserer Geschichte [...] Überall müssen sich Autorität und Tradition die Frage nach der Rechtfertigung gefallen lassen [...] Nicht weniger,

1969

Nach der Bundestagswahl zum 6. Bundestag am 28. September entscheidet sich Willy Brandt entgegen den Vorstellungen von Herbert Wehner und Helmut Schmidt, die eine Fortsetzung der Großen Koalition wünschten, für eine SPD-FDP-Regierung. Am 21. Oktober stellt sich das neue Kabinett den Fotografen, darunter: 1. Reihe v. l. Bundespräsident Gustav Heinemann, Bundeskanzler Willy Brandt (SPD), Walter Scheel (FDP); 2. Reihe v. l. Erhard Eppler (SPD), Hans Dietrich Genscher (FDP); 3. Reihe v. l. Lauritz Lauritzen (SPD), Hans Leussink (parteilos) und Josef Ertl (FDP); Helmut Schmidt übernimmt das Verteidigungsministerium.

sondern mehr Demokratie – das ist die Forderung [...]« Diese Forderung schlägt sich 1969 in grundlegenden Gesetzesänderungen nieder, die auf Gustav Heinemanns Amtszeit als Justizminister der Großen Koalition (1966 – 1969) zurückgehen. So werden Zuchthausstrafen durch Freiheitsstrafen ersetzt, die auch Resozialisierungsangebote einschließen. Außerdem werden uneheliche und eheliche Kinder rechtlich gleichgestellt, Ehebruch und Homosexualität straffrei.

Immer deutlicher zeigen sich Risse innerhalb der Regierungskoalition von CDU und SPD. Vor allem an der Frage, welche völker- und staatsrechtliche Haltung gegenüber der DDR einzunehmen sei, scheiden sich die Geister. Anlass ist die Tatsache, dass immer mehr nichtsozialistische Länder die DDR anerkennen. Den Anfang macht Kambodscha, es folgen im Laufe des Jahres Irak, Sudan, Ägypten, Syrien und andere arabische Länder. Willy Brandt fordert ein Überdenken der 1955 installierten Hallstein-Doktrin. Eine kleine Konzession an diese Entwicklung ist der im Juli gefasste Beschluss der Bundesregierung, künftig das Abspielen der DDR-Nationalhymne und das Hissen der Flagge bei Sportveranstaltungen nicht zu behindern. Für die, ihre staatliche Souveränität immer wieder betonende DDR bedeutet dies auf der internationalen Bühne einen politischen Erfolg, schließlich sind die zum Teil sehr erfolgreichen DDR-Sportler im Verständnis von Partei und Staat immer auch Repräsentanten des politischen Systems. Die Eiskunstläuferin Gabriele Seyfert wird zunächst

links: Ulrike Meinhof am 7. Mai nach der gescheiterten Besetzung der Hamburger Zeitschriftenredaktion »konkret«, für die sie in den vergangenen Jahren als Journalistin tätig war, und der anschließenden Aktion in der Villa des Chefredakteurs Klaus Rainer Röhl in Hamburg-Blankenese – ihrem einstigen Zuhause.

rechts: Am 3. Oktober – pünktlich zum 20. Jahrestag der DDR am 7. Oktober – wird in Ostberlin der 365 Meter hohe Fernsehturm in Betrieb genommen. Das neue Wahrzeichen der Hauptstadt der DDR ist mit dem neu gestalteten Alexanderplatz der Höhepunkt des sozialistischen Zentrums.

Europa- dann Weltmeisterin. Der Ruder-Achter gewinnt die Goldmedaille bei der Europameisterschaft.

In der Mitte des Jahres beschäftigt ein Großereignis die Welt: die Landung eines US-amerikanischen Raumfahrzeugs auf dem Mond. Am 21. Juli setzt Astronaut Neil Armstrong als erster Mensch den Fuß auf die Mondoberfläche. Seine Worte: »Ein kleiner Schritt für einen Menschen, aber ein gewaltiger Sprung für die Menschheit.« 500 Millionen Fernsehzuschauer verfolgen die Landung weltweit auf den Bildschirmen. In der DDR wird dieser Erfolg mit gemischten Gefühlen aufgenommen, schließlich scheinen die USA den Wettlauf im All gegen die UdSSR gewonnen zu haben.

Eine politische Zeitenwende deutet sich im Herbst in der Bundesrepublik an. Am 21. Oktober wird der Sozialdemokrat Willy Brandt zum Bundeskanzler einer künftigen sozial-liberalen Koalition gewählt. Bei den Wahlen zum 6. Deutschen Bundestag am 28. September war die SPD der CDU zwar unterlegen, aber die FDP sprach sich für eine Koalition mit der SPD aus. In seiner Regierungserklärung kündigt Willy Brandt das umfangreichste Reformpaket der Nachkriegsgeschichte an. Innenpolitisch will er »[...] mehr Demokratie wagen« und »[...] eine Gesellschaft, die mehr Freiheit bietet und mehr Mitverantwortung fordert.« Außenpolitisch erklärt er die Bereitschaft zu Verhandlungen mit der DDR. Brandts Motto: »Vom Nebeneinander zum Miteinander«. UK

WAS SONST NOCH GESCHAH

1969

16. Januar | An der Universität Karlsruhe wird das erste deutsche Institut für Informatik gegründet.

---

19. Februar | In Bonn ziehen die ersten Bundestagsabgeordneten in das nach Plänen des Architekten Egon Eiermann errichtete Abgeordnetenhaus am Rheinufer ein. Seinen bald landläufigen Namen »Langer Eugen« verdankt es dem früheren Bundestagspräsidenten Eugen Gerstenmaier, der das Bauvorhaben initiierte.

---

27. Februar | Ein sogenanntes Fluxuskonzert von Joseph Beuys und Henning Christiansen in der Westberliner Akademie der Künste wird aufgrund massiver Störungen linksorientierter Studenten abgebrochen, die in der Veranstaltung einen affirmativen Beitrag zum herrschenden Kunstbetrieb sehen.

---

5. März | Die hundertprozentige VW-Tochter Auto Union in Ingolstadt schließt sich mit den Neckarsulmer NSU-Werken zur Audi NSU Auto Union AG zusammen.

---

15. Mai | Der Bundestag verabschiedet einen Gesetzentwurf, in dem die rechtliche Gleichstellung ehelicher und unehelicher Kinder festgeschrieben ist.

19. Mai | Das rheinland-pfälzische Länderparlament in Mainz wählt den 39-jährigen Helmut Kohl (CDU) zum neuen Ministerpräsidenten.

---

28. Mai | Auf dem VI. Kongress des Schriftstellerverbandes der DDR wird der jüngste Roman von Christa Wolff, »Nachdenken über Christa T.«, wegen dessen pessimistischer Grundstimmung und des Individualismus der Protagonistin scharf verurteilt.

---

8. Juni | In Köln findet der Gründungskongress des Verbands Deutscher Schriftsteller (VS) statt. Dem ersten Gesamtverband der Schriftsteller in der Bundesrepublik gehören etwa 2.500 Schriftsteller, Übersetzer und Kritiker an.

---

12. Juni | Mit großer Mehrheit verabschiedet der Bundestag das Gesetz über die Lohnfortzahlung im Krankheitsfall. Nach dem 1970 in Kraft tretenden Gesetz sind somit die Arbeiter den Angestellten darin gleichgestellt.

---

28. August | In Magdeburg wird erstmals das Zentrale Fest junger Talente durchgeführt, das künftig alle zwei Jahre in der DDR stattfinden soll. An den Leistungsvergleichen nehmen vor allem Instrumentalisten und Sänger teil.

3. Oktober | Walter Ulbricht eröffnet das II. Fernsehprogramm des DDR-Fernsehfunks; für die Wochenenden sind mehrstündige Farbsendungen geplant.

Auf dem Alexanderplatz wird die Weltzeituhr eingeweiht, die sich bald zu einem der populärsten Treffpunkte entwickelt.

---

7. Oktober | Auf dem Ostberliner Marx-Engels-Platz feiert die Partei- und Staatsführung der DDR den 20. Jahrestag ihrer Republik mit einer Militärparade. Die drei westlichen Alliierten protestieren, da dies ein Verstoß gegen den entmilitarisierten Status der Stadt sei.
Zum Jubiläumstag der DDR kommt die »Club-Cola« auf den Markt.

---

8. November | Vom US-Stützpunkt Vandenberg in Kalifornien wird der erste deutsche Forschungssatellit »Azur« in eine erdnahe Umlaufbahn geschickt.

---

19. November | In Freiberg in Sachsen geben die Puhdys ihr erstes Konzert. Der Auftrittstermin gilt als Gründungsdatum der DDR-Rockband.

---

8. Dezember | In Moskau beginnen Gespräche zwischen Regierungsvertretern der Bundesrepublik und der Sowjetunion über ein Gewaltverzichtsabkommen.

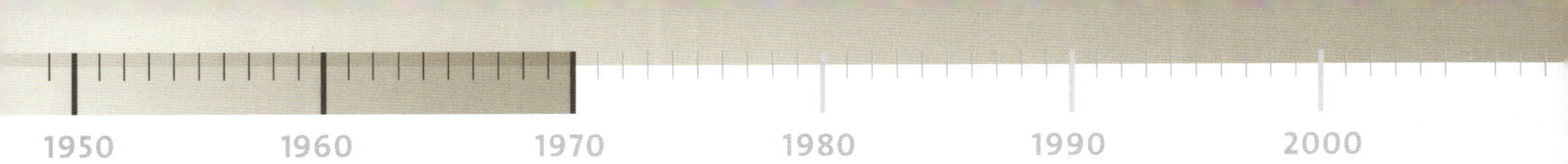

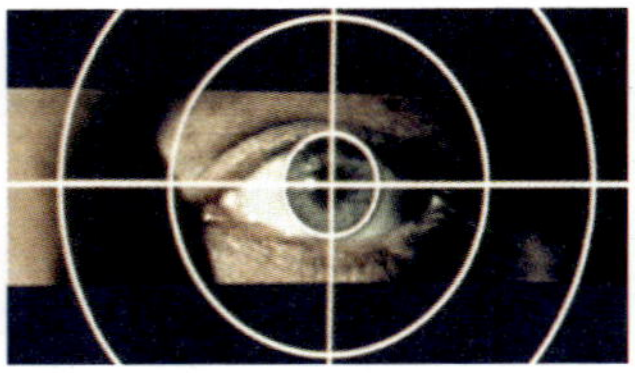

1970

Erste Flugverbindung von Ostberlin nach Wien

Demonstration für den Minirock

Erster »Tatort« in der ARD

Funktaxizentrale

Plateauschuhe

von links nach rechts

Seit die im Oktober 1969 gebildete Koalition aus SPD und FDP die Politik der Bundesrepublik bestimmt, hoffen viele Deutsche in Ost und West auf Tauwetter. Noch im Januar schlägt Bundeskanzler Willy Brandt Verhandlungen mit der DDR über einen Gewaltverzicht vor, und mit ähnlichen Angeboten fliegt sein Staatssekretär Egon Bahr Ende Januar nach Moskau. Parallel finden Anfang Februar in Warschau Gespräche über das deutsch-polnische Verhältnis statt.

Erste Vorteile aus den sich neu formierenden Beziehungen kann die Wirtschaft ziehen: Fast gleichzeitig wird in Essen das bislang größte Ost-West-Geschäft angeschoben, der sogenannte Erdgas-Röhren-Vertrag. Er regelt die Lieferung von russischem Erdgas gegen Großrohre für den Pipelinebau zwischen der Bundesrepublik und der Sowjetunion – im Prinzip bis heute. Eine Liberalisierung gibt es auch für Einfuhren aus den Ostblockstaaten, und zwischen den beiden deutschen Staaten wird eine Einigung über den Kostenausgleich und neue Fernsprech- und Fernschreibleitungen gefunden. Ein Resultat: Das DDR-Fernsehen erfährt einen Quantensprung durch Westtechnik.

Am 19. März trifft sich Willy Brandt mit DDR-Ministerpräsident Willi Stoph in Erfurt zu einem ersten innerdeutschen Gespräch. Auf dem Bahnhofsplatz vor dem Hotel Erfurter Hof überwindet eine Menschenmenge die Absperrungen von Polizei und Stasi, »Willy, Willy …« ertönt es. Nicht Willi Stoph ist gemeint, denn nun ruft man: »Willy Brandt ans Fenster!« Stürmischer Jubel bricht los,

Vor der Unterzeichnung des deutsch-polnischen Vertrages am 7. Dezember in Warschau legt Willy Brandt am Denkmal für die Opfer des Warschauer Ghettos einen Kranz nieder. Entgegen dem Protokoll kniet er für eine Gedenkminute nieder. Dieser Versuch einer Aussöhnung zwischen den beiden Völkern, 25 Jahre nach dem Ende des Zweiten Weltkriegs, wird überall auf der Welt wahrgenommen.

als er sich tatsächlich zeigt. Anschließend begibt sich der Kanzler direkt zum Sitzungsraum der DDR-Delegation. Der Sicherheitsposten meldet dem DDR-Ministerratsvorsitzenden, ein Herr Brandt wolle ihn sprechen. Stoph fragt irritiert: »Welcher Herr Brandt?« Der leicht verunsicherte Posten: »Na, der Genosse Bundeskanzler.« So berichtet es Botschafter Hans Voß, der Zeuge dieser historischen Begegnung war.

Die wichtigeren Treffen finden oft im Verborgenen statt, über den sogenannten Black Channel, den besonders Egon Bahr mit Moskau nutzt. Sie führen dann auch zu dem als Bahr-Papier bekannten Dokument über den Abschluss eines Gewaltverzichtvertrages mit der Sowjetunion, das Kanzler Brandt im August in Moskau unterzeichnet.

Großes internationales Aufsehen erregt im Dezember der Besuch Willy Brandts in Warschau, wo er den Vertrag über die Normalisierung der Beziehungen zwischen der Bundesrepublik Deutschland und Polen sowie die Anerkennung der Oder-Neiße-Grenze zum Abschluss bringt. Das Bild vom Kniefall des Kanzlers am Denkmal für die Opfer des Warschauer Ghettos geht als Symbol eines neuen Deutschlands um die Welt.

In Bonn löst die neue Ostpolitik der SPD nicht nur bei der CDU/CSU-Opposition, sondern auch bei Teilen der FDP Bedenken aus. Drei FDP-Abgeordnete verlassen die sozial-liberale Koalition und wechseln zu den Oppositionspartei-

links: Am 19. März treffen in Erfurt Bundeskanzler Willy Brandt und DDR-Ministerpräsident Willi Stoph zusammen. Es ist das erste Gespräch zwischen zwei Staatsmännern der beiden deutschen Staaten seit 20 Jahren. Zwar führen die Gespräche zu keiner Annäherung, doch erklärt Brandt anschließend: »Erfurt konnte nur ein Anfang sein, es war ein Anfang.«

rechts: Obwohl die Volkspolizei den Erfurter Bahnhof und den Tagungsort, das Hotel Erfurter Hof, weiträumig absperrte, gelang es hunderten DDR-Bürgern, bis zum Hotel vorzustoßen. Nachdem die Menge lautstark »Willy, Willy« skandierte, zeigte sich der Kanzler am mittleren Erkerfenster.

en. Doch Willy Brandt holt sich für seinen neuen Kurs die Rückendeckung beim Präsidenten der USA und bei seinen westlichen Verbündeten, die zu multilateralen Kontakten mit den Staaten des Warschauer Paktes über die Einberufung einer europäischen Sicherheitskonferenz bereit sind.

Vor allem die Viermächte-Verhandlungen über Berlin, die zwischen den Botschaftern der Sowjetunion und der drei Westmächte in Deutschland am 26. März beginnen, bringen Bewegung in das deutsch-deutsche Verhältnis. Über den Status von Westberlin und den Transitverkehr in die geteilte Stadt verhandeln wenig später dann auch in ersten Gesprächen Egon Bahr und der DDR-Staatssekretär Michael Kohl.

Dem frühlingshaften Tauwetter in den Außenbeziehungen der Bundesrepublik stehen jedoch innenpolitische Ereignisse gegenüber, deren Auswirkungen sieben Jahre später in den »Deutschen Herbst« münden. Am 14. Mai erhält der wegen Brandstiftung zu drei Jahren Haft verurteilte Andreas Baader die Erlaubnis zu einem Besuch der Bibliothek des Deutschen Zentralinstituts für Soziale Fragen in Berlin, wo ihn die Journalistin Ulrike Meinhof und drei weitere Komplizinnen befreien. Dabei wird ein Institutsangestellter schwer verletzt, woraufhin die Beteiligten untertauchen. Dieser Tag gilt als Gründungsdatum der Roten Armee Fraktion (RAF). HO

WAS SONST NOCH GESCHAH

1970

11. März | Die bundesdeutsche Filmförderungsgesellschaft zeichnet die Filme »Katzelmacher« von Rainer Werner Fassbinder und »Ich bin ein Elefant, Madame« von Peter Zadek mit der Siegesprämie in Höhe von 250.000 D-Mark aus. Weitere Auszeichnungen erhalten die Regisseure Edgar Reitz und Hans-Jürgen Syberberg. Die Prämierung wurde zur Förderung junger Nachwuchsregisseure des Neuen Deutschen Films eingeführt.

15. März | Der Präsident des Deutschen Sportbundes, Willi Daume, startet in Westberlin die Aktion »Trimm Dich durch Sport«. Sie soll sich zur breiten Bewegung entwickeln und die Bundesbürger zu regelmäßiger körperlicher Betätigung anregen .

19. April | Anlässlich des 100. Geburtstages von Wladimir I. Lenin wird in Ostberlin nahe dem Friedrichshain das von dem sowjetischen Bildhauer Nikolai Tomski gestaltete Lenin-Denkmal eingeweiht.

17. Juni | Im dramatischen Halbfinalspiel der Fußballweltmeisterschaft unterliegt die Mannschaft der Bundesrepublik im Azteken-Stadion von Mexico-City Italien 3:4. Erst in der 90. Spielminute gelingt Karl-Heinz Schnellinger das Ausgleichstor zum 1:1. Zwei Tore schießt dann Gerd Müller in der folgenden Verlängerung. Weltmeister wird die Mannschaft Brasiliens.

1. Juli | Produkte aus der DDR werden künftig nicht mehr mit »Made in Germany«, sondern mit »Made in GDR« gekennzeichnet.

12. August | Bundeskanzler Willy Brandt und Bundesaußenminister Walter Scheel unterzeichnen im Kreml den deutsch-sowjetischen Vertrag, den sogenannten Moskauer Vertrag. Er beinhaltet unter anderem den Gewaltverzicht und die faktische Anerkennung der durch den Zweiten Weltkrieg geschaffenen Grenzen, auch der zu Polen.

1. September | Eine vom Rat der Stadt Hannover initiierte »Aktion der Straßenkunst«, bei der den Hannoveranern durch die »Kunstlandschaft Stadt« neuartige Erfahrungen vermittelt werden sollen, stößt bei vielen Bürgern der Stadt auf Ablehnung. Insbesondere die weiblichen »Nanas«, die üppigen, bunt bemalten frivolen Geschöpfe der französischen Künstlerin Niki de Saint Phalle, stehen im Mittelpunkt der Kritik dieser bis zum 31. August 1973 geplanten Veranstaltung.

29. September | Bei drei Banküberfällen in Westberlin erbeuten insgesamt 13 Mitglieder der Baader-Meinhof-Gruppe 217.000 D-Mark. Das Geld soll der Finanzierung des bewaffneten »Untergrundkampfes« dienen.

8. Oktober | Mit dem Bertolt-Brecht-Stück »Die Mutter« – in der Hauptrolle Therese Giehse – präsentiert die Westberliner »Schaubühne am Halleschen Ufer« ihre erste Inszenierung seit der Einführung der Mitbestimmung aller Ensemblemitglieder. Zur kollektiven Führung gehören unter anderem Peter Stein und Claus Peymann.

18. Oktober | Eine heftige Diskussion in der Öffentlichkeit löst das von der ARD ausgestrahlte »Millionenspiel« aus. In dem von Wolfgang Menge entwickelten Fernsehspiel um ein utopisches Quiz wird ein Kandidat eine Woche lang von bezahlten Mördern gejagt.

18. Dezember | Nach einer Dauer von zweieinhalb Jahren endet vor dem Landgericht Aachen der sogenannte Contergan-Prozess mit einer Einstellung des Verfahrens. Als Begründung wird angegeben, dass die Ende der Fünfzigerjahre geltenden Arzneimittelgesetze nur sehr allgemein gehalten waren.

1971

En vogue: Hot Pants und Schnürstiefel

Walter Ulbricht auf der Ostseewoche

Unterzeichnung des Transitverkehrsabkommens

Willy Brandt bei Leonid Breschnew auf der Krim

Demonstration gegen den § 218

von links nach rechts

Dieses Jahr wird durch zwei deutsche Persönlichkeiten geprägt: Walter Ulbricht und Willy Brandt. Während der SED-Funktionär seinen Abstieg hinnehmen muss, erlebt Willy Brandt dieses Jahr als Höhepunkt seiner Karriere. Am 1. Januar erheben die italienische Zeitschrift »Storia Illustrata« und die Pariser Tageszeitung »L'aurore« Bundeskanzler Willy Brandt wegen seiner hervorragenden Rolle als Neuerer der Weltpolitik zum »Mann des Jahres«, zwölf Monate später erhält er in Oslo den Friedensnobelpreis für seine Neue Ostpolitik.

Gegen Walter Ulbricht indes wird eine große Intrige zwischen Moskau und Ostberlin gesponnen. Erich Honecker, einst durch Ulbricht gefördert, möchte an die Macht. Ulbricht tritt seit der Bildung der Brandt-Regierung für eine neue Westpolitik ein und hofft, durch verbesserte Beziehungen zwischen den beiden deutschen Staaten auch das Eigengewicht der DDR gegenüber Moskau vergrößern zu können. Doch dies widerspricht der Großmachtpolitik Breschnews. Die UdSSR möchte die Vorteile der Entspannungspolitik für sich nutzen, die Annäherung der beiden deutschen Staaten aber verhindern. Auch der in Teilen der DDR-Führung gewonnenen Einsicht, dass die reale sozialistische Plan- und Kommandowirtschaft dem Westen unterlegen sei und einer gründlichen Erneuerung bedürfe, verschließt sich Moskau.

Der Putsch gegen Ulbricht verläuft wie nach dem Drehbuch eines Kriminalfilms; DDR-Spionagechef Markus Wolf berichtete davon: »Zur entscheidenden

1971

Am 3. Mai gibt Walter Ulbricht auf der 16. Tagung des ZK der SED seinen Rücktritt als 1. Sekretär der Partei bekannt. Sein Nachfolger wird Erich Honecker (l.); rechts Ministerpräsident Willi Stoph.

Konfrontation zwischen Ulbricht und Honecker kam es bei einem Vier-Augen-Gespräch im Sommersitz Dölln. Vor der Begegnung hatte Honecker die Männer des Personenschutzes aufgefordert, ihn von seinem Jagdsitz Wildfang abzuholen und zu Ulbrichts Residenz in Dölln zu begleiten. Die Leute der Hauptabteilung Personenschutz wunderten sich über den ungewöhnlichen Befehl, zu einem solchen Besuch unter Freunden nicht nur die normale Ausrüstung, sondern auch Maschinenpistolen mitzunehmen. Vor Ulbrichts Residenz angekommen, berief sich Honecker gegenüber dem Kommandanten auf seine Weisungsbefugnis als verantwortlicher ZK-Sekretär für Sicherheitsfragen. Er ordnete an, alle Tore und Ausgänge zu besetzen und die Nachrichtenverbindungen zu kappen. Honecker schien also entschlossen, seinen Ziehvater festzusetzen, falls dieser sich seinen Forderungen verweigern sollte. So weit kam es nicht. Nach eineinhalbstündiger harter Auseinandersetzung resignierte Ulbricht, verlassen von Moskau und der Mehrheit des Politbüros. Er unterschrieb das geforderte Rücktrittsgesuch an das Zentralkomitee.« Am 3. Mai geht die Eilmeldung vom Rücktritt Walter Ulbrichts als 1. Sekretär des ZK der SED durch alle Nachrichtensendungen. Erich Honecker wird als Nachfolger präsentiert. Das politisch unbedeutende Amt des Staatsratsvorsitzenden bleibt vorerst bei Ulbricht, ein noch unbedeutenderes wird für ihn geschaffen: Parteivorsitzender der SED. Die künftigen außenpolitischen und innerdeutschen Erfolge wird sich Honecker an die

links: Die Staatssekretäre Egon Bahr aus der Bundesrepublik (l.) und Michael Kohl aus der DDR führen die Verhandlungen über das innerdeutsche Transitabkommen, das am 11. Dezember im Haus des Ministerrats der DDR unterzeichnet wird. Der freie Zugang von und nach Westberlin ist hiermit gewährleistet.

rechts: Über dem Eingang des Alliierten Kontrollrates in Westberlin wehen die Fahnen der USA, Großbritanniens, Frankreichs und der Sowjetunion. Am 3. September unterzeichnen hier die Botschafter der vier Staaten das Berlin-Abkommen, mit dem der Sonderstatus der Stadt festgeschrieben wird.

eigene Brust heften. Und kaum einer weiß, dass sein Vorgänger viel weitergehende Pläne hatte.

Mit Honeckers auf dem VIII. Parteitag im Juni verkündeter »Einheit von Wirtschafts- und Sozialpolitik« beginnt der verhängnisvolle Kurs eines erhöhten Konsums zu Lasten der Investitionen – und alles auf Kredit. Unter Honecker wächst der Schuldenberg der DDR in sechs Jahren von zwei auf 20 Milliarden D-Mark an. Die Enteignung der mittelständischen Betriebe 1971 zerstört die letzten Reste einer Marktwirtschaft – Milliardenjongleur Alexander Schalck-Golodkowski dazu: »Der Anfang vom Ende der DDR begann 1971.«

Intrigiert wird auch in der Bundesrepublik. Die konservativen Kräfte vor allem in der CDU/CSU, in den Geheimdiensten, aber auch rechte Kräfte in der sozial-liberalen Koalition versuchen, die Neue Ostpolitik zu torpedieren. Am Ende aber setzt Brandt seinen Kurs durch. Anfang September unterzeichnen die Botschafter der Sowjetunion, der USA, Großbritanniens und Frankreichs das Viermächte-Abkommen über Berlin. »Ende gut, alles gut«, sagt der sowjetische Botschafter Pjotr A. Abrassimow auf Deutsch; er hatte sich diese vier Worte von einem deutschen Journalisten aufschreiben lassen.

Und gut endet auch das Jahr: Im Dezember wird in Bonn das Abkommen über den Transitverkehr zwischen der Bundesrepublik und Westberlin unterzeichnet. Es ist die erste deutsch-deutsche Vereinbarung auf Regierungsebene. HO

WAS SONST NOCH GESCHAH

1971

31. Januar | Nach 19-jähriger Unterbrechung wird der Telefonverkehr zwischen West- und Ostberlin wieder aufgenommen. Von den insgesamt geplanten 150 innerstädtischen Leitungen richtet die DDR zunächst zehn Verbindungen ein.

14. März | Unter dem Motto »Junge Welt – junger Markt« findet in Wiesbaden eine Messe für Nachwuchskonsumenten statt. Sie ist Ausdruck einer sich abzeichnenden Wende in der Jugendkultur der Bundesrepublik, für die auch der Werbespruch der Deutschen Bank »Make money, not love« steht.

16. März | Die DDR und Chile vereinbaren die Aufnahme diplomatischer Beziehungen. Bonn legt in Chile Protest ein und beruft sich auf den Alleinvertretungsanspruch der Bundesrepublik, entschließt sich aber nicht zum Abbruch der Beziehungen. Damit nimmt Bonn erstmals Abstand zur Hallstein-Doktrin aus dem Jahr 1955.

23. April | In Frankfurt am Main gründen 20 bundesdeutsche Filmemacher den »Filmverlag der Autoren«. Er soll sowohl Lektoratsaufgaben wahrnehmen als auch Vertragsbüro und Rechtepool sein.

7. Mai | Erstmalig in der Bundesrepublik beschließt das nordrhein-westfälische Innenministerium den Einsatz von Rettungshubschraubern bei Verkehrsunfällen auf der Autobahn.

2. Juni | In der neuesten Ausgabe der Illustrierten »stern« bekennen 374 Frauen »Wir haben abgetrieben«. Begleitet wird die Aktion von zahlreichen Demonstrationen in mehreren Städten der Bundesrepublik, auf denen die Frauen die Streichung des § 218 fordern.

6. Juni | Nach dem Ende der diesjährigen Bundesliga-Saison behauptet der Präsident des Absteigervereins Kickers Offenbach, Gregorio Canellas, dass der Abstieg manipuliert gewesen sei. Der Bestechungsskandal in der Bundesliga beschäftigt den Deutschen Fußballbund die nächsten fünf Jahre.

9. August | Der Suchdienst des Deutschen Roten Kreuzes gibt bekannt, dass im ersten Halbjahr über 10.000 Aussiedler aus Polen in die Bundesrepublik gekommen sind. Das Ansteigen dieser Zahlen ist eine direkte Folge des deutsch-polnischen Vertrages vom 7. Dezember 1970, wonach Polen mit »eindeutiger deutscher Volkszugehörigkeit« ausreisen dürfen.

26. August | Einen überaus großen Erfolg beim Publikum feiert der in Frankfurt anlaufende US-amerikanische Spielfilm »Love Story«.

1. September | Das vom Bundestag am 26. August verabschiedete Bundesausbildungsförderungsgesetz (BAföG) tritt in Kraft. Es regelt erstmals einheitlich die staatliche Ausbildungsförderung von Schul- und Hochschulbesuchern in der Bundesrepublik.

26. September | Mit Beginn des Winterfahrplans startet die Deutsche Bundesbahn auf vier Strecken den Schnellverkehr mit Intercity-Zügen (IC).

29. September | Ein in der Justizvollzugsanstalt Münster eingerichtetes pädagogisches Zentrum soll Gefangenen in der ganzen Bundesrepublik ermöglichen, im Gefängnis einen Schulabschluss nachzuholen.

9. Oktober | In Karl-Marx-Stadt (heute wieder Chemnitz) wird das Karl-Marx-Denkmal enthüllt.

15. November | Die beiden Rundfunksender »Deutschlandsender« und »Berliner Welle« vereinigen sich zu einem Sender, der »Stimme der DDR«.

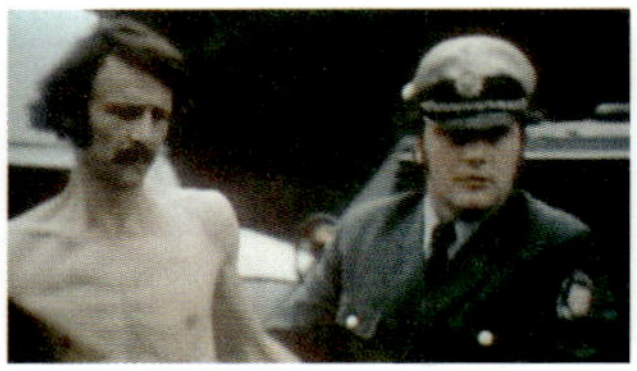

1972

Wahlkampf zum Bundestag

Gedenken an die Opfer der Olympia-Geiselnahme

Unterzeichnung des Grundlagenvertrags zwischen BRD und DDR

Festnahme von Holger Meins

Herstellungsrekord beim VW Käfer

von links nach rechts

Man könnte es als ein Jahr der Deutschen bezeichnen, denn mit dem Vertrag über die Grundlagen der Beziehungen zwischen der Bundesrepublik Deutschland und der Deutschen Demokratischen Republik werden normale gutnachbarliche und gleichberechtigte staatliche Beziehungen vereinbart. Die Auffassung Willy Brandts, dass die Anerkennung des Status quo Voraussetzung einer internationalen Entspannungspolitik und auch der Wiedervereinigung sei, wird sich 18 Jahre später als richtig erweisen.

In ihrer Politik eines selbstständigen deutschen Staates gestärkt, beschließt die Staats- und Parteiführung der DDR wesentliche Erleichterungen im Reiseverkehr. Am 6. Januar öffnet sich die polnische Grenze für den pass- und visafreien Verkehr zwischen der DDR und Polen; 14 Tage später wird auch die Grenze zur ČSSR durchlässig. Ab dem 3. Juni gilt auch das im Vorjahr ausgehandelte Transitabkommen zwischen der Bundesrepublik Deutschland und der DDR, das den Reiseverkehr zwischen der Bundesrepublik und Westberlin erleichtert. Wenig später, am 15. Juni, beginnen die Gespräche in Ostberlin über einen Grundlagenvertrag, die am 21. Dezember 1972 mit der Unterzeichnung durch Bundesminister Egon Bahr und DDR-Staatssekretär Michael Kohl ein gutes Ende finden. Offen bleibt allerdings immer noch die Frage der Staatsangehörigkeit und auch die der völkerrechtlichen Anerkennung der DDR. So einigen sich beide Seiten nicht auf die Einrichtung von Botschaften, sondern nur von

Terrorakt während der Olympischen Sommerspiele in München: ein arabischer Terrorist auf dem Balkon des Hauses der israelischen Mannschaft im olympischen Dorf. Am Morgen des 5. September dringen acht Palästinenser in das Haus ein, töten zwei israelische Sportler und nehmen neun als Geiseln. Der Befreiungsversuch 13 Stunden später endet mit einem Massaker an den Geiseln durch die Palästinenser.

»Ständigen Vertretungen«. Egon Bahr relativiert: »Bisher hatten wir keine Beziehungen, jetzt werden wir schlechte haben – und das ist der Fortschritt.«

Zeitgleich verkündet der DDR-Staatsrat eine umfassende Amnestie, auch werden DDR-Bürger, die vor dem 1. Januar in die Bundesrepublik geflüchtet waren, aus der DDR-Staatsbürgerschaft entlassen und können deshalb strafrechtlich nicht mehr verfolgt werden.

Die Politik Brandts wirkt sich noch im selben Jahr positiv auf die internationalen Beziehungen beider Staaten aus, so nehmen etliche Staaten diplomatische Beziehungen zur Bundesrepublik und zur DDR auf, u.a. Polen und China zur Bundesrepublik. Dennoch stößt diese Entwicklung im Bundestag auf heftigen Widerstand der Opposition, der am 27. April in einen Misstrauensantrag von CDU/CSU gegen Bundeskanzler Willy Brandt mündet. Die Mehrheit des Abgeordnetenhauses jedoch steht hinter Kanzler Brandt und billigt nur wenige Wochen später die Ostverträge mit Polen und der UdSSR.

»Heitere Spiele« sind das Ziel der Organisatoren der XX. Olympischen Sommerspiele, die am 26. August 1972 in München mit einer grandiosen Feier eröffnet werden. Das Großereignis des Sports soll nach den von den Nationalsozialisten 1936 veranstalteten Spielen der Welt den neuen, friedlichen Geist Deutschlands vor Augen führen. Der Frieden und die olympische Stimmung indes finden am 5. September ein jähes Ende. Palästinensische Terroristen vom

links: Egon Bahr (l.), Bundesminister für besondere Aufgaben, und DDR-Staatssekretär Michael Kohl führen im Auftrag ihrer Regierungen die Verhandlungen über den Grundlagenvertrag, der am 21. Dezember in Ostberlin von beiden unterschrieben wird.

rechts: Nach der aufsehenerregenden Aktion im »stern« vom 6. Juni 1971, in der 374 Frauen öffentlich bekannten: »Wir haben abgetrieben«, kämpfen wie hier in Frankfurt am Main überall in der Bundesrepublik Mitglieder der Frauenbewegung für die Streichung des § 218.

Kommando »Schwarzer September« überfallen das israelische Olympiaquartier. Bei dem Angriff und dem missglückten Befreiungsversuch sterben 17 Menschen. Das Internationale Olympische Komitee unter der Führung von Avery Brundage entscheidet sich trotzdem für eine Weiterführung der Spiele.

Eine Folge des Terroraktes von München ist die Bildung einer Spezialtruppe des Bundesgrenzschutzes (GSG 9) zur Terrorbekämpfung, die auch innerhalb der Bundesrepublik einen immer höheren Stellenwert bekommt.

Im Rahmen der Fahndung nach Mitgliedern der Roten Armee Fraktion (RAF) um Andreas Baader und Ulrike Meinhof beschließen die Regierungschefs der deutschen Bundesländer den sogenannten Radikalenerlass, der Mitgliedern »extremer Organisationen« die Beschäftigung im öffentlichen Dienst versagt. Zahlreiche Attentate und Bombenanschläge lassen die Situation eskalieren. Das Land befindet sich in einem paranoiden Zustand. Der Schriftsteller Heinrich Böll, dem noch im selben Jahr der Nobelpreis für Literatur verliehen wird, protestiert gegen Vorverurteilungen von Baader und Meinhof, 14 deutsche Schriftsteller solidarisieren sich mit Böll.

Nach einem Schusswechsel mit der Polizei werden am 1. Juni Andreas Baader, Holger Meins und Carl Raspe in Frankfurt am Main festgenommen, am 6. Juni Gudrun Ensslin und am 15. Juni Ulrike Meinhof. Damit befinden sich die führenden Köpfe der RAF in polizeilichem Gewahrsam. HO

WAS SONST NOCH GESCHAH

1972

15. Januar | Zwischen der DDR und der Tschechoslowakei tritt der Pass- und Visa-freie Grenzverkehr in Kraft.

23. Januar | Über das WDR-Fernsehprogramm wird erstmals »Die Sendung mit der Maus« ausgestrahlt.

29. Januar | Im DDR-Fernsehfunk – ab Februar »Fernsehen der DDR« – ist zum ersten Mal die Unterhaltungssendung »Ein Kessel Buntes« zu sehen.

3. Februar | Bei den Olympischen Winterspielen im japanischen Sapporo startet die DDR erstmals unter ihrer Staatsflagge und mit eigener Nationalhymne. In der Medaillenbilanz erreichen die DDR-Sportler den zweiten Platz.

8. Februar | Das SED-Politbüro beschließt die Überführung sogenannter halbstaatlicher Betriebe sowie noch existierender privater Industrie- und Baubetriebe in Volkseigentum. Bis Juni ist die Verstaatlichung aller Betriebe in der DDR weitgehend abgeschlossen.

24. Februar | Im Bundestag beginnt die erste Lesung der Ostverträge, begleitet von einer heftig geführten Debatte zwischen der SPD-FDP-Regierungskoalition und der CDU/CSU.

9. März | Die Volkskammer der DDR verabschiedet das »Gesetz über die Schwangerschaftsunterbrechung«; es ist das erste Gesetz der DDR, dem nicht alle Abgeordneten zustimmen.

27. März | »Der Spiegel« berichtet in seiner Titelgeschichte »Deutschlands Schüler: Zuviel Freiheit?« über einen spürbaren Autoritätsverlust der Lehrerschaft und eine wachsende Gewaltbereitschaft der Schüler.

17. Mai | Für die am 12. August 1970 mit der Sowjetunion und am 7. Dezember 1970 mit Polen abgeschlossenen Ostverträge stimmen 248 Abgeordnete aus SPD und FDP. Fast alle Mitglieder der CDU/CSU-Fraktion enthalten sich der Stimme.

18. Juni | Mit einem 3:0-Sieg über die Mannschaft der Sowjetunion wird die Nationalelf der Bundesrepublik in Brüssel Fußball-Europameister.

23. Juni | In der Bundesrepublik wird der 18-monatige Wehrdienst auf 15 Monate und der Zivildienst auf 16 Monate gekürzt.

14. August | Kurz nach dem Start auf dem Ostberliner Flughafen Schönefeld stürzt eine Maschine der Interflug ab, dabei sterben alle 148 Insassen.

Am 3. Dezember sterben 148 bayerische Urlauber bei einem Flugzeugabsturz auf Teneriffa.

26. August | Bei den bis 1. September dauernden Olympischen Sommerspielen in München erringt die DDR (20 x Gold, 23 x Silber, 23 x Bronze) Platz 3 in der Medaillenbilanz, nach der Sowjetunion und den USA. Die Bundesrepublik gewinnt 13 x Gold, 11 x Silber, 16 x Bronze.

6. Oktober | Der Staatsrat der DDR beschließt eine Amnestie für 32.000 Häftlinge. Ein Teil der Amnestierten wird in die Bundesrepublik entlassen.

19. November | Bei den Wahlen zum siebenten Deutschen Bundestag erringt die SPD-FDP-Koalition einen klaren Sieg über die CDU/CSU.

10. Dezember | In Stockholm erhält der Schriftsteller Heinrich Böll den diesjährigen Nobelpreis für Literatur.

13. Dezember | Auf Vorschlag des SPD-Vorsitzenden Herbert Wehner wählen die Abgeordneten des Bundestages mit Annemarie Renger (SPD) zum ersten Mal eine Frau in das Amt des Bundestagspräsidenten.

Autofreier Sonntag

Brand im Berliner Europa-Center

Leonid Breschnew besucht Willy Brandt

Verbraucherinformations-Bus

Wachturm an der Berliner Mauer

von links nach rechts

1973

Das Heraufziehen einer Wirtschaftskrise in den westlichen Industrienationen dämpft auch die Aufbruchstimmung in der Bundesrepublik. Der Krieg der Ägypter und Syrer gegen Israel im Oktober führt zu einer weltweiten Ölkrise, erstmals knüpfen arabische Staaten ihre Erdöllieferungen an politische Forderungen. Sie drohen allen Staaten, die Israel unterstützen, mit einem Lieferboykott. »Der Spiegel« titelt »Ende der Überflussgesellschaft«, und die Bundesregierung erlässt im November ein Sonntagsfahrverbot.

Die Entspannung in der Ost-West-Politik scheint davon wenig berührt. Den deutsch-deutschen Verträgen sowie dem Moskauer und dem Warschauer Vertrag aus dem Vorjahr folgen auch weltpolitische Veränderungen: Die UdSSR verhandelt mit den USA über die Begrenzung von Atomwaffen, und die NATO-Staaten sprechen mit dem Warschauer Pakt über Truppenreduzierungen. Die von der Sowjetunion seit 1954 geforderte Konferenz über Sicherheit und Zusammenarbeit in Europa (KSZE) wird in Helsinki eröffnet. Beide deutsche Staaten werden in die UNO aufgenommen. Allein zwischen dem 5. Januar und 9. Februar nehmen 17 Staaten, darunter Frankreich und Großbritannien, diplomatische Beziehungen mit der DDR auf.

Die wachsende internationale Anerkennung stärkt einerseits das Selbstbewusstsein der SED-Führung unter Erich Honecker – im Volk spricht man von der »größten DDR der Welt« – andererseits fürchten die SED-Funktionäre in-

In Hamburg an einem autofreien Sonntag. Am 19. November verfügt das Bundeswirtschaftsministerium als Maßnahme gegen den Lieferboykott Erdöl exportierender Staaten ein auf vier Wochen befristetes Fahrverbot an Sonntagen.

folge der steigenden Zahl von Westbesuchern in der DDR eine »ideologische Unterwanderung«. Honecker hat sich zwar durch zahlreiche sozialpolitische Maßnahmen wie die Einführung von Frauen- und Übergangsrenten, ein Wohnungsbauprogramm und die Einrichtung spezieller Jugendmodegeschäfte ein wenig Kredit bei der Bevölkerung verschafft, aber angesichts millionenfacher in bunten Plastiktüten mitgebrachter Westprodukte fordern die Verantwortlichen eine verstärkte Abgrenzung.

In Bonn wird der Grundlagenvertrag mit der DDR am 11. Mai vom Bundestag ratifiziert. Die Ostpolitik trägt reiche Früchte, alle Welt preist Willy Brandt, der als erster deutscher Kanzler zu einem Staatsbesuch nach Israel reist und am 26. September erstmals vor der Generalversammlung der UNO eine Rede hält. »Mein Volk lebt in zwei Staaten und hört doch nicht auf, sich als eine Nation zu verstehen«, sagt er – und: »Wir werden nicht vergessen, auf wen wir uns verlassen konnten.«

Der letzte Satz wird eine zweite Bedeutung erhalten, von der Brandt kaum etwas ahnt. Verlassen kann er sich schon seit einiger Zeit nicht mehr auf seine wichtigsten Parteifreunde. Der Fraktionsvorsitzende Herbert Wehner fällt zur selben Zeit, da Brandt in New York spricht, seinem Kanzler in Moskau in den Rücken, bezeichnet den Kanzler als »abgeschlafft« und »entrückt« und seine Forderungen in der Ostpolitik als überzogen. Als am Jahresende mit dem

links: Angelica Domröse (M.) als Paula in »Die Legende von Paul und Paula«. Der DEFA-Film des Regisseurs Heiner Carow wird am 29. März im Ostberliner Kino »Kosmos« uraufgeführt.

rechts: Während der X. Weltfestspiele auf dem Ostberliner Alexanderplatz. Etwa 25.000 Jugendliche aus 140 Ländern sind vom 28. Juli bis zum 5. August zu Gast in der Hauptstadt der DDR.

Vertrag von Prag endlich auch das unselige Münchner Abkommen von 1938 annulliert wird, scheint Willy Brandt noch immer wie ein Fels in der politischen Brandung zu stehen. Doch das Bild täuscht, wie das Jahr darauf zeigen wird.

In Ostberlin wird der Sommer 1973 zu einem großen Fest. Vom 28. Juli bis 5. August trifft sich in der Hauptstadt der DDR die Jugend der Welt zu den X. Weltfestspielen. Ein Riesenkarneval, der zu einer Art Woodstock des Ostens gerät. An allen Ecken spielen Rockbands. Diskjockeys lassen die Plattenteller kreisen, alles tanzt, und gegen Morgen schlafen die erschöpften Jugendlichen einfach unter freiem Himmel. Die Ordnungsmacht stößt an ihre Grenzen. Dabei scheint alles gut vorbereitet: Neben 19.800 uniformierten Volkspolizisten wachen 4.260 hauptamtliche Stasi-Leute, 1.500 dem Ministerium für Staatssicherheit (MfS) unterstellte Polizisten und mehrere tausend FDJler über das Fest. Soldaten des MfS-Wachregiments »Feliks Dzierzynski« werden mit FDJ-Hemden getarnt zu den Veranstaltungen geschickt. Auffüllen nennt man das. Schon sechs Monate zuvor hat man unsichere Kantonisten in der ganzen DDR registriert, 2.293 Personen verhaftet, mehr als 2.000 für die Zeit der Weltfestspiele weggesperrt. Aber Ostberlin ist infiziert von der internationalen Atmosphäre. Und Walter Ulbricht stirbt am 1. August. »Die Jugend soll feiern. Mich kann man später begraben«, soll er als Vermächtnis hinterlassen haben. So jedenfalls wird es dem fröhlichen Volk verkündet. HO

WAS SONST NOCH GESCHAH

1973

28. März | Nach der Räumung eines besetzten Hauses im Stadtteil Westend von Frankfurt am Main kommt es während einer Protestdemonstration in der Innenstadt der Mainmetropole zu Straßenschlachten mit der Polizei.

10. April | Aufgrund eines Druckerstreiks erscheinen in der Bundesrepublik keine Tageszeitungen oder nur Notausgaben. Gefordert werden von der IG Druck und Papier 13 % mehr Lohn; das Ziel wird im Wesentlichen erreicht.

14. April | Auf dem SPD-Parteitag in Hannover kommt es zu heftigen Auseinandersetzungen zwischen den Jungsozialisten (Jusos) und der Parteiführung über den Staatsmonopolistischen Kapitalismus (Stamokap). Die Jusos vermissen in der SPD eine grundsätzliche Kapitalismuskritik und klare Aussagen über sozialistische Perspektiven.

1. Mai | In Dortmund nimmt die Zentralstelle für die Vergabe von Studienplätzen (ZVS) ihre Arbeit auf. Sie ist zuständig für die Verteilung der Studienbewerber auf die Universitäten und Hochschulen in der Bundesrepublik und Westberlin.

18. Mai | Der Generalsekretär der KPdSU, Leonid Breschnew, trifft in Begleitung des sowjetischen Außenministers Andrej Gromyko zu einem fünftägigen Staatsbesuch in der Bundesrepublik ein.

31. Mai | Wenige Tage vor Beginn der Urlaubssaison beginnen die Fluglotsen auf den bundesdeutschen Flughäfen einen Bummelstreik, der bis zum September dauert. Die Fluglotsen verlangen eine finanzielle Gleichstellung mit den Kopiloten und Erschwerniszulagen. Etwa 50.000 Flüge fallen aus.

12. Juni | Nach dem Rücktritt Rainer Barzels als CDU-Vorsitzender am 15. Mai wählen die Delegierten des Parteitages in Hamburg den rheinland-pfälzischen Ministerpräsidenten Helmut Kohl zum neuen Parteivorsitzenden.

24. August | Nach der Entlassung von 300 türkischen Arbeitern erklären sich die 10.000 bei Ford in Köln beschäftigten Landsleute solidarisch und treten in den Streik. Sie fordern Wiedereinstellung, längeren Urlaub sowie Lohnerhöhung und können nach einer Woche Teilerfolge erzielen.

18. September | Von der Vollversammlung der Vereinten Nationen in New York werden beide deutsche Staaten als 133. und 134. Mitglied aufgenommen.

1. Oktober | Nach dem 1970 geschlossenen sogenannten Erdgas-Röhren-Vertrag beginnt die Sowjetunion mit den ersten Erdgaslieferungen in die Bundesrepublik.

2. Oktober | Auf der 10. Tagung des ZK der SED in Ostberlin wird die Lösung der Wohnungsfrage in der DDR bis zum Jahr 1990 beschlossen.

3. Oktober | Die Volkskammer der DDR wählt Willi Stoph zum Vorsitzenden des Staatsrates und Horst Sindermann zum Vorsitzenden des Ministerrates.

5. November | Die DDR-Regierung gibt die Verdopplung des Zwangsumtauschs für Besucher der DDR aus der Bundesrepublik auf 20 D-Mark pro Tag bekannt. Für Westberliner erhöht sich die Summe auf 10 D-Mark.

23. November | Die Bundesregierung beschließt mit sofortiger Wirkung einen Anwerbestopp für ausländische Arbeitnehmer. Grund sind die im Zusammenhang mit der Ölkrise stehenden zunehmenden Beschäftigungsrisiken.

1974

Bauerndemonstration

25-Jahr-Feier der BRD

Guillaume-Affäre: Willy Brandt vor dem parlamentarischen Untersuchungsausschuss

Bundeskanzler Schmidt bei US-Präsident Ford

VW Golf: Beginn der Serienproduktion

von links nach rechts

Im Straßenbild der DDR ändert sich ein kleines Detail: Ab dem 1. Januar gilt ein neues Länderkennzeichen an den Kraftfahrzeugen. Anstelle des »D« werden ovale Schilder mit den drei Buchstaben »DDR« an Trabis und Wartburgs montiert. Einerseits möchte die Partei- und Staatsführung nach der großen internationalen Anerkennungswelle selbstbewusst Flagge zeigen, andererseits will man Begriffe wie »deutsch« und »Deutschland« aus dem Alltag verbannen. So wird auch die »Mark der Deutschen Notenbank« in »Mark der DDR« umgemünzt, und aus der Verfassung der DDR werden alle Passagen getilgt, die auf Wiedervereinigung oder die deutsche Nation hinweisen. Nur noch das Hotel »Deutschland« in Leipzig, das SED-Zentralorgan »Neues Deutschland« und die Deutsche Reichsbahn bleiben »deutsch«.

Höhepunkte in Sachen internationale Anerkennung der DDR sind die Einrichtung der Ständigen Vertretungen beider deutschen Staaten sowie die Aufnahme diplomatischer Beziehungen zwischen der DDR und den USA – für Erich Honecker die größten Erfolge seiner jungen Karriere als SED-Chef.

Auch auf dem Fußballfeld feiert die DDR Triumphe. Der 1. FC Magdeburg gewinnt als erstes und einziges DDR-Team einen Fußball-Europapokal, mit einem 2:0 gegen den AC Mailand im »Europapokal der Pokalsieger 1973/74«. Wenige Wochen später bei der Fußballweltmeisterschaft in der Bundesrepublik schießt Jürgen Sparwasser das legendäre Tor im Spiel gegen die Mannschaft des

Bundeskanzler Willy Brandt am 1. April auf einer Veranstaltung in Helmstedt, hinter ihm sein Berater Günter Guillaume. Nur kurze Zeit darauf, am 24. April, wird der Kanzlerrefent Guillaume als DDR-Agent entlarvt; am 6. Mai muss Brandt zurücktreten.

Gastgebers und schenkt der DDR-Nationalelf einen 1:0 Sieg. Es bleibt die einzige Niederlage der DFB-Auswahl, die dann im Finale die Niederlande mit 2:1 schlägt. Damit ist die Bundesrepublik nach 1954 erneut Weltmeister.

Auf der politischen Bühne wird indessen ein Spionagestück gespielt: Der Fall Guillaume oder wie man einen Kanzler stürzt. Günter Guillaume ist Brandts persönlicher Referent, ein unscheinbarer Mann an des Kanzlers Seite – und ein Getreuer von DDR-Spionagechef Markus Wolf. Herbert Wehner, der Fraktionsvorsitzende der SPD, und Innenminister Hans-Dietrich Genscher (FDP) hatten schon im Mai 1973 von diesem Verdacht erfahren, Brandt aber nur vage informiert. So ging dieser wieder zum Tagesgeschäft über. Am 24. April wird Guillaume verhaftet. Bei seiner Festnahme sagt er: »Ich bin Bürger der DDR und ihr Offizier. Respektieren Sie das!« Diese zwei Sätze sind ein Geständnis. Ansonsten hätte die Beweislage kaum gereicht, »ihn in U-Haft bringen zu können«, wie Willy Brandt es später ausdrückt.

Willy Brandt, der zunächst nicht an Rücktritt denkt, kapituliert Anfang Mai vor der geballten Macht der Angriffe. Sie kommen von der Opposition, aus den eigenen Reihen und den Medien. Helmut Schmidt wird sein Nachfolger. Innenminister Hans-Dietrich Genscher, verantwortlich für die innere Sicherheit, übernimmt – nach dem Wechsel von Walter Scheel in das Amt des Bundespräsidenten – das Außenministerium.

links: Mit einem 2:1-Sieg gegen die Niederlande gewinnt die Mannschaft der Bundesrepublik am 7. Juli zum zweiten Mal die Fußballweltmeisterschaft. Franz Beckenbauer mit dem WM-Pokal und die deutsche Nationalmannschaft nach der Siegerehrung im Münchener Olympiastadion; vorn der Torwart Sepp Maier.

rechts: In der ersten Finalrunde der Fußball-WM treffen in Hamburg die Mannschaften der Bundesrepublik und der DDR aufeinander. Jürgen Sparwasser aus der DDR schießt hier das Siegestor gegen die Bundesrepublik.

Damit rückt die von Willy Brandt geprägte Entspannungspolitik zwischen den westlichen NATO-Staaten und ihren östlichen Nachbarn wieder in den Hintergrund. Interne wirtschaftliche Probleme Westeuropas sowie die Ölkrise werden für die Politik bestimmend. Das Wirtschaftswunder geht seinem Ende entgegen. Kurzarbeit, Arbeitslosigkeit, steigende Sozialausgaben, Streiks, Firmenpleiten und wachsende Staatsverschuldung treten wieder ins Bewusstsein der Öffentlichkeit. Einen Ausweg aus der Krise sieht man in der Förderung alternativer Treibstoffe wie Pflanzenöl und Biodiesel, auch die Kernenergie erlebt einen Aufschwung. Darüber hinaus soll durch neue Pipelines mehr Erdgas aus der Sowjetunion in die Bundesrepublik gepumpt werden.

Der Terrorismus ultralinker Gruppen erschüttert weiterhin die bundesrepublikanische Öffentlichkeit. Mitglieder der »Bewegung 2. Juni« werden verdächtigt, am 10. November in Westberlin den Kammergerichtspräsidenten Günter von Drenkmann ermordet zu haben – einen Tag nach dem Tod von Holger Meins in der Strafvollzugsanstalt Wittlich. Er starb an den Folgen des Hungerstreiks, mit dem seit September mehrere RAF-Mitglieder bundesweit gegen die Haftbedingungen, vor allem die Isolationshaft, protestieren. Am 29. November werden Horst Mahler und Ulrike Meinhof wegen der gewaltsamen Befreiung von Andreas Baader im Jahr 1970 zu 14 beziehungsweise 8 Jahren Freiheitsstrafe verurteilt. HO

WAS SONST NOCH GESCHAH

1974

10. Januar | Der Zentralrat der FDJ wählt Egon Krenz zum neuen Vorsitzenden der DDR-Jugendorganisation.

17. Januar | Aufsehen erregt der Auftritt des jungen Israeli Uri Geller in der ZDF-Unterhaltungssendung »Drei Mal Neun«. Unter den Augen der Zuschauer verbiegen sich ohne Berührung Gabeln und kommen stehen gebliebene Uhren wieder in Gang.

27. Januar | Auf dem Bundeskongress der Jungsozialisten (Jusos) in München wird die 31-jährige Lehrerin Heide Wieczorek-Zeul Nachfolgerin des bisherigen Vorsitzenden Wolfgang Roth.

14. Februar | Der neue Stern an Deutschlands Rockhimmel heißt Udo Lindenberg. Mit seinem 1972 gegründeten »Panik-Orchester« füllt er auf seiner Deutschlandtournee alle großen Konzerthallen.

20. Februar | Mit großer Mehrheit ratifiziert der Deutsche Bundestag den Atomwaffensperrvertrag. Damit erklärt die Bundesrepublik ihren Verzicht auf die Herstellung und den Erwerb von Kernwaffen.

4. März | Nach siebenjähriger Bauzeit wird in Köln das Römisch-Germanische Museum eröffnet.

22. März | Der Bundestag verabschiedet die Gesetzesvorlage über die Herabsetzung der Altersgrenze für Volljährigkeit. Zum 1. Januar 1975 wird sie von 21 auf 18 Jahre gesenkt.

10. Mai | der deutsche Schriftsteller Günter Wallraff protestiert in Athen gegen die griechische Diktatur; in Ketten gelegt verteilt er Flugblätter an die Passanten. Er wird daraufhin zu 14 Monaten Gefängnis verurteilt.

15. Mai | In der Bonner Beethovenhalle wählt die Bundesversammlung Walter Scheel (FDP) zum neuen Bundespräsidenten. Er löst Gustav Heinemann ab, der für eine weitere Amtszeit nicht zur Verfügung stand.

16. Mai | Zehn Tage nach dem Rücktritt Willy Brandts wählt der Bundestag den bisherigen Finanzminister Helmut Schmidt zu dessen Nachfolger.

5. Juni | Der Bundestag entscheidet sich mit absoluter Mehrheit für eine Reform des § 218, wodurch der Schwangerschaftsabbruch in den ersten zwölf Wochen legalisiert wird – nach einer erfolgten Beratung durch einen Arzt. Das Reformvorhaben wird jedoch im Februar 1975 vom Bundesverfassungsgericht abgelehnt.

26. Juni | Wegen Defiziten in Milliardenhöhe untersagt das Bundesaufsichtsamt für Kreditwesen dem privaten Bankhaus Iwan D. Herstatt die Weiterführung der Geschäfte. Ursache der Pleite der Bank sind ungenügend abgesicherte Devisen-Spekulationen.

14. August | Die Stiftung Deutsche Sporthilfe in der Bundesrepublik beschließt die Einstellung finanzieller Hilfen an Sportler, die mit ihrem Namen oder auf ihren Trikots für Unternehmen werben.

5. Oktober | In der Essener Grugahalle verleiht Radio Luxemburg den diesjährigen Goldenen Löwen an die schwedische Popgruppe »ABBA«, die in diesem Jahr mit ihrem Titel »Waterloo« im englischen Brighton auch den Grand Prix d'Eurovision de la Chanson gewann.

19. Oktober | In der DDR erhalten die Beschäftigten statt bisher 15 nun 18 Tage Urlaub, für Schichtarbeiter erhöht er sich auf 21 Tage.

26. Dezember | Nach einer Bauzeit von sechs Jahren wird in Hamburg der 3.325 Kilometer lange Elbtunnel für Fußgänger freigegeben; für den Kraftverkehr erfolgt die Öffnung der ersten Fahrbahnen am 10. Januar 1975.

1975

Intershop in der DDR

Jahr der Frau

Franz Josef Strauß bei Mao Tse-tung

Wahlplakat der CDU

Türken demonstrieren gegen die DDR

von links nach rechts

Kurz vor Jahresende, am 16. Dezember, wird der »Spiegel«-Korrespondent Jörg Mettkes aus der DDR ausgewiesen. Grund dafür ist sein Artikel über Zwangsadoptionen von Kindern, deren Eltern aus der DDR fliehen wollten. Die Reaktion der DDR (»grobe Verleumdung«) symbolisiert die Widersprüchlichkeit der von Annäherung und Abgrenzung geprägten Situation zwischen beiden deutschen Staaten. Denn die Unterzeichnung der Schlussakte von Helsinki für Sicherheit und Zusammenarbeit in Europa am 1. August gab berechtigte Hoffnungen auf Entspannung, wurden damit doch auch Vereinbarungen über die Menschenrechte sowie Fragen der Zusammenarbeit in humanitären Angelegenheiten getroffen. Die Erwartungen scheinen zu hoch gesteckt.

Helmut Schmidt setzt in der Ostpolitik andere Schwerpunkte als Brandt, stellt dem Prinzip der Menschenrechte das der Stabilität in Europa voran. Weniger moralische Prinzipien als Pragmatik bestimmen die neue Realpolitik. Das kommt Erich Honecker entgegen, der zwar für Entspannung eintritt, aber Abgrenzung propagiert und in der DDR sein eigenes Recht walten lassen will. So wird nur sieben Wochen nach Helsinki die DDR-Rockgruppe »Renft« verboten. Ihre Liedtexte waren den Parteifunktionären zu destruktiv.

Auch in der Bundesrepublik gibt es widersprüchliche Reaktionen auf Helsinki. Wenige Wochen vor der Konferenz, am 7. Juli, urteilt das Bundesverfassungsgericht über den Grundlagenvertrag mit der DDR sowie über die Ver-

1975

Am 1. August unterzeichnen Bundeskanzler Helmut Schmidt (l.) und der DDR-Staatsratsvorsitzende Erich Honecker (M.) in Helsinki die Schlussakte der KSZE-Konferenz; rechts US-Präsident Gerald Ford.

träge mit Moskau und Warschau. Es entscheidet, dass die Gebiete östlich der Oder-Neiße-Linie nach wie vor zu Deutschland gehören. CDU und CSU lehnen – neben einer kleinen italienischen Partei und der Republik Albanien – als einzige politische Kraft in Europa die Schlussakte von Helsinki trotz der Formulierung von der Möglichkeit der friedlichen Veränderung der Grenzen ab. Die deutsche Frage soll offen bleiben, nicht nur aus politischen Gründen. Franz Josef Strauß dazu: »Wenn wir einen Friedensvertrag schließen, dann verlangt man von uns Reparationen. Da wir aber nicht bereit und nicht in der Lage sind, Reparationen zu zahlen, wollen wir auch keinen Friedensvertrag.«

Äußerst angespannt bleibt die innenpolitische Lage der Bundesrepublik, von mehreren Seiten sieht der Staat die innere Sicherheit bedroht: Ende Februar wird der Westberliner CDU-Vorsitzende Peter Lorenz entführt und gegen fünf Inhaftierte der »Bewegung 2. Juni« ausgetauscht. Anfang März lassen »Frauen der Revolutionären Zelle« aus Protest gegen das Urteil des Bundesverfassungsgerichts vom 25. Februar zum Abtreibungs-Paragraphen 218 – die Fristenregelung wird für verfassungswidrig erklärt – eine Bombe vor dem Gerichtsgebäude in Karlsruhe explodieren. Am 24. April besetzen Mitglieder des »Kommandos Holger Meins« die Deutsche Botschaft in Stockholm mit dem Ziel, 26 RAF-Häftlinge freizupressen. Das Unternehmen endet blutig. Zwei Botschaftsmitarbeiter werden getötet; die Terroristen werden festgenommen.

Am 27. Februar wird der Westberliner CDU-Landesvorsitzende Peter Lorenz von Mitgliedern der »Bewegung 2. Juni« entführt. Die Terroristen erzwingen so die Freilassung der RAF-Gefangenen, die mit dem Pfarrer Heinrich Albertz (Innensenator 1961 – 67) als Geisel in ein Land ihrer Wahl ausgeflogen werden. Am 3. März besteigt Albertz (r.) mit den Freigelassenen die Maschine in Frankfurt.

Am 20. August entgeht der Vorsitzende der jüdischen Gemeinde von Westberlin, Heinz Galinski, unverletzt einem Sprengstoffanschlag der RAF. Galinski wird als »Agent des israelischen Zionisten-Regimes« bezeichnet. Das Bundeskriminalamt soll daraufhin durch eine Abteilung »Terrorismus« erweitert werden, und das Bundesverfassungsgericht sanktioniert den sogenannten Radikalenerlass von 1972 über die Beschäftigung von Mitgliedern links- und rechtsextremer Gruppierungen im öffentlichen Dienst.

Zur selben Zeit, in der Europas Spitzenpolitiker sich in Helsinki treffen, brechen einige tausend Bauleute aus der DDR in die Ukraine auf, wo sie gemeinsam mit Kollegen aus der UdSSR, Polen, Bulgarien und der ČSSR das »Zentrale Jugendobjekt Druschba-Trasse« in Angriff nehmen. Entstehen wird die bisher längste Erdgasleitung der Welt. Über 2.750 Kilometer soll die Pipeline einmal Gas in die RGW-Länder, vor allem aber in die Bundesrepublik bringen.

Der Trassenbau ist nicht zuletzt eine Folge der Ölkrise, aber auch Ausdruck einer neuen Energiepolitik Moskaus. Für Gas liefern die Bruderstaaten lebendige Arbeit, und die in den Jahren zuvor abgeschlossenen Gas-Röhren-Verträge mit der Bundesrepublik bringen harte Währung und Hochtechnologie in das Land. Kaum jemand ahnt, dass das Druschba-Projekt nur der Anfang eines riesigen Netzes von Gasfernleitungen ist, das sich aus Sibirien nach Westeuropa ziehen und bis heute weiter ausgebaut wird. HO

WAS SONST NOCH GESCHAH

1975

1. Januar | In den drei Westberliner Bezirken Kreuzberg, Wedding und Tiergarten wird die im November vom Senat für Ausländer verfügte Zuzugssperre wirksam. Die Innenstadtbezirke mit einer großen Altbausubstanz gelten als »ausländerüberlastet«.

16. Januar | Während seines Besuchs in der Volksrepublik China wird der CSU-Vorsitzende Franz Josef Strauß unter anderem von Ministerpräsident Chou En-lai und dem Parteivorsitzenden Mao Tse-tung empfangen.

22. Januar | In einem Telefongespräch via Satellit weihen der französische Staatspräsident Valéry Giscard d'Estaing und Bundeskanzler Helmut Schmidt den von beiden Ländern produzierten und in Betrieb genommenen Fernsehsatelliten »Symphonie« ein.

5. Februar | Nach fünf Monaten brechen die der Baader-Meinhof-Gruppe zugerechneten Häftlinge in mehreren Strafanstalten der Bundesrepublik ihren Hungerstreik ab, obwohl das Ziel – die Zusammenlegung – nicht erreicht wurde.

6. Februar | In einem vom WDR-Fernsehen ausgestrahlten Streitgespräch zwischen der Protagonistin der Frauenbewegung Alice Schwarzer und der Autorin Esther Vilar bleibt grundlegener Dissens bestehen: Gegen die von Frau Vilar auch in ihrem 1971 erschienenen Buch »Der dressierte Mann« vertretene These, dass der Mann von der Frau unterdrückt werde und mehr Anerkennung verdiene, zieht Frau Schwarzer zu Felde. Von Alice Schwarzer erscheint 1975 das Buch »Der ›kleine Unterschied‹ und seine Folgen«.

25. Februar | Das Bundesverfassungsgericht in Karlsruhe lehnt mit sechs zu zwei Stimmen die vom Bundestag beschlossene Reform des § 218 ab und spricht sich damit gegen die Fristenlösung aus. Noch am Abend kommt es in Hamburg zu Demonstrationen gegen diese Entscheidung.

2. März | Bei den Wahlen zum Westberliner Abgeordnetenhaus, die von der Entführung des CDU-Politikers Peter Lorenz überschattet werden, erreicht die CDU 43,9 % (SPD 42,7 %) und ist damit stärkste Partei. Regierender Bürgermeister bleibt jedoch Klaus Schütz (SPD), der mit einer SPD-FDP-Koalition regiert.

13. März | In den bundesdeutschen Kinos läuft der Film »Szenen einer Ehe« des schwedischen Regisseurs Ingmar Bergman an.

21. März | Das Verwaltungsgericht Freiburg verhängt einen vorläufigen Baustopp für das geplante Atomkraftwerk in Wyhl, dessen Gelände schon mehrfach von Atomkraftgegnern besetzt wurde.

25. März | In Ostberlin unterzeichnen Österreich und die DDR ein Konsularabkommen. Die damit verbundene De-facto-Anerkennung der DDR-Staatsbürgerschaft löst in Bonn große Missbilligung aus.

25. Juni | Nach zum Teil kontroversen innerparteilichen Diskussionen um den Kanzlerkandidaten von CDU und CSU votieren die Delegierten des Bundesparteitages der CDU in Mannheim für Helmut Kohl. Die CSU trägt diese Entscheidung jedoch mit Vorbehalt, da ihr Parteivorsitzender Franz Josef Strauß das Kanzleramt anstrebt.

1. September | In Westberlin wird der neue Flughafen Tegel in Betrieb genommen und der Flughafen Tempelhof für den zivilen Flugverkehr geschlossen.

15. November | Mit »Lilith« öffnet in Westberlin nach dem Münchner Laden »Lillemor's« die zweite Frauenbuchhandlung in der Bundesrepublik.

1950 1960 1970 1980 1990 2000

1976

Erstes Tastentelefon

»Die wunderbaren Jahre« des DDR-Schriftstellers Reiner Kunze erscheinen im Westen

Der schwedische König heiratet Silvia Sommerlath

Huldigungen zum IX. Parteitag der SED vor dem Palast der Republik

Studentenprotest gegen Radikalenerlass

von links nach rechts

Zwei deutsche Dichter lösen in diesem Jahr einige Turbulenzen aus: Alfred Andersch – aus dem Westen – und Wolf Biermann – aus dem Osten. Anderschs Gedicht »Artikel 3(3)« wird am 3. Januar in der »Frankfurter Rundschau« veröffentlicht: »ein Volk von ex-nazis und ihren mitläufern/betreibt schon wieder seinen Lieblingssport/die hetzjagd auf/kommunisten/sozialisten/humanisten/dissidenten/linke…« Andersch kommentiert den Radikalenerlass in der Bundesrepublik und ruft damit eine heftige und widersprüchliche Reaktion in der Öffentlichkeit hervor.

Wolf Biermann – in der DDR seit Jahren mit Auftrittsverbot belegt – darf nach langer Zeit wieder einmal seine Lieder singen, in der Nikolaikirche im uckermärkischen Prenzlau. »Was da jetzt einbricht, ist Dunkelheit/Das Land ist still/Wie Grabsteine stehen die Häuser/Still. Das Land ist still. Noch.« Was er nicht weiß: Es ist eine Abschiedsvorstellung.

Zwei Monate später wird Wolf Biermann von der IG Metall in die Bundesrepublik eingeladen. Am 13. November 1976 singt er gut vier Stunden lang in der Kölner Sporthalle. Das Konzert wird live im Fernsehen übertragen. Einige kritische Äußerungen Biermanns nimmt das Politbüro der SED zum Anlass für die Ausbürgerung des Künstlers »wegen grober Verletzung der staatsbürgerlichen Pflichten«. Zum ersten Mal seit der Hitler-Diktatur wird ein Bürger aus einem deutschen Staat zwangsweise ausgebürgert.

1976

Der Lyriker und Sänger Wolf Biermann während des Konzerts am 13. November in Köln, zu dem mehr als 10.000 Zuhörer gekommen sind. Gegen die anschließende Ausbürgerung durch die DDR-Führung protestieren die Menschen in Ost und West.

Nachdem es seit Honeckers Machtantritt gewisse Hoffnungen auf eine Liberalisierung in der DDR gegeben hat, gehen nun die letzten Illusionen verloren. Wenige Tage nach der Ausbürgerung Biermanns appellieren 13 namhafte DDR-Schriftsteller und -Künstler in einem offenen Brief an die DDR-Regierung, die Ausbürgerung zurückzunehmen. Die Reaktion: Eine Reihe unbequemer Künstler, darunter Eva-Maria und Nina Hagen, Katharina Thalbach und Thomas Brasch, werden von den DDR-Behörden zur Ausreise gezwungen. Der Schriftsteller Jürgen Fuchs, der Dichter Gerulf Pannach und der Musiker Christian Kuhnert von der Rockgruppe »Renft« werden verhaftet und später in die Bundesrepublik abgeschoben. Andere, wie die Schauspieler Manfred Krug und Armin Müller-Stahl, bekommen praktisch Berufsverbot und werden so ebenfalls zur Ausreise gedrängt. Der Schriftsteller Jurek Becker wird später sagen, diese Ausbürgerung sei der »Anfang vom Ende der DDR« gewesen.

Die Bundesrepublik Deutschland indes steht im Zeichen des Wahlkampfs zum neuen Bundestag. Nach dem SPD-Sieg am 3. Oktober bestätigt dann am 15. Dezember der Bundestag mehrheitlich das Koalitionspaar Helmut Schmidt (SPD) und Hans-Dietrich Genscher (FDP), das für die zweite Hälfte der Siebzigerjahre das Land regieren wird.

Außenpolitisch braut sich einiges zusammen. Die Sowjetunion beginnt 1976, in Europa neue atomare Mittelstreckenraketen vom Typ SS-20 zu stationieren.

links: Beisetzung von Ulrike Meinhof auf dem Friedhof der Dreifaltigkeitsgemeinde in Berlin-Tempelhof. In den frühen Morgenstunden des 9. Mai wurde sie in ihrer Zelle in Stuttgart-Stammheim tot aufgefunden, laut Mitteilung der Gefängnisleitung hatte sich die 41-Jährige erhängt.

rechts: Foyer des am 23. April eröffneten Palasts der Republik am Ostberliner Marx-Engels-Platz. In dem nach einer Bauzeit von knapp 32 Monaten fertiggestellten Gebäude befinden sich unter anderem mehrere Restaurants, ein großer Veranstaltungssaal und der Sitzungssaal der Volkskammer der DDR.

Das verschafft nach Ansicht der Westmächte dem Warschauer Pakt ein Rüstungsübergewicht in Europa. Am 11. Juni beschließen die Verteidigungsminister der NATO in Brüssel, der quantitativen Überlegenheit des Warschauer Paktes bei den konventionellen Waffen eine Erhöhung der eigenen Schlagkraft entgegenzusetzen. Die Verstärkung der nuklearen Waffen rückt wieder in den Mittelpunkt verteidigungsstrategischer Überlegungen.

Auf der Krim, bei einem ihrer regelmäßigen Treffen, bremst KPdSU-Chef Leonid Breschnew seinen Genossen Erich Honecker aus: »Erich […] es kommen eine Menge Leute in die DDR. Die treiben Agitation für den Kapitalismus.« Breschnew befürchtet eine breite ideologische Unterwanderung und kritisiert die wachsende finanzielle Abhängigkeit der sozialistischen Staaten vom Westen. Honecker versichert, dies Schritt für Schritt zu ändern. Auch der Vorsitzende der Staatlichen Plankommission der DDR, Gerhard Schürer, warnt intern vor der zunehmenden Verschuldung der DDR im Westen. Eine komplizierte Situation, denn auf dem IX. Parteitag der SED im Mai verkündet Generalsekretär Erich Honecker der DDR-Bevölkerung ein neues, in seiner Umsetzung aufwendiges Programm: ein Paket von Sozialmaßnahmen und die Lösung der Wohnungsfrage bis 1990. Drei Millionen Wohnungen sollen gebaut werden – ein nicht unerheblicher Kostenfaktor. Passend dazu führt am Jahresende die Gruppe ABBA die Hitparade an mit ihrem Lied »Money, Money«.   HO

WAS SONST NOCH GESCHAH

1976

14. Januar | Die Stadtverwaltung von Wuppertal muss an den Künstler Joseph Beuys Schadensersatz in Höhe von 180.000 D-Mark zahlen, da unter ihrer Verantwortung ein Kunstwerk Beuys', – eine Badewanne mit Heftpflaster, Vaseline und Mull – zweckentfremdet und dadurch beschädigt wurde.

12. Februar | Der Bundestag verabschiedet einen veränderten Gesetzentwurf zur Reform des § 218, in dem ein Schwangerschaftsabbruch unter bestimmten Bedingungen zugelassen wird. Grundsätzlich bleibt die Abtreibung jedoch strafbar.

15. Februar | Die alpine Skiläuferin Rosi Mittermaier, »Gold-Rosi«, aus Reit im Winkel gewinnt bei den Olympischen Winterspielen in Innsbruck zwei Gold- und eine Silbermedaille. Fünf Goldmedaillen erringen die Bobfahrer aus der DDR.

18. März | Mit einer klaren Mehrheit verabschiedet der Bundestag das von den Gewerkschaften schon seit langem geforderte Gesetz über die Mitbestimmung der Arbeitnehmer.

29. März | In einer Ausstellung mit Arbeiten des Grafikers Klaus Staeck im Haus der Bonner Parlamentarischen Gesellschaft reißen einige CDU/CSU-Bundestagsabgeordnete – darunter Richard Stücklen und Philipp Jenninger – kritische Plakate von den Wänden.

1. April | In Bonn wird das nach zweieinhalbjähriger Bauzeit fertiggestellte Bundeskanzleramt an Helmut Schmidt übergeben.

14. Juni | Der Bundestag beschließt grundlegende Änderungen im Scheidungsrecht, die ab dem 1. Januar 1977 in Kraft treten. Unter anderem gilt nicht mehr das Schuld-, sondern das Zerrüttungsprinzip.

4. Juli | Auf dem ugandischen Flughafen Entebbe befreit ein israelisches Kommando in einer spektakulären Aktion die Passagiere eines von deutsch-irakischen Terroristen entführten Flugzeugs. Dabei kommen 31 Menschen ums Leben, darunter der deutsche Entführer Wilfried Böse.

1. August | Bei den Olympischen Sommerspielen im kanadischen Montreal erreicht die DDR in der Nationenwertung hinter der Sowjetunion Platz 2.

22. August | Aus Protest gegen den DDR-Staat übergießt sich auf dem Marktplatz der Stadt Zeitz der evangelische Pfarrer Oskar Brüsewitz mit Benzin und zündet sich an. Zuvor hatte er ein Plakat aufgestellt »Funkspruch an alle: Die Kirche in der DDR klagt den Kommunismus an! Wegen Unterdrückung in Schulen an Kindern und Jugendlichen«. Er stirbt am 22. August an seinen Verletzungen.

3. Oktober | Obwohl die CDU/CSU bei den Bundestagswahlen erhebliche Stimmengewinne erzielt, reicht das Ergebnis nicht für eine Ablösung der sozial-liberalen Koalition aus.

19. November | In Wildbad-Kreuth beschließt die CSU-Landesgruppe des Bundestages, die seit 27 Jahren bestehende Fraktionsgemeinschaft mit der CDU aufzukündigen, da das Wahlergebnis der CDU unbefriedigend sei. Als Helmut Kohl mit der Gründung eines bayerischen Landesverbandes der CDU droht, einigen sich die Unionsparteien dann doch am 12. Dezember auf eine weitere Zusammenarbeit.

16. Dezember | Für ein Lösegeld in Höhe von 21 Millionen D-Mark wird der Industriellen-Sohn Richard Oetker zwei Tage nach seiner Entführung von seinen Kidnappern freigelassen, die mit äußerster Brutalität vorgegangen waren.

1977

Amnesty International erhält den Friedensnobelpreis

Anlässlich eines Auftritts im Reichsbahn-Ausbesserungswerk Grunewald bleibt der DDR-Komiker Eberhard Cohrs in Westberlin

Der DDR-Schauspieler Manfred Krug in Westberlin, nachdem er einen Ausreiseantrag gestellt hatte

Christo vor dem Reichstag

Schlaghosenmode

von links nach rechts

Die Bundesrepublik wird von ihrer bisher wohl stärksten politischen Krise erschüttert. Der Terrorismus der Roten Armee Fraktion erreicht ein bisher unbekanntes Ausmaß. Am 7. April wird Generalbundesanwalt Siegfried Buback auf offener Straße erschossen. Wie die RAF in ihrem Bekennerschreiben formuliert, wurde er als Akteur des Systems hingerichtet, der unter anderem die Ermordung Ulrike Meinhofs – sie hatte sich am 9. Mai 1976 in ihrer Zelle in Stammheim das Leben genommen – inszeniert und geleitet habe. Die übrigen Mitglieder der RAF-Führung – Andreas Baader, Gudrun Ensslin und Jan-Carl Raspe – werden am 28. April zu lebenslanger Haft verurteilt, ebenso am 2. Juni Manfred Grashof und Klaus Jünschke sowie weitere vier Terroristen. Am 30. Juli wird bei einem Entführungsversuch der RAF Jürgen Ponto, Vorstandsvorsitzender der Dresdner Bank, erschossen.

Die innenpolitische Situation eskaliert, nachdem am 5. September die Meldung von der Entführung Hanns Martin Schleyers durch die Medien geht. Als Präsident der Bundesvereinigung der Deutschen Arbeitgeberverbände und Präsident des BDI ist er für die RAF »ein maßgeblicher Vertreter des kapitalistischen und imperialistischen Schweinesystems«. Der Plan, Schleyer gegen die inhaftierten Mitglieder der RAF-Führung auszutauschen, wird durch die Entführung der Lufthansa-Maschine »Landshut« nach Mogadischu durch palästinensische Terroristen flankiert. Im Auftrag von Kanzler Helmut Schmidt, dem Chef

1977

Die am 13. Oktober von palästinensischen Terroristen nach Mogadischu in Somalia entführte Lufthansa-Maschine »Landshut« während einer Zwischenlandung in Dubai. Mit der Aktion soll die Forderung der Schleyer-Entführer nach der Entlassung der inhaftierten RAF-Häftlinge unterstützt werden. Am 19. Oktober stürmen Mitglieder einer Spezialeinheit des Bundesgrenzschutzes, der GSG 9, die Maschine und befreien die Geiseln. Der Pilot und drei Terroristen kommen ums Leben.

des Krisenstabes, leitet Staatsminister Hans-Jürgen Wischnewski die Aktion vor Ort: Eine Spezialeinheit von GSG-9-Kämpfern befreit die »Landshut«-Geiseln auf dem Flughafen der somalischen Hauptstadt im Handstreich. Daraufhin begehen am 18. Oktober im Gefängnis Stuttgart-Stammheim Baader, Raspe und Ensslin Selbstmord. Einen Tag darauf erhält die Nachrichtenagentur dpa eine Erklärung, in der die RAF Schleyers Ermordung bekannt gibt: »Wir haben nach 43 Tagen Hanns Martin Schleyers klägliche und korrupte Existenz beendet. Herr Schmidt, der in seinem Machtkalkül von Anfang an mit Schleyers Tod spekulierte, kann ihn in der Rue Charles Péguy in Mülhausen in einem grünen Audi 100 mit Bad Homburger Kennzeichen abholen. Für unseren Schmerz und unsere Wut über die Massaker von Mogadischu und Stammheim ist sein Tod bedeutungslos [...]« Es ist der Schlusspunkt der RAF-Offensive im »Deutschen Herbst«.

1977 ist auch das Jahr der Schleiereule, jedenfalls hat es so der Naturschutzbund Deutschland beschlossen. – Verschleiert wird so manches in diesem Jahr. Erich Honecker bestätigt am 17. Februar in einem Interview mit der »Saarbrücker Zeitung«, dass rund 10.000 DDR-Bürger Ausreiseanträge gestellt hätten. Für den Fall der Anerkennung der DDR-Staatsbürgerschaft stellt er »generelle Reisefreiheit« in Aussicht. Wie ernst Honecker sein Angebot meint, zeigt eine Weisung des Sekretariats des ZK der SED, die der Staatsratsvorsitzende jedoch

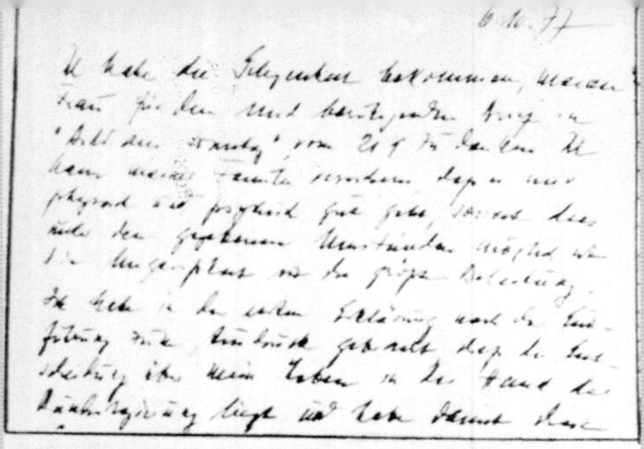

Fac-similé du 1° feuillet de la lettre de H.M. Schleyer

links: Blick über die Mauer nach Ostberlin. Am 30. September wird das ZK der SED über die Wirksamkeit der Grenzsicherung informiert. Darin wird festgestellt, dass am Grenzzaun zur Bundesrepublik auf 271 km Länge die Mine SM-70 montiert sei und auf weiteren 271 km Erdminensperren des Typs 66, die nur noch eine Wirksamkeit von 20 Prozent hätten. Die Selbstschussanlage SM-70 habe sich dagegen als das »wirksamste Sperrelement« erwiesen und solle deshalb ausgebaut werden.

rechts: 31 Tage nach der Entführung des Arbeitgeberpräsidenten Hanns Martin Schleyer sendet die RAF dieses Schreiben an die Zeitung »Liberation« in Paris. In dem Brief bittet Schleyer die Bundesregierung um eine Entscheidung.

verschweigt: In den Rechtsvorschriften der DDR sei ein Recht zur Übersiedlung nach nichtsozialistischen Staaten nicht vorgesehen. Die Berufung auf die Schlussakte von Helsinki oder andere völkerrechtliche Dokumente wird unter Strafandrohung gestellt. Der in der DDR populäre sächsische Komiker Eberhard Cohrs findet all das nicht komisch und nutzt die Gelegenheit bei Dreharbeiten in Westberlin, um gleich dort zu bleiben. Desgleichen verlassen der oppositionelle Schriftsteller Reiner Kunze und der Schauspieler Manfred Krug die DDR.

Auch von der nicht mehr aufzuhaltenden Wirtschaftskrise in der DDR erfährt die Öffentlichkeit nichts. In einem Brief an Erich Honecker klagen die Wirtschaftsexperten Gerhard Schürer und Günter Mittag über die steigende Westverschuldung der DDR. »Erstmals sind wir in akuten Zahlungsschwierigkeiten«, heißt es darin. Allein der Anstieg der Kakao- und Kaffeepreise verschärfe die Devisensituation. Honecker weist jede Kritik zurück. Der Retter aller Kaffeegenießer heißt Alexander Schalck-Golodkowski. Der DDR-Finanzjongleur importiert günstig Tchibo- und Jakobs-Kaffee, der dann teuer in Delikat-Läden angeboten wird. Und plötzlich dürfen Einreisende in die DDR Kaffee, Kakao und Schokolade in unbeschränkter Menge ihren Verwandten und Freunden mitbringen. HO

WAS SONST NOCH GESCHAH

1977

1. Februar | Die erste Ausgabe der »Emma. Eine Zeitschrift für Frauen von Frauen« erscheint in Köln. Herausgeberin ist die Journalistin Alice Schwarzer.

26. Februar | Das Nachrichtenmagazin »Der Spiegel« deckt die »Lauschaffäre Traube« auf. Danach wurden Telefongespräche des Atomwissenschaftlers Klaus Traube vom Verfassungsschutz mit Hilfe von sogenannten Wanzen abgehört. Das Bundesinnenministerium rechtfertigt den »Lauschangriff« mit dem Hinweis, gegen Traube habe der Verdacht auf Kontaktaufnahme zu einer terroristischen Vereinigung bestanden.

28. April | Das Stuttgarter Oberlandesgericht verurteilt die RAF-Terroristen Gudrun Ensslin und Jan Carl Raspe zu lebenslanger Haftstrafe.

11. Mai | Gründung der »Umweltschutzpartei« (USP) in Niedersachsen; am 16. November wird sie in »Grüne Liste Umweltschutz« (GLU) umbenannt.

27. Mai | Der Bundestag verabschiedet eine Wehrdienst-Novelle, nach der Wehrpflichtige künftig ohne Gewissensprüfung zwischen Bundeswehr und Zivildienst wählen dürfen.

1. Juni | Bundestagspräsident Karl Carstens (CDU) lehnt den Antrag des amerikanischen Künstler Christo ab, das unmittelbar an der Berliner Mauer gelegene Reichstagsgebäude zu verpacken.

25. Juni | Mit einer feierlichen Grundsteinlegung beginnt in Dresden der Wiederaufbau der im Zweiten Weltkrieg fast völlig zerstörten Semper-Oper.

29. Juni | In Kassel wird die documenta 6 eröffnet. Mit Werken von Bernhard Heisig, Wolfgang Mattheuer, Willi Sitte, Werner Tübke, und Fritz Cremer ist erstmals Kunst aus der DDR zu sehen.

27. Juli | Bei Lebus in der DDR ereignet sich ein folgenschweres Zugunglück infolge einer falsch gestellten Weiche. 29 Menschen sterben.

23. August | Aufgrund der Veröffentlichung von Auszügen aus seinem Buch »Die Alternative« in der Bundesrepublik wird der DDR-Regimekritiker Rudolf Bahro verhaftet. Am 30. Juni 1978 wird er zu acht Jahren Haft verurteilt, 1979 jedoch aus der DDR ausgebürgert.

26. August | Nach ihrer Entlassung aus mehrmonatiger DDR-Haft werden der 26-jährige regimekritische Schriftsteller Jürgen Fuchs und die Liedermacher Gerulf Pannach und Christian Kuhnert gegen ihren Willen nach Westberlin abgeschoben.

11. September | Die Deutsche Bundesbahn stellt mit zwei Sonderfahrten ihre letzten beiden Dampflokomotiven außer Dienst.

7. Oktober | In Ostberlin kommt es am Rande eines Konzerts auf dem Alexanderplatz im Rahmen der Festveranstaltungen zum Nationalfeiertag der DDR zu schweren Zusammenstößen zwischen Jugendlichen und der Volkspolizei. Die Menge ruft Losungen wie »Stasi raus – Biermann rein«.

9. Oktober | In Bonn präsentiert der Journalist Günter Wallraff sein Buch »Der Aufmacher«. Darin berichtet er über die journalistische Praxis der »Bild«-Zeitung – von März bis Mitte Juni hatte er unerkannt in einer Redaktion gearbeitet.

30. November | Das Volkswagenwerk in Wolfsburg bestätigt, dass die DDR 10.000 Personenkraftwagen der Marke Golf bestellt hat.

Jimmy Carter bei Helmut Schmidt

Kinderdemonstration

Weltwirtschaftsgipfel in Bonn

Sexladen in Köln

Sigmund Jähn (DDR), der erste Deutsche im All

von links nach rechts

1978

In der ersten Nummer des neuen Jahres hält der Hamburger »Spiegel« eine Überraschung bereit: Unter dem Titel »Manifest einer SED-internen Opposition« verkündet ein Bund Demokratischer Kommunisten Deutschlands aus der DDR seine Gedanken zu Lage der Nation. »Spiegel«-Korrespondent Ulrich Schwarz hatte sich den Text dieser kritische Analyse der SED-Politik von Hermann von Berg, Professor an Ostberliner Humboldt-Universität und zeitweise Berater von DDR-Ministerpräsident Willi Stoph, diktieren lassen. Der »Spiegel« druckt den ersten Teil ab, worin es um die Annäherung beider deutscher Staaten mit dem Ziel der Wiedervereinigung geht. Die DDR reagiert sofort. Als Karlheinz Vater am 2. Januar die Nachfolge von Schwarz im Ostberliner »Spiegel«-Büro an der Leninallee antreten will, kommt er nicht einmal durch die Grenzkontrolle. Am 9. Januar erscheint der zweite Teil des Manifestes. Dieser ist gespickt mit Attacken auf den persönlichen Lebensstil der Mitglieder des SED-Politbüros. Daraufhin wird das »Spiegel«-Büro in Ostberlin geschlossen. Von Berg wird von der Staatsicherheit einige Zeit inhaftiert und 1986 in die Bundesrepublik abgeschoben. Wie später bekannt wird, war er der einzige Autor des Manifestes, einen Bund Demokratischer Kommunisten Deutschlands hat es in der DDR nie gegeben.

Die offiziellen Reaktionen in Ost und West sind erstaunlich ähnlich: Herbert Wehner spricht von einer »provokativen Veröffentlichung«. Der Bundeskanzler

1978

Am 26. August startet in Baikonur der 41-jährige Sigmund Jähn als erster Deutscher zu einem Flug in den Weltraum. Mit der »Sojus 31« und zwei sowjetischen Kosmonauten koppelt er an die bemannte Raumstation »Saljut 6« an, wo sie wissenschaftliche Untersuchungen durchführen. Nach acht Tagen landen die drei wieder sicher in Kasachstan. Bei seiner Rückkehr in die DDR wird Jähn (2. v. l.) gemeinsam mit dem sowjetischen Kosmonauten Waleri Bykowski begeistert empfangen (rechts Erich Honecker).

sieht zwar in der Schließung des Spiegel-Büros eine überzogene Reaktion, versteht aber, dass Honecker das alles als einen »Angriff unter die Gürtellinie« auffasst. Für die DDR-Medien ist die Angelegenheit ein Fabrikat von BND-Agenten.

Indes geht das Leben im Osten seinen sozialistischen Gang: Man feiert Erfolge in der Produktion und Errungenschaften in Kultur und Wissenschaft. Das Kulturministerium plant langfristig die »Entwicklung der sozialistischen Kultur und ihrer materiell technischen Basis«, Erich Honecker trifft sich mit der evangelischen Kirchenleitung und kreiert den Begriff von der »Kirche im Sozialismus«, Hermann Kant wird Präsident des Schriftstellerverbandes, ein neuer Indianerfilm mit Gojko Mitic kommt ins Kino und in Thüringen wird der hunderttausendste Taschenrechner zusammengeschraubt. Mit Siegmund Jähn aus dem Vogtland fliegt schließlich der erste Deutsche an Bord einer sowjetischen Sojus-Rakete ins All – für die DDR-Führung Zeichen der Überlegenheit des sozialistischen Schöpfergeistes.

Anfang Mai bestimmt in Bonn der Staatsbesuch des sowjetischen Generalsekretärs der KPdSU, Leonid Breschnew, das politische Geschehen. Es werden wichtige wirtschaftliche Abkommen unterzeichnet. So geht es u. a. um langfristige Großprojekte der Energiewirtschaft, im Transportwesen und im Maschinenbau. Auch Sicherheitsfragen stehen auf dem Programm, denn US-Präsident Carter hatte gerade laut über eine Stationierung von Neutronenwaffen in der

links: Als eine Reaktion auf den Deutschen Herbst treffen sich im Januar etwa 15.000 Teilnehmer in Westberlin zum »Tunix«-Kongress. Vorgestellt werden das Konzept einer ökologischen Partei, alternative Zeitungsprojekte und Ideen für ein Netzwerk zur Selbsthilfe unterschiedlicher Gruppierungen.

rechts: Der US-amerikanische Film »Saturday Night Fever« mit John Travolta wird in der Bundesrepublik nicht nur zum Kassenschlager in den Kinos, sondern vor allem zum Auslöser der Discowelle.

Bundesrepublik nachgedacht. Breschnew fühlt sich auch durch neuartige Waffen der USA bedroht, wie zum Beispiel die Cruise Missiles.

Einer Sensation gleicht das Treffen Breschnews mit Franz Josef Strauß am 6. Mai. Strauß wie Breschnew reden Tacheles. Breschnew tadelt Strauß wegen seiner aggressiven Politik. Strauß schreibt später, was er entgegnete: »Ich erzähle Ihnen, was ich am 31. Januar 1933 erlebt habe und was mein Vater mir sagte, als ich von der Schule nach Hause kam – ›Bub, jetzt ist der Hitler Kanzler. Das bedeutet Krieg, und dieser Krieg bedeutet das Ende Deutschlands!‹ Von da an lebte ich als junger Mensch in der Hoffnung, dass kein Krieg kommt, und in der Furcht, dass er kommt [...] Wissen Sie, Herr Generalsekretär, wann bei mir Klarheit bestand, ob Hoffnung oder Furcht siegen würde? Am 23. August 1939. [...] Noch in der gleichen Nacht wurde der Nichtangriffspakt unterzeichnet. Jetzt wusste ich, dass das Tor zum Tempel des Krieges aufgestoßen war, dass es auf dem Marsch in das Unheil kein Halten mehr gab. Ohne diesen Hitler-Stalin-Pakt hätte der Zweite Weltkrieg, bei entsprechender Reaktion auch der Westmächte, vermieden werden können. [...] Ich bin der Sohn meines Vaters, Sie sind einer der Amtsnachfolger Stalins. Der Satz wurde übersetzt, ich rechnete mit einer heftigen Reaktion. Doch Breschnew hörte mit unbewegtem Gesicht zu, verzog keine Miene, ließ keinerlei Zeichen von Missmut erkennen. Nur alle Begleiter, die er dabei hatte, zitterten [...]« HO

WAS SONST NOCH GESCHAH

1978

1. Januar | Das erste Fernsehprogramm der ARD beginnt mit der regelmäßigen Ausstrahlung der »Tagesthemen«.

20. Januar | Im Volkswagenwerk Emden läuft der letzte in der Bundesrepublik gebaute »VW Käfer« vom Band. Von dem Mitte der Dreißigerjahre von Ferdinand Porsche konstruierten Auto wurden etwa 19 Millionen Exemplare verkauft.

13. Februar | In Bonn tritt der Jurist Hans-Peter Bull als erster Datenschützer der Bundesrepublik sein Amt an. Grundlage des neu geschaffenen Amtes ist das am 1. Januar in Kraft getretene Datenschutzgesetz.

16. Februar | Mit knapper Mehrheit verabschiedet der Bundestag ein Änderungsgesetz zur Strafprozessordnung. Das sogenannte Anti-Terror-Gesetz unterwirft unter anderem die Verteidiger in Terroristen-Prozessen einer strengeren Aufsicht.

6. März | Im Ostberliner Staatsratsgebäude findet erstmals ein Treffen Erich Honeckers mit führenden Repräsentanten der evangelischen Kirche in der DDR statt. Der SED-Chef gesteht der Kirche eine konstruktive Rolle im Sozialismus zu und erkennt ihre eigenständige Mitwirkung bei der Verfolgung »zutiefst humanistischer Ziele« in der DDR an.

11. April | Der baden-württembergische Verwaltungsgerichtshof in Mannheim stellt in einem Urteil fest, dass die rechtsgerichtete Nationaldemokratische Partei Deutschlands (NPD) keine verfassungsfeindlichen Ziele verfolgt.

30. Mai | Auf dem achten Schriftsteller-Kongress der DDR wird Hermann Kant zum neuen Präsidenten gewählt. Er tritt die Nachfolge der 78-jährigen Anna Seghers an, die nicht mehr kandidierte.

26. Juli | Die unter anderem von der Feministin Alice Schwarzer sowie den Schauspielerinnen Inge Meysel und Erika Pluhar eingereichte »Sexismus«-Klage gegen die Illustrierte »Stern« wird vom Hamburger Landgericht abgewiesen.

7. August | Der baden-württembergische Ministerpräsident Hans Filbinger (CDU) erklärt seinen Rücktritt und zieht damit die Konsequenz aus den massiven Vorwürfen der Öffentlichkeit wegen seiner richterlichen Tätigkeit in der Zeit des Nationalsozialismus.

13. September | Populärste Teilnehmerin des 85. Deutschen Katholikentages in Freiburg ist die indische Ordensgründerin Mutter Teresa.

Mit dem Abdruck des Tatsachenberichts von Christiane F. »Wir Kinder vom Bahnhof Zoo« startet die Illustrierte »Stern« die aufsehenerregende Dokumentation über die Drogenkarriere der 16-Jährigen. Der Drogenkonsum hat vor allem unter Jugendlichen in den vergangenen Jahren zugenommen, 1978 werden in der Bundesrepublik und Westberlin 430 Drogentote gezählt.

1. Oktober | In Hamburger Supermärkten werden erstmals »no-name«-Artikel angeboten. Die Hersteller verzichten auf jeglichen Aufwand der Verpackung und bieten die Waren – oft auch in originaler Qualität – billiger an.

25. Oktober | Auf ihrem Bundesparteitag in Ludwigshafen verabschiedet die CDU ihr neues Grundsatzprogramm unter dem Titel »Freiheit, Solidarität, Gerechtigkeit«.

6. November | Der bayerische Landtag wählt den CSU-Vorsitzenden Franz Josef Strauß zum neuen Ministerpräsidenten Bayerns, er übernimmt die Nachfolge Alfons Goppels.

Smogalarm

30-Jahr-Feier der DDR

Bruderkuss zwischen Leonid Breschnew und Erich Honecker

Demonstration gegen die Verjährung der NS-Verbrechen

Bauernproteste in Gorleben

von links nach rechts

1979

Die Neujahrsnacht entwickelt sich in Deutschland zu einer Chaosnacht. Vor allem im Norden toben Schneestürme mit Windstärken zwischen 6 und 10. Örtlich fallen bis zu 60 Zentimeter Schnee, der sich in Verwehungen teils bis zu vier Meter hoch auftürmt. Die Temperaturen sinken nachts bis unter minus 25 Grad und überziehen Seen und Flüsse mit schon lange nicht mehr gesehenen Eisdecken. Innerhalb von nur drei Tagen sind weite Teile Norddeutschlands ein Katastrophengebiet. Sowohl diesseits als auch jenseits der deutsch-deutschen Grenze stehen Bundeswehr, NVA und alle anderen Hilfsorganisationen rund um die Uhr unermüdlich im Einsatz.

Auch politisch wird es frostiger. In der DDR verschärft man die Kontrolle westlicher Korrespondenten aus Angst vor unliebsamen Wahrheiten. Unter anderem werden alle geplanten Interviews genehmigungspflichtig. Es brodelt vor allem in Kreisen der künstlerischen Intelligenz der DDR. Der Schriftstellerverband schließt neun Autoren wegen »Verletzung der Statuten« aus: Stephan Heym, Rolf Schneider, Joachim Seyppel, Kurt Bartsch, Adolf Endler, Karl-Heinz Jacobs, Klaus Poche, Dieter Schubert und Klaus Schlesinger. Die Volkskammer legt noch eins drauf und beschließt im 3. Strafrechtsänderungsgesetz Verschärfungen des Strafrechts für politische Delikte.

Der innenpolitische Druck auf jede abweichende Tendenz ist auch eine Reaktion auf sich verstärkende ökonomische Probleme. Wieder einmal ist es DDR-

Schriftsteller Günter Grass, Schauspieler David Bennent und Regisseur Volker Schlöndorf (v. l.) während der Dreharbeiten zu »Die Blechtrommel«. Der Film nach dem erfolgreichen Roman von Grass wird am 24. Mai bei den Filmfestspielen in Cannes mit der Goldenen Palme ausgezeichnet und 1980 mit dem Oscar für den besten fremdsprachigen Film.

Planungschef Gerhard Schürer, der dem SED-Politbüro schlechte Nachrichten bringt. Die Durchführung der DDR-Importe und die Sicherung der DDR-Zahlungsfähigkeit seien »weitestgehend von der Bereitschaft kapitalistischer Banken abhängig, der DDR Kredite zu gewähren«, meldet er. Dabei erschließt sich die kleine Republik jede nur mögliche Einnahmequelle. 1979 wird eine Transitpauschale von 400 Millionen D-Mark eingenommen. Und alles in allem erhielt die DDR von 1970 bis 1980 aus der Bundesrepublik circa 6 Milliarden D-Mark. In dieser Rechnung nicht enthalten ist die Ersparnis durch den zinslosen Überziehungskredit Swing. Seit 1970 sind das 440 Millionen D-Mark jährlich, 1976 bis 1981 kommen 850 Millionen D-Mark hinzu. Daneben zieht die DDR durch die Aufrechterhaltung des juristischen Status, Teil der Bundesrepublik zu sein, aus dem zollfreien Handel mit EG-Ländern Nutzen.

Honecker lässt Vorschläge für Preiserhöhungen ausarbeiten. Die Stabilität der Verbraucherpreise gehört bisher zu den unantastbaren Errungenschaften der Einheit von Wirtschafts- und Sozialpolitik. Seit Jahren kostet ein Brötchen 5 Pfennig, ein Kilogramm Brot 60 Pfennig, eine Bockwurst 80 Pfennig, das Kilo Schweinekotelett 8 Mark, ein U-Bahn- oder S-Bahnticket in Ostberlin 20 Pfennig und der Strom 8 Pfennig pro Kilowattstunde. Als schließlich die Preiserhöhungsvorschläge auf dem Tisch liegen, macht Honecker einen Rückzieher. Die Staatssicherheit hat ihn gewarnt, dass Preiserhöhungen eine Schockwirkung auf

links: In Bonn versammeln sich am 14. Oktober über 70.000 Kernkraftgegner aus der gesamten Bundesrepublik, um gegen die Nutzung der Kernenergie zu protestieren.

rechts: Die Partei- und Staatsführung versucht immer häufiger kritische Schriftsteller, Intellektuelle und Künstler einzuschüchtern. Nach einem über zwei Jahre dauernden Hausarrest darf der DDR-Regimekritiker Robert Havemann (M.) Anfang Mai zum ersten Mal wieder sein Haus in Grünheide bei Berlin verlassen.

die Bevölkerung auslösen und »konterrevolutionäre Ausschreitungen« herbeiführen könnten. Stattdessen werden Jugendfestivals und Feiern zum 30. Staatsjubiläum organisiert. Durch Amnestien kommen mehrere zehntausend Häftlinge, auch politische, frei.

Am 5. Januar treffen sich Bundeskanzler Helmut Schmidt, US-Präsident Jimmy Carter, Frankreichs Staatspräsident Giscard d'Estaing und der britische Premierminister James Callaghan zu einem Vierer-Gipfel. Seit langem drängt Schmidt die Amerikaner, etwas gegen die sowjetischen SS-20-Raketen zu unternehmen. Schließlich einigen sich die Großen Vier auf einen vorformulierten Beschluss – später Doppelbeschluss genannt –, der in präziser Form im Dezember 1979 im Nordatlantikpakt verabschiedet wird. In Reaktion der Sowjetunion auf den NATO-Doppelbeschluss marschieren sowjetische Truppen am 27. Dezember in Afghanistan ein. Breschnew begründet das mit einem Hilferuf der Regierung aus dem südlichen Nachbarland. Später gibt er Helmut Schmidt eine weitere Erklärung: Afghanistan solle nicht auch noch »in ein militärisches Aufmarschgebiet verwandelt werden, das der Sowjetunion feindlich gegenüberstände.« Willy Brandt sagt später in einem Interview mit dem »Spiegel«: »Es gibt Leute, die meinen, dass es nicht zu dieser Invasion in Afghanistan gekommen wäre, wenn es schon intensive Verhandlungen zwischen den beiden Bündnissen zu diesem Zeitpunkt gegeben hätte.« HO

WAS SONST NOCH GESCHAH

1979

1. Januar | Unter der Leitung der Psychologin Eva Rühmkorf nimmt in Hamburg die »Leitstelle Gleichstellung der Frau« ihre Arbeit auf. Die Einrichtung – die erste dieser Art in der Bundesrepublik – überprüft alle Gesetze im Hinblick auf die Gleichbehandlung der Frau.

7. Januar | Am Ende eines 44 Tage dauernden Streiks einigen sich die Tarifparteien der Stahlindustrie in Nordrhein-Westfalen, Bremen und Osnabrück auf einen Kompromiss, der unter anderem die Einführung der 40-Stunden-Woche bis 1983 festschreibt. Ziel der Gewerkschaften bleibt jedoch nach wie vor die 35-Stunden-Woche.

17. Januar | Nach sieben Jahren seiner Anwendung bei Einstellungen im öffentlichen Dienst der Bundesrepublik wird der sogenannte Radikalenerlass einer Prüfung unterzogen und zum Teil revidiert.

Erstmals in der Bundesrepublik wird im Industrierevier an der Ruhr und am Niederrhein wegen eines zu hohen Schwefeldioxd-Anteils in der Luft Smogalarm ausgelöst.

22. Januar | Die fünf dritten Programme der ARD beginnen mit der Ausstrahlung der vierteiligen US-amerikanischen TV-Serie »Holocaust« über die Ermordung der Juden im »Dritten Reich«.

9. Februar | Das Nationale Olympische Komitee beschließt, dass die westdeutschen Sportler künftig als »Mannschaft der Bundesrepublik Deutschland« und nicht mehr unter »Deutschland« starten werden.

22. Februar | Auf der Berlinale wird das gesamte Team des Films »Die Ehe der Maria Braun« von Regisseur Rainer Werner Fassbinder mit dem Silbernen Bären ausgezeichnet; Hauptdarstellerin Hanna Schygulla erhält darüber hinaus einen Preis für ihre schauspielerische Leistung.

2. April | Auf dem Messegelände unter dem Funkturm in Westberlin wird nach einer fünfjährigen Bauzeit das Internationale Congress Centrum (ICC) eröffnet.

17. April | Nach mehreren Probenummern erscheint in Westberlin von nun ab täglich »die Tageszeitung«, bald nur noch »taz« genannt, für die Leser der alternativen Szene.

10. Mai | Gegen die Stimmen von CDU/CSU billigt der Bundestag eine Reform des Sorgerechts, in der unter anderem der Begriff »elterliche Gewalt« durch »elterliche Sorge« ersetzt wird.

23. Mai | In der Bonner Beethovenhalle wählt die Bundesversammlung Karl Carstens (CDU) zum fünften deutschen Bundespräsidenten.

10. Juni | In der Bundesrepublik finden wie in den fünf weiteren Staaten der Europäischen Gemeinschaft die ersten Direktwahlen zum Europäischen Parlament statt. Die Mehrheit erringen die sozialistischen Parteien (112 Sitze) vor den Christdemokraten (106 Sitze).

16. September | Mit einem selbstgebauten Heißluftballon gelingt zwei Familien aus der DDR nahe Naila im Landkreis Hof die Flucht in den Westen.

7. Oktober | Erstmals gelingt einer Gruppierung der »grünen« Bewegung der Einzug in ein Landesparlament. In Bremen erringt sie bei den Bürgerschaftswahlen vier Abgeordnetensitze.

25. November | Mitglieder der »Bürgerinitiative SO 36« besetzen drei leerstehende Wohnungen im Westberliner Bezirk Kreuzberg. Damit beginnen die »Instandbesetzungen«, wodurch Altbauten erhalten und billige Wohnungen geschaffen werden.

1980

Olympische Spiele in Moskau

Ausländische Firmen drängen auf den Markt

Papst Johannes Paul II. in der BRD

Begräbnis Josip Broz Titos

Trauerfeier für Rudi Dutschke

von links nach rechts

Vor dem Hintergrund wachsender wirtschaftlicher Probleme und anhaltender Jugendproteste verschärfen sich 1980 in der Bundesrepublik die innenpolitischen Auseinandersetzungen. Polarisierend wirkt insbesondere auch die Kanzlerkandidatur des CSU-Politikers Franz Josef Strauß für die Bundestagswahlen im Oktober. Mit den Grünen erweitert eine neue Partei das traditionelle politische Spektrum. Zunächst belächelt oder auch als linksradikal denunziert, schaffen sie im März 1980 bei den Wahlen in Baden-Württemberg den Einzug ins Landesparlament, bei den Bundestagswahlen allerdings scheitern sie mit 1,5 % der Stimmen noch deutlich an der Fünf-Prozent-Hürde.

Die Regierung der DDR forciert ihre Bemühungen um internationale Anerkennung, wobei sie mit dem Besuch von Partei- und Staatschef Erich Honecker in Österreich, dem ersten offiziellen Besuch eines SED-Politikers in einem westeuropäischen Land, einen diplomatischen Erfolg erzielen kann. Im Innern zeigt das SED-Regime weiterhin keine Bereitschaft zu politischen Reformen. Zudem versuchen die Machthaber mit Repressalien zu verhindern, dass die oppositionelle Bewegung in Polen auf die DDR übergreift. In Danzig hat sich nach wochenlangen Streiks die unabhängige Gewerkschaft »Solidarność« als gesellschaftliche und politische Kraft etabliert.

Auch im Verhältnis zur Bundesrepublik setzt die DDR-Führung auf stärkere Abgrenzung. So erhöht sie im Oktober den bei der Einreise von Bundesbürgern

1980

Gründungsparteitag der »Grünen« am 12. und 13. Januar in Karlsruhe, v. l.: August Haussleitner, Norbert Mann, Herbert Gruhl, Gisela Schüttler, Dietrich Wilhelm Plagemann, Karl Kerschgens und Alfred Vordermeister.

fälligen Zwangsumtausch von 13 auf 25 D-Mark pro Tag, was tatsächlich zu einem starken Rückgang der Besuchsreisen führt. Gleichzeitig fordert Honecker von Bonn die Anerkennung der DDR-Staatsbürgerschaft und die Aufwertung der Ständigen Vertretungen zu Botschaften. Bonn lehnt jedoch kategorisch ab.

Bei der Bundestagswahl im Oktober verfehlt der Unionskandidat Franz Josef Strauß sein Ziel, die sozial-liberale Koalition mit einer konservativen Regierung unter seiner Kanzlerschaft abzulösen; die SPD kann mit ihrem durch das Wahlergebnis gestärkten Koalitionspartner weiter regieren. Die kritischen Vorbehalte großer Teile der Bevölkerung gegen Strauß als Kanzler betreffen seine streng konservative Grundhaltung und die Neigung zu einem autoritären Führungsstil.

Die im November zustande gekommene Neuauflage der sozial-liberalen Regierung unter Kanzler Schmidt sieht sich wachsenden wirtschaftlichen Problemen gegenüber. Hauptursache ist der sprunghafte Anstieg der Ölpreise, der zu einem weltweiten Abschwung der Wirtschaft führt. In der zweiten Jahreshälfte ist in der Bundesrepublik ein deutlicher Anstieg der Arbeitslosigkeit zu verzeichnen – auf eine noch relativ niedrige Quote von 3,8 %, jedoch mit steigender Tendenz. Gleichzeitig zieht auch die Inflation auf 5,5 % an – gegenüber 4,1 % im Vorjahr –, sodass Politiker und Bevölkerung der wirtschaftlichen Entwicklung mit großen Befürchtungen entgegen sehen.

links: Eine der 110 Hütten in der »Republik Freies Wendland« auf der Tiefbohrstelle 1004 des geplanten atomaren Endlagers in Gorleben. Das Gelände ist von etwa 5.000 Atomkraftgegnern ständig besetzt, bis es am 4. Juni durch Polizei und Grenzschutz gewaltsam geräumt wird.

rechts: Friedrich der Große reitet Ende des Jahres wieder auf seinem Sockel Unter den Linden in Ostberlin. Das Mitte des 19. Jahrhunderts errichtete Denkmal war in den Fünfzigerjahren entfernt worden und hatte im Park von Sanssouci die Zeit überdauert, bis man sich nun auch in der DDR wieder auf preußische Traditionen besinnt.

Im Laufe des Jahres kommt es in der Bundesrepublik wiederholt zu Jugendprotesten, die oft in gewalttätigen Auseinandersetzungen mit der Polizei enden. Insbesondere an der Frage der Nutzung der Atomenergie sowie an dem sozialpolitisch brisanten, spekulativen Häuserleerstand in zahlreichen Großstädten entzünden sich die Konflikte. Die Motive vieler Protestierender liegen jedoch auch in der grundlegenden Ablehnung einer auf Leistungsprinzip und einengender Ordnung basierenden Gesellschaft, in der die soziale Kälte zunimmt. Spektakuläres Beispiel für den anhaltenden Protest gegen die Nutzung der Atomenergie ist die Besetzung eines Geländes bei Gorleben in Niedersachen, das eventuell als Atommüll-Deponie genutzt werden soll. Rund tausend Jugendliche errichten dort ein Hüttendorf und rufen im Mai 1980 die »Republik Freies Wendland« aus. Nach wenigen Wochen wird es unter massivem Polizeieinsatz geräumt. Auch gegen Hausbesetzer, die vor allem in Großstädten in leerstehende Mietshäuser einziehen, geht die Polizei oft mit großer Härte vor. Sie kann jedoch vorerst nicht verhindern, dass sich diese Szene weiter ausbreitet.

Aus Protest gegen den Einmarsch sowjetischer Truppen in Afghanistan im Vorjahr beschließen zahlreiche westliche Staaten, darunter auch die Bundesrepublik, einen Boykott der Olympischen Spiele in Moskau. Die deutsche Teilung manifestiert sich 1980 somit auch darin, dass in Moskau nur Sportler aus der DDR teilnehmen. TF

WAS SONST NOCH GESCHAH

1980

8. Januar | In den bundesdeutschen Kinos läuft der Dokumentarfilm »Ashram in Poona« über das 1974 gegründete indische Sektenzentrum an. Den von Wolfgang Dobrowolny, einem Anhänger der Bewegung, gedrehten Film sehen im ersten Monat bereits über 40.000 Zuschauer.

---

13. Februar | Bei den Winterspielen in Lake Placid in den USA erringen die Sportler aus der DDR in der Nationenwertung Platz 2 hinter der Sowjetunion.

---

19. März | Die vier im Bundestag vertretenen Parteien verpflichten sich im Hinblick auf die Bundestagswahl im Oktober zu einem fairen Wahlkampf. Vor allem die Kanzlerkandidatur Franz Josef Strauß' löst allerdings eine breite Protestbewegung aus.

---

6. April | In beiden deutschen Staaten wird erstmals seit dem Ende des Zweiten Weltkriegs wieder die Sommerzeit eingeführt. Bis zum 28. September werden die Uhren um eine Stunde vorgestellt.

---

14. April | Für den Film »Die Blechtrommel« erhält der deutsche Regisseur Volker Schlöndorff bei der Oscar-Verleihung in Hollywood die Auszeichnung für den besten ausländischen Film.

6. Mai | Bei einem Friedensfest, zu dem mehrere Gruppierungen aus Protest gegen die öffentliche Vereidigung von 1.200 Soldaten der Bundeswehr im Bremer Weserstadion aufgerufen haben, kommt es zu Auseinandersetzungen zwischen gewaltbereiten Demonstranten und der Polizei.

---

21. Mai | Das freitragende Dach der 1957 errichteten Kongresshalle im Westberliner Tiergarten stürzt überraschend ein. Als Ursache gilt Materialermüdung.

---

22. Juni | Mit einem 2:1-Sieg über Belgien wird die Mannschaft der Bundesrepublik unter Trainer Jupp Derwall in Rom Fußballeuropameister.

---

26. Juni | Angesichts des steigenden Drogenkonsums schreibt der Bundestag in einer Änderung des Betäubungsmittelgesetzes den Grundsatz »Therapie vor Strafe« fest.

Von dem zum »Spiel des Jahres 1980« prämierten »Zauberwürfel« werden in der Bundesrepublik etwa drei Millionen Exemplare verkauft.

---

2. Juli | Der Bundestag verabschiedet ein Gesetz zur Neuregelung des Asylverfahrens und hofft damit, den wachsenden Flüchtlingsstrom zu begrenzen. So soll ein einjähriges Arbeitsverbot für Asylbewerber sogenannte Wirtschaftsflüchtlinge abschrecken.

---

26. September | Bei einem Bombenanschlag vor dem Haupteingang des Münchner Oktoberfests werden 13 Menschen, darunter vier Kinder, getötet. Unter den Toten ist auch der Attentäter, ein Anhänger der rechtsextremistischen »Wehrsportgruppe Hoffmann«.

---

27. September | Ein Streik Westberliner Angestellter der von der DDR verwalteten Deutschen Reichsbahn in Westberlin wird nach zehn Tagen ergebnislos abgebrochen. Die Reichsbahn jedoch legt daraufhin die Hälfte des ihr unterstehenden 144,8 Kilometer langen S-Bahnnetzes in Westberlin still.

---

13. Oktober | Mitglieder der Umweltschutzorganisation »Greenpeace« versuchen in Nordenham den Tanker »Kronos« zu stoppen, um so das Versenken von Industriemüll in der Nordsee zu verhindern.

---

15. November | In Köln trifft Papst Johannes Paul II. zu einem fünftägigen Besuch in der Bundesrepublik ein. Er betont, dass er auch gekommen sei, um die ganze deutsche Nation zu ehren.

1981

Anti-AKW-Demonstration in Brokdorf

Demonstration gegen das Wettrüsten in Bonn

Vereidigung Richard von Weizsäckers zum Bundespräsidenten

Die Zeitschrift »Solidarność«

Das Hütttendorf der Startbahngegner in Frankfurt am Main wird abgerissen

von links nach rechts

Der Streit um die Nachrüstung und den sogenannten NATO-Doppel-Beschluss ist 1981 das beherrschende politische Thema in der Bundesrepublik. Die äußerst kontrovers geführten Debatten nehmen noch an Schärfe zu infolge der vom neuen US-Präsidenten Ronald Reagan geplanten Neutronenbombe. Gegenüber herkömmlichen Atomwaffen lässt sie Gebäude weitgehend unzerstört, vernichtet jedoch durch erhöhte Strahlung alles Leben im weiten Umkreis der Abwurfstelle. Im Oktober versammeln sich im Bonner Hofgarten rund 300.000 Teilnehmer zur bislang größten Demonstration für Frieden und Abrüstung in der Bundesrepublik. Die westdeutsche Friedensbewegung belegt damit eindrucksvoll ihre gewachsene Stärke und gesellschaftliche Bedeutung. Ihre Hauptforderung ist die Rücknahme des NATO-Doppel-Beschlusses von 1979, der die Stationierung auch atomar bestückter Mittelstreckenraketen in Mittel- und Westeuropa vorsieht, sollte die Sowjetunion nicht ihrerseits Mittelstreckenraketen vom Typ SS 20 aus der DDR, Polen und anderen Ostblockstaaten zurückziehen. Zugleich – deshalb die Bezeichnung »Doppel-Beschluss« – bietet die NATO der Sowjetunion Abrüstungsgespräche an. Die Friedensbewegung und mit ihr große Teile der Bevölkerung fürchten, dass bei fortdauerndem Wettrüsten ganz Mitteleuropa zu einem atomaren Schlachtfeld werden könnte.

In der DDR steht das atomare Wettrüsten ebenfalls im Brennpunkt der Berichterstattung und politischen Meinungsbildung, allerdings sehen Regierung

Bundeskanzler Helmut Schmidt (l.) und der Staatsratsvorsitzende der DDR, Erich Honecker, im Park des Gästehauses des Staatsrates am Döllnsee in der DDR. Zu den deutsch-deutschen Gesprächen im Schloss Hubertusstock am Werbellinsee ist Kanzler Schmidt im Dezember drei Tage zu Gast in der DDR.

und offizielle Medien die Schuldigen ausschließlich im Westen. Dagegen verweisen die Anhänger der Friedensbewegung in der DDR auf die Mitverantwortung der DDR-Regierung und ihrer Verbündeten. Der Staat reagiert auf solche Äußerungen mit Repressalien, weshalb die Auseinandersetzung darüber auf den privaten Kreis oder den der Kirche beschränkt bleibt. Eine der seltenen Ausnahmen sind die kritischen Positionen zur Rüstungspolitik in West und Ost, die bei einem Treffen ost- und westdeutscher Schriftsteller und Wissenschaftler im Dezember 1981 in Ostberlin geäußert werden.

Ungeachtet des anhaltenden Rüstungswettlaufs bemühen sich Bonn und Ostberlin verstärkt um Entspannung. Dabei spielt nicht zuletzt das Interesse der DDR an einem Ausbau der Wirtschaftsbeziehungen mit der Bundesrepublik eine Rolle, denn die ökonomische Lage der DDR verschlechtert sich zunehmend. Die DDR-Bürger bekommen das durch wachsende Versorgungsmängel, aber auch durch den rapiden Verfall der Bausubstanz in den Städten direkt zu spüren. Im Dezember 1981 findet am Werbellinsee in der DDR das mehrmals verschobene Treffen zwischen Bundeskanzler Helmut Schmidt und DDR-Staats- und Parteichef Erich Honecker statt, bei dem u. a. die Intensivierung des innerdeutschen Warenaustausches vereinbart wird. Überschattet wird das Treffen von der Entwicklung in Polen, wo das Kriegsrecht verhängt wird und das kommunistische Regime die unabhängige Gewerkschaft »Solidarność« verbietet.

links: Blick auf den Platz vor der Universität in Bonn am 10. Oktober. Über 300.000 Menschen aus der Bundesrepublik nehmen an der größten Friedensdemonstration seit Bestehen der Bundesrepublik teil. Unter dem Motto »Für Abrüstung und Entspannung in Europa« fordern sie ein Ende des Wettrüstens.

rechts: Mit einem Bulldozer durchbricht die Polizei das Tor eines besetzten Hauses im Westberliner Bezirk Kreuzberg. Die Auseinandersetzungen zwischen Hausbesetzern und der Polizei eskalieren in Westberlin im August/September, als der Senat rigoros die Räumungen durchführen lässt.

Neben den Aktionen der Friedensbewegung sorgen in der Bundesrepublik anhaltende sozialpolitische Probleme – so z. B. spekulativer Wohnungsleerstand bei steigenden Mieten – für politischen Zündstoff. Insbesondere kommt es im Zusammenhang mit Hausbesetzungen in den Großstädten zu gewaltsamen Zusammenstößen mit der Polizei, die in Westberlin im September 1981 ein Todesopfer unter den Demonstranten fordern. Auch die Proteste gegen die Startbahn West am Flughafen Frankfurt am Main sind von heftigen Auseinandersetzungen zwischen Demonstranten und der Polizei begleitet.

Die wirtschaftliche Lage in der Bundesrepublik gibt 1981 Anlass zur Besorgnis. Infolge der zweiten Ölkrise von 1979/80 mit sprunghaft gestiegenen Ölpreisen und einer weltweiten Stagnation steigt die Zahl der Arbeitslosen auf rund 1,2 Millionen an; dies entspricht einer Arbeitslosenquote von 5,5 %. Gleichzeitig beschleunigt sich die Inflation. In der sozial-liberalen Koalition nehmen die Differenzen über notwendige Maßnahmen zur Bekämpfung der Krise zu. Während große Teile der SPD für ein Konjunkturprogramm und verstärkte Investitionen der öffentlichen Hand eintreten, fordert die FDP u. a. Einsparungen bei den Sozialausgaben zum Abbau der Neuverschuldung und auch Steuersenkungen für Unternehmen. Insbesondere bei den Haushaltsberatungen für den Etat 1982 zeichnet sich eine weitere Vertiefung der wirtschaftspolitischen Gräben zwischen den Koalitionspartnern ab. TF

WAS SONST NOCH GESCHAH

1981

1. Januar | ARD und ZDF starten ein gemeinsames Vormittagsprogramm. Ab 10 Uhr werden für zwei Stunden neben Nachrichten vorwiegend Wiederholungen vom Vorabend gesendet.

15. Januar | Der Westberliner Regierende Bürgermeister Dietrich Stobbe (SPD) gibt den Rücktritt des SPD-FDP-Senats bekannt. Ursache ist der sogenannte Garski-Skandal um den Konkurs der Baufirma des Architekten Dietrich Garski, für den der Senat eine Landesbürgschaft in Höhe von 115 Millionen D-Mark übernommen hatte. Stobbes Nachfolger wird Bundesjustizminister Hans-Jochen Vogel.

9. Februar | Neuer Ständiger Vertreter der Bundesrepublik in der DDR wird Klaus Bölling, der die Nachfolge von Günter Gaus übernimmt.

13. Februar | An acht Abenden gastiert die britische Rockgruppe »Pink Floyd« mit ihrer aufwendig inszenierten Bühnenshow »The Wall« in Dortmund. Die Aufführung wird vom Publikum und von den Kritikern als größtes Musikereignis des Jahres frenetisch gefeiert.

28. Februar | Etwa 100.000 Kernkraftgegner versammeln sich in der Wilstermarsch zu einer Demonstration gegen den Bau des Atomkraftwerks Brokdorf, dessen 1977 angeordneter Baustopp am 22. Januar wieder aufgehoben wurde.

6. März | Im Saal des Lübecker Schwurgerichts erschießt Marianne Bachmeier während der Verhandlung den angeklagten mutmaßlichen Mörder ihrer Tochter; die Tat wird von vielen Menschen mit Verständnis aufgenommen.

10. Mai | Bei den vorgezogenen Neuwahlen in Westberlin müssen die Regierungsparteien SPD und FDP erhebliche Stimmenverluste hinnehmen. Richard von Weizsäcker wird neuer Regierender Bürgermeister einer CDU-Minderheitenregierung.

28. Juni | In dem Fernsehkrimi »Duisburg-Ruhrort« der ARD-Reihe »Tatort« ermittelt zum ersten Mal der Fernsehkommissar Horst Schimanski alias Götz George.

30. Juni | Das Erste Deutsche Fernsehen beginnt mit der Ausstrahlung der US-amerikanischen Serie »Dallas«.

28. August | In Frankfurt am Main wird das im Zweiten Weltkrieg zerstörte Operngebäude nach sorgfältiger Restaurierung wiedereröffnet.

1. September | Mit Beginn der neuen Spielzeit zieht die Berliner Schaubühne mit seinem Intendanten Peter Stein in ihr neues Gebäude am Kurfürstendamm. Für 80 Millionen D-Mark wurde das ehemalige Kino am Lehniner Platz für das Ensemble umgebaut.

6. September | Auf den Filmfestspielen von Venedig erhält der deutsche Film »Die bleierne Zeit« den Goldenen Löwen. Thema des Films von Margarethe von Trotta ist das Schicksal der Terroristin Gudrun Ensslin.

8. Oktober | In Leipzig wird das neue Gewandhaus eingeweiht; das Eröffnungskonzert dirigiert Kurt Masur.

14. November | Nach einer friedlich verlaufenden Massendemonstration in Wiesbaden gegen den Bau der Startbahn West des Frankfurter Flughafens kommt es tags darauf zu gewalttätigen Ausschreitungen, als Demonstranten die Zufahrten zum Flughafen blockieren und versuchen, den Bauzaun niederzureißen.

25. November | Der Erzbischof von München und Freising, Kardinal Josef Ratzinger, wird von Papst Johannes Paul II. zum Präfekten der vatikanischen Heiligen Kongregation für die Glaubenslehre ernannt.

1982

»E.T.« wird zum Kassenschlager in den deutschen Kinos

Präsident Mitterrand und Kanzler Schmidt auf dem 8. Weltwirtschaftsgipfel in Versailles

Willy Brandt gratuliert dem neuen Kanzler

Peep-Shows werden verboten

Zwei Millionen Arbeitslose in der Bundesrepublik

von links nach rechts

Im September/Oktober 1982 erlebt die Bundesrepublik Deutschland einen politischen Machtwechsel. Nach 13 Jahren zerbricht die Regierungskoalition aus SPD und FDP an gegensätzlichen Auffassungen in der Wirtschaftspolitik. Die vier FDP-Minister treten am 17. September zurück. Zum neuen Bundeskanzler und Nachfolger von Helmut Schmidt wird am 1. Oktober durch ein konstruktives Misstrauensvotum der CDU-Vorsitzende Helmut Kohl gewählt.

Mitte Oktober stellt Kohl sein Kabinett vor, dem wiederum vier FDP-Minister angehören. FDP-Chef Hans-Dietrich Genscher behält das Amt des Außenministers ebenso wie Graf Lambsdorff die Leitung des Wirtschaftsministeriums. Allerdings strebt Kohl möglichst baldige Neuwahlen an und stellt darum im Dezember die Vertrauensfrage. Da er aufgrund vorher vereinbarter Stimmenthaltung der meisten Unions- und FDP-Abgeordneten die Mehrheit verfehlt, ist der Weg frei für vorgezogene Bundestagswahlen im März 1983. Gegen dieses Verfahren werden zwar politische und verfassungsrechtliche Bedenken geltend gemacht, die jedoch nicht zum Tragen kommen. Bei den Wahlen im März 1983 erringt die konservativ-liberale Koalition eine deutliche Mehrheit.

Die westdeutsche Wirtschaft steckt 1982 in einer schweren Krise. Das Bruttoinlandsprodukt sinkt um 0,9 %, während die Zahl der Arbeitslosen erstmals seit Anfang der Fünfzigerjahre wieder auf mehr als zwei Millionen steigt und die Konsumenten wegen der hohen Inflation – rund 5,2 % – einen deutlichen Kauf-

Nach einem gegen Helmut Schmidt gerichteten konstruktiven Misstrauensvotum wird am 10. Oktober der CDU-Politiker Helmut Kohl (r.) zum neuen Kanzler der Bundesrepublik gewählt, hier kurz nach seiner Vereidigung im Bonner Bundestag.

kraftverlust hinnehmen müssen. Als Folge der Krise steigt die Zahl der Konkursverfahren und Insolvenzen mit mehr als 15.000 auf einen Rekordwert. Spektakulärster Fall ist der des Traditionsunternehmens AEG, dessen Zusammenbruch im Sommer 1982 nur durch ein Vergleichsverfahren abgewendet werden kann. Auch andere Traditionsfirmen wie Bauknecht (Haushaltsgeräte) und Pelikan (Büroartikel) müssen in diesem Jahr Insolvenz anmelden.

Währenddessen werden die westdeutschen Gewerkschaften von einem Skandal um das gewerkschaftseigene Wohnungsbauunternehmen »Neue Heimat« erschüttert. Laut Presseberichten haben sich führende Gewerkschafter des DGB bei der »Neuen Heimat« persönlich bereichert und das Unternehmen tief in die roten Zahlen gebracht. Die DGB-Führung fürchtet einen großen Image-Schaden und trennt sich von mehreren Vorstandsmitgliedern der »Neuen Heimat«.

Kurz nach Bekanntwerden des Neue-Heimat-Skandals im Februar 1982 bringt das Nachrichtenmagazin »Der Spiegel« eine weitere Affäre ins Rollen. Dabei wird der Verdacht geäußert, dass der Flick-Konzern durch gezielte Parteispenden jahrelang versucht habe, Einfluss auf die Politik der Bundesregierung zu nehmen. Der Vorwurf der Bestechung kann zwar nicht erhärtet werden, doch werden 1987 führende Politiker, darunter Wirtschaftsminister Lambsdorff, wegen illegaler Parteispendenpraxis und Steuervergehen zu Geldstrafen verurteilt.

links: Anlässlich des Besuchs von US-Präsident Ronald Reagan in Westberlin am 10. Juni kommt es zu gewalttätigen Auseinandersetzungen zwischen der Polizei und Gegnern der Reagan-Politik. Weite Teile der Innenstadt werden abgesperrt.

rechts: Passend zur weltweiten Friedensbewegung erobert die 17-jährige Schlagersängerin Nicole mit ihrem Lied »Ein bisschen Frieden« die Charts. Am 24. April gewinnt sie damit den Eurovision Song Contest in Harrogate.

Zu den beherrschenden Themen sowohl in der Bundesrepublik als auch in der DDR zählen 1982 wie auch schon im Vorjahr die Probleme der Friedenssicherung und das Wettrüsten, wobei sich die unabhängige Friedensbewegung in der DDR trotz staatlicher Repressionen immer deutlicher artikuliert. Zentrale Ereignisse sind hier der im Januar veröffentlichte »Berliner Appell« regimekritischer Aktivisten, dessen Parole »Frieden schaffen ohne Waffen« sehr rasch Verbreitung findet, sowie das im Februar 1982 veranstaltete »Forum Frieden« in Dresden. Rund 5.000 Jugendliche fordern dort eine Abkehr von Militarisierungstendenzen in der DDR-Gesellschaft und konkrete Abrüstungsschritte in Ost und West. Immer mehr DDR-Jugendliche geben ihre Zugehörigkeit zur unabhängigen Friedensbewegung durch einen Aufnäher mit dem Bibel-Zitat »Schwerter zu Pflugscharen« zu erkennen.

Währenddessen verschlechtert sich die ökonomische Situation in der DDR zusehends. Die Versorgungslücken und häufigen Produktionsausfälle aufgrund von Materialmangel widersprechen den von der SED veröffentlichten Zahlen, die ein dynamisches Wachstum der DDR-Wirtschaft suggerieren. Tatsächlich aber ist das Finanzsystem der DDR 1982 bereits so marode, dass ein völliger Zusammenbruch im Folgejahr nur durch einen Milliarden-Kredit der Bundesrepublik – vermittelt ausgerechnet durch Franz Josef Strauß – verhindert werden kann. TF

WAS SONST NOCH GESCHAH

1982

10. Januar | Der Verzicht auf Tausalz aus Gründen des Umweltschutzes führt nach heftigen Schneefällen zu chaotischen Verhältnissen auf den Straßen der Bundesrepublik.

12. Januar | Das Bundesverwaltungsgericht in Westberlin untersagt die Einrichtung neuer Peep-Shows, weil sie gegen die guten Sitten verstießen und die Menschenwürde verletzten.

13. Februar | Anlässlich des 37. Jahrestages der Zerstörung Dresdens durch alliierte Luftangriffe versammeln sich etwa 5.000 Menschen, zumeist Jugendliche, in der Dresdner Kreuzkirche zu einem Friedensforum. Von der DDR-Regierung fordern sie unter anderem die Einführung eines zivilen Wehrersatzdienstes.

7. März | Mit ihren Kuttern blockieren Elbfischer über neun Stunden den Schiffsanleger des Chemiekonzerns Dow Chemical in Stade, um gegen die Einleitung giftiger Abwässer in die Elbe zu protestieren.

22. März | Anlässlich des 150. Todestages von Johann Wolfgang von Goethe finden in der Bundesrepublik und in der DDR zahlreiche Festveranstaltungen und Theateraufführungen statt. An der Westberliner Freien Volksbühne inszeniert Klaus Michael Grüber Goethes »Faust« mit Bernhard Minetti in der Titelrolle.

16. April | In Erlangen wird das erste deutsche, außerhalb des Mutterleibs gezeugte »Retorten-Baby« geboren.

1. Mai | Mit prominenten Gästen wie dem Geiger Yehudi Menuhin feiern die Berliner Philharmoniker mit ihrem Dirigenten Herbert von Karajan das 100-jährige Bestehen ihres Orchesters in der Berliner Philharmonie.

In der Rockmusik erlebt die Neue Deutsche Welle in diesem Jahr ihren kommerziellen Höhepunkt. Titel wie »Skandal im Sperrbezirk« von der Münchener Spider Murphy Gang, »Der Kommissar« von Falco, »Carbonara« von Spliff oder »Hurra, hurra, die Schule brennt« von Extrabreit stehen in den Hitlisten auf den ersten Plätzen.

24. Mai | Neuer Ständiger Vertreter der Bundesrepublik in der DDR wird Hans-Otto Bräutigam.

1. Juni | Seinen Abschied vom aktiven Fußballsport feiert Franz Beckenbauer im Hamburger Volksparkstadion.

11. Juli | Das Endspiel um die Fußballweltmeisterschaft in Madrid verliert die Mannschaft der Bundesrepublik 1:3 gegen Italien.

26. Juli | Das Rettungsschiff »Cap Anamur« kehrt zurück in den Hamburger Hafen. In den vergangenen drei Jahren hatte das Schiff im Chinesischen Meer über 9.500 vietnamesische Bootsflüchtlinge an Bord genommen und versorgt.

2. August | Bei den Schwimm-Weltmeisterschaften in Guayaquil erkämpft sich der 18-jährige Michael Groß aus Frankfurt am Main fünf Medaillen.

8. September | Beim 50. Filmfestival in Venedig erhält der deutsche Regisseur Wim Wenders für seinen Film »Der Stand der Dinge« den Goldenen Löwen.

11. September | Über 100 Künstler, darunter Joseph Beuys, Udo Lindenberg, André Heller, Curt Bois und Ulla Meinecke, treten ohne Gage auf dem Festival »Künstler für den Frieden« in Bochum auf, zu dem über 20.000 Zuschauer kommen.

20. November | Mit der Eröffnung des Grenzübergangs Gudow/Zarrentin wird das letzte Teilstück der Transitautobahn zwischen Westberlin und Hamburg freigegeben.

1983

Aerobic-Welle

Aufnäher »Schwerter zu Pflugscharen«

Die Grünen ziehen in den Bundestag ein

Der »Stern« präsentiert die Hitler-Tagebücher

Franz Josef Strauß bei Erich Honecker

von links nach rechts

Wie ein Schatten liegt die Angst vor dem Atomkrieg über dem Land. Dieser Stimmung verdanken die Grünen ihren Aufstieg. Bei der Bundestagswahl im März erreichen sie 5,6 % und ziehen unter demonstrativem Verstoß gegen die ungeschriebene Kleiderordnung in das Parlament ein. Damit sind dort zum ersten Mal seit 1957 wieder vier Fraktionen vertreten. Gewinner der Wahl ist Helmut Kohl. Seine Regierung aus CDU/CSU und FDP ist nun endgültig bestätigt. Der alte und neue Kanzler ist angetreten, den NATO-Doppelbeschluss zu verwirklichen, der nach dem Scheitern von Verhandlungen mit der Sowjetunion die Stationierung amerikanischer Pershing II-Atomraketen in Europa vorsieht. Die Debatte um den NATO-Doppelbeschluss wird zur Auseinandersetzung des Jahres.

Der größte Skandal des Jahres und der deutschen Pressegeschichte überhaupt ereignet sich nach dem 22. April, als der »Stern« erklärt, er sei im Besitz von Hitlers Tagebüchern. Laut Chefredakteur Robert Koch müssten große Teile der deutschen Geschichte umgeschrieben werden. Während führende internationale Historiker und Schriftexperten die Bücher für echt halten, stellt sich bei einer simplen chemischen Papieranalyse heraus, dass es sich um Fälschungen handelt. Bis zu diesem Zeitpunkt hatte der »Stern« bereits 9,34 Millionen DM für 62 Bände aus der Feder des Fälschers Konrad Kujau bezahlt.

Die nächste Sensation ereignet sich wenig später auf politischer Ebene. Nachdem die Bundesregierung die Bürgschaft für einen Milliardenkredit an die DDR

1983

Demonstrationen von Mitgliedern der DDR-Friedensbewegung vor der US-amerikanischen und der UdSSR-Botschaft gegen die Stationierung von Raketen mit Atomsprengköpfen in Mitteleuropa werden von der Volkspolizei aufgelöst.

übernommen hatte, macht sich ausgerechnet CSU-Parteichef Franz Josef Strauß am 24. Juli zu einem Besuch nach Ostdeutschland auf. Im Schloss Hubertusstock am Werbellinsee trifft er sich mit Erich Honecker, der ihm als Gegenleistung für das Geld eine Erleichterung des Grenzverkehrs und den Abbau der Selbstschussanlagen an der innerdeutschen Grenze verspricht.

In den Betrieben der DDR kommt dieses Geld nicht an. Die wirtschaftliche Misere wird stattdessen mit sogenannten Friedensschichten bekämpft. »Mein Arbeitsplatz, mein Kampfplatz für den Frieden« lautet die Losung. Die zunehmende Militarisierung der DDR und die sowjetischen SS-20-Atomraketen werden vom Staat als die »guten Waffen« gerechtfertigt, die lediglich dazu dienten, den Frieden zu verteidigen.

Aber auch in der DDR hat sich, unter dem Dach der evangelischen Kirche, eine Friedensbewegung gebildet. Ihr Symbol der »Schwerter zu Pflugscharen« spielt nicht nur auf ein biblisches Zitat, sondern geschickt auch auf den Titel einer Plastik an, welche die UdSSR der UNO einst zum Geschenk gemacht hatte. Dennoch werden zum Beispiel Aufnäher mit dem Slogan verboten; sie zu tragen kann zu Schul- und Universitätsverweisen führen. Auf dem evangelischen Kirchentag in Wittenberg am 24. September schmiedet Stefan Neu dann tatsächlich eine Pflugschar aus einem Schwert – aufgrund der anwesenden West-Journalisten greift die Staatsmacht nicht ein.

links: Auf dem Höhepunkt des von der Friedensbewegung erklärten »heißen Herbstes« gegen die Aufrüstung finden am 22. Oktober überall in der Bundesrepublik Demonstrationen und Kundgebungen statt. An der Menschenkette zwischen Ulm und Stuttgart nehmen allein 200.000 Menschen teil.

rechts: Begeistert wird Udo Lindenberg von seinen Fans in der DDR vor seinem Konzert in Ostberlin begrüßt. Zwar wurde Lindenbergs Song »Sonderzug nach Pankow« in der DDR verboten, dennoch darf er am 25. Oktober im Palast der Republik auf die Bühne.

Udo Lindenberg will ebenfalls etwas für den Weltfrieden und die deutsch-deutsche Beziehung tun. Sein Lied vom »Sonderzug nach Pankow« hat in der DDR den Status einer heimlichen Nationalhymne erreicht, weshalb er Erich Honecker darum bittet, im Palast der Republik auftreten zu dürfen. Am 20. Oktober findet dieses Konzert dann vor ausgewählten FDJ-Kadern statt, wobei das begehrteste Stück nicht gespielt werden darf. Dafür singt Lindenberg »Wozu sind Kriege da?«.

Währenddessen treiben im Westen die Auseinandersetzungen ihrem Höhepunkt zu. Über 500.000 Menschen folgen am 22. Oktober dem Aufruf, in Bonn gegen den NATO-Doppelbeschluss zu demonstrieren. Es ist die größte Kundgebung der Nachkriegsgeschichte, insgesamt sind mehr als 1,3 Millionen Protestierende an diesem Tag auf der Straße. Als am 22. November die entscheidende Debatte im Bundestag beginnt, versuchen mehrere zehntausend Menschen diesen zu blockieren. Helmut Kohl soll davon beeindruckt gewesen sein, heißt es später. Aber mit 296 zu 226 Stimmen entscheiden sich die Abgeordneten für die Stationierung der Atomraketen, die nur fünf Tage später am US-Stützpunkt Mutlangen auf der schwäbischen Alb beginnt. Mehr als hundert Pershing-II-Raketen werden im Lande aufgestellt. Die großen Demonstrationen waren umsonst, und zum Jahresende verliert die Friedensbewegung massiv an Unterstützung. Nur wenige halten in Mutlangen die Mahnwache aufrecht. FS

WAS SONST NOCH GESCHAH

1983

15. Januar | Nach 53 Jahren endet das staatliche Zündwarenmonopol. Die Einheits-»Welthölzer« in ihrer blau-weißen Packung mit roten Streichholzköpfen werden künftig seltener. Die Streichholzschachteln aber sehen künftig bunter aus.

21. Januar | Nach der Auflösung des Bundestages am 7. Januar infolge des gelungenen, von Helmut Kohl gewollten Misstrauensvotums wählt die SPD auf ihrem Parteitag in Dortmund Hans-Jochen Vogel zum Kanzlerkandidaten.

1. Februar | In Potsdam wird im Gebäude des einstigen Marstalls ein Filmmuseum der DDR eröffnet.

23. Februar | Die Bundesregierung gibt eine Großfeuerungsanlagen-Verordnung (GAV) mit Richtlinien für die Schadstoffabgabe von Kraftwerken heraus. Der hohe Schwefelgehalt in den Abgasen ist die Ursache des sauren Regens, der für das Waldsterben verantwortlich gemacht wird.

6. März | Bei den vorgezogenen Wahlen zum zehnten Bundestag erringen die Unionsparteien mit einem Stimmenanteil von 48,8 % einen eindeutigen Sieg; Kanzler wird am 29. März Helmut Kohl.

13. April | Das Bundesverfassungsgericht erlässt eine einstweilige Verfügung gegen die am 27. April geplante Volkszählung in der Bundesrepublik.

21. April | Im Jahr des 500. Geburtstages von Martin Luther am 10. November wird die Wartburg bei Eisenach nach dem Abschluss aufwendiger Restaurierungsarbeiten in Anwesenheit führender DDR-Politiker wiedereröffnet.

26. April | Mit dem Beschluss, sowohl den Schnellen Brüter in Kalkar als auch den Hochtemperaturreaktor in Uentrop-Schmehausen betriebsbereit zu machen, führt die neue Bundesregierung eine Wende in der Energiepolitik durch: Die Kernenergie soll konsequent ausgebaut werden.

12. Juli | Auf der Nordseeinsel Pellworm wird das größte europäische Sonnenzellen-Kraftwerk in Betrieb genommen. Es verfügt über 300.000 Siliziumplatten.

1. September | Mitglieder der Friedensbewegung, darunter prominente Persönlichkeiten wie der Schriftsteller Heinrich Böll, blockieren drei Tage lang die Zufahrtswege zum US-Militärdepot in Mutlangen und zum US-Militärflughafen Bitburg.

11. September | Auf der in Westberlin beginnenden Funkausstellung gilt das Interesse der Besucher vor allem der neu entwickelten Compact Disc (CD), die der Schallplatte in der Tonqualität deutlich überlegen sein soll.

5. Oktober | Gegenüber österreichischen Journalisten in Ostberlin kündigt Erich Honecker den Abbau der Selbstschussanlagen an der innerdeutschen Grenze an.

November | Amerikas Mega-Star Michael Jackson produziert einen Video-Clip zum Titelsong seiner bisher erfolgreichsten LP, »Thriller«. Sie wird in allen westeuropäischen Ländern zum absoluten Hit; bis Ende 1984 verkaufen sich weltweit 40 Millionen Platten.

27. November | In München wird von Franz Schönhuber und ehemaligen Mitgliedern der CSU die Partei der »Republikaner« gegründet. Sie bezeichnet sich als »rechts von der Mitte«, »patriotisch« und »konservativ-liberal«.

21. Dezember | Nach 12-jähriger Bauzeit werden im neuen hochmodernen Aachener Großkrankenhaus die ersten Patienten aufgenommen. Der riesige Gebäudekomplex mit einer Nutzfläche von 20 Fußballfeldern ist für 1.500 Betten geplant.

1984

35-Jahr-Feier der DDR

Einführung der Gurtpflicht

Kalter Sommer

Rücktritt Otto Graf Lambsdorffs

Helmut Kohl und Erich Honecker in Moskau

von links nach rechts

Als die XXIII. Olympischen Sommerspiele in Los Angeles am 12. August zu Ende gehen, zeigt der Medaillenspiegel ein ungewohntes Bild: Nach dem Gastgeber USA und nach Rumänien belegt die Mannschaft der Bundesrepublik (17 Gold-, 19 Silber-, 23 Bronzemedaillen) einen außergewöhnlichen dritten Platz. Ein Grund: Die Sowjetunion und 13 verbündete Staaten, darunter die DDR, sind den Wettkämpfen unter Verweis auf »mangelhafte Sicherheitsvorkehrungen« ferngeblieben – eine Replik auf den Boykott der Olympischen Spiele 1980 in Moskau durch den Westen, damals mit der sowjetischen Invasion in Afghanistan begründet.

Das Muskelspiel um Olympia ist ein Ausdruck der anhaltenden Konfrontation zwischen den beiden Systemen, die die Weltpolitik auch ein Jahr vor dem Amtsantritt Michail Gorbatschows beherrscht. Nach dem Tod Juri Andropows im Februar enttäuscht das Moskauer Politbüro die Hoffnungen auf ein Tauwetter und installiert den Hardliner Konstantin Tschernenko an der Parteispitze. Zeichen der Versöhnung werden allenfalls innerhalb der Machtblöcke gesetzt: Bei einer Gedenkfeier für die Toten beider Weltkriege auf dem Soldatenfriedhof von Verdun am 22. September halten der französische Staatspräsident François Mitterrand und Bundeskanzler Helmut Kohl einander die Hand – Symbol erfolgreicher deutsch-französischer Annäherung. Richard von Weizsäcker (CDU), der am 23. Juni 1984 mit den Stimmen von CDU, SPD und FDP zum sechsten

1984

Ein Bild, das um die Welt geht und von der endgültigen Aussöhnung der einstigen Erzfeinde Deutschland und Frankreich kündet: Bei der Gedenkveranstaltung für die Gefallenen des Ersten Weltkriegs auf dem Soldatenfriedhof von Douaumont bei Verdun verharren Bundeskanzler Helmut Kohl und Frankreichs Staatspräsident François Mitterrand während des Abspielens der Nationalhymnen Hand in Hand.

Präsidenten der Bundesrepublik Deutschland gewählt wird, übernimmt in den kommenden Jahren eine wichtige Rolle im fortgesetzten Aussöhnungsprozess mit den europäischen Nachbarn.

Der Dauerfrost zwischen den Supermächten gefährdet indes das Tauwetter zwischen der Bundesrepublik und der DDR, deren Führung aufgrund ökonomischer Zwänge eine Politik der Normalisierung betreibt. Die Frage, ob Honecker die Bundesrepublik besuchen wird, ist das beherrschende Thema des Bonner Sommerlochs. Bereits am Rande der Trauerfeierlichkeiten für Andropow waren Kohl und Honecker in Moskau zusammengetroffen. Nun stehen protokollarische Probleme zur Debatte, da Honecker als Repräsentant eines von der Bundesrepublik nicht anerkannten Staates empfangen werden müsste. Am 4. September verschiebt die DDR die Visite auf unbestimmte Zeit, da der Stil der Diskussion um den Honecker-Besuch zwischen souveränen Staaten »absolut unüblich« sei.

Tatsächlich aber ist die DDR-Parteiführung kurz zuvor nach Moskau einbestellt worden, wo Kremlchef Tschernenko persönlich Honecker die Absage nahegelegt hat. In scharfer Form weisen die Sowjets die von Honecker gegenüber westlichen Politikern geprägte Formel einer »Koalition der Vernunft« zurück. Sie würde von denjenigen benutzt, »die versuchen, ihre Politik zu tarnen, die Menschen durch Phrasen ohne Klassensinn zu täuschen.« Außerdem werden

links: Nach den Olympischen Winterspielen in Sarajevo empfängt Erich Honecker am 26. April die »Verdienten Sportler der DDR«. Katarina Witt (l.) erringt 1984 nicht nur die Goldmedaille in Sarajevo, sondern auch jeweils Platz 1 bei der Welt- und der Europameisterschaft im Eiskunstlauf.

rechts: Immer wieder kommt es in der Bundesrepublik zu Aktionen von Tierschützern gegen Tierversuche und Massentierhaltung. Am 22. Juli befreien »Autonome Tierschützer« Legehennen aus einer »Eierfabrik« in Sommerkahl bei Aschaffenburg.

die durch Kreditbürgschaften der Bundesrepublik entstandene finanzielle Abhängigkeit der DDR und die infolgedessen gewährten Reiseerleichterungen moniert.

In der DDR verschafft sich eine kleine, aber zunehmend aktive Opposition Gehör. Die Bürgerrechtlerinnen Bärbel Bohley und Ulrike Poppe, die am 12. Dezember 1983 aufgrund von Kontakten zu englischen Friedensgruppen verhaftet worden waren, treten zu Jahresbeginn in einen Hungerstreik, um ihre drohende Abschiebung in den Westen zu verhindern. Nach internationalen Protesten kommen sie am 24. Januar 1984 frei.

Indes versuchen immer mehr Menschen, die DDR über diplomatische Vertretungen des Westens zu verlassen – darunter Ingrid Berg, Nichte des DDR-Ministerpräsidenten Willi Stoph. Im Sommer wird die Ständige Vertretung der Bundesrepublik in Ostberlin wegen »Überfüllung« vorübergehend geschlossen. Auch wenn die DDR 1984 ca. 35.000 Anträge auf »ständige Ausreise« bewilligt (im Vorjahr 3.000) und an der innerdeutschen Grenze die letzten Selbstschussanlagen demontiert, bleiben Todesstreifen und Schießbefehl aufrechterhalten: Am 1. Dezember wird der 20-jährige Michael Schmidt bei dem Versuch, die Grenzanlagen an der Berliner Sektorengrenze zu überwinden, von Schüssen verletzt und verblutet ohne ärztliche Hilfe. Als Prämie erhalten die beiden Schützen 200 Mark, bemängelt wird der mit 52 Schuss hohe Munitionsverbrauch. RSC

WAS SONST NOCH GESCHAH

1984

1. Januar | In Ludwigshafen nimmt die erste Kabelfernsehanstalt mit teils öffentlich-rechtlichen, teils privaten Programmanbietern den Sendebetrieb auf; es ist der Beginn des Privatfernsehens in der Bundesrepublik. Beteiligt ist die Programmgesellschaft für Kabel- und Satellitenfunk, aus der 1985 Sat.1 wird. Einen Tag später sendet von Luxemburg aus auch RTL plus. Wirtschaftlichen Erfolg erreichen die Privatsender erst zu Beginn der Neunzigerjahre.

13. Januar | Die Kölner Musikgruppe »BAP« sagt ihr Konzert bei der Veranstaltung »Rock für den Frieden« im Ostberliner Palast der Republik kurzfristig ab, da sie sich nicht auf eine von der FDJ vorgeschriebene Programmänderung einlassen will.

8. Februar | In Hamburg bestätigt sich der Verdacht, dass die Abfallhalde Georgswerder im Stadtteil Wilhelmsburg mit hochgiftigem Dioxin verseucht ist. Einer der Verursacher ist das Chemieunternehmen Boehringer, das deshalb am 20. Juni seine Hamburger Fabrik schließen muss.

9. Februar | Der frühere Generalmajor der Bundeswehr und Bundestagsabgeordnete der Grünen, Gert Bastian, gibt den Austritt aus der Fraktion bekannt, da diese seine Änderungsvorschläge für die Abgeordnetenarbeit nicht akzeptiert.

Nach dem Wechsel Richard von Weizsäckers nach Bonn übernimmt Eberhard Diepgen (CDU) dessen Nachfolge als Regierender Bürgermeister von Westberlin.

19. Februar | Bei den Olympischen Winterspielen in Sarajevo erreicht die Mannschaft der DDR in der Nationenwertung vor der Sowjetunion und den USA Platz 1.

23. Februar | In Wolfsburg wird den Vertretern der Medien die neue Automatenstraße für die »Golf«-Produktion vorgestellt. Es ist die modernste Montagetechnik weltweit.

14. März | Durch ein Großfeuer brennt das IKEA-Kaufhaus in Wallau bei Frankfurt am Main aus. Die Behörden vermuten Brandstiftung aus politischen Motiven, da das Unternehmen in Flugblättern mehrfach wegen seiner Produktion von Billigmöbeln im Ostblock und in Haftanstalten angegriffen wurde.

27. April | In Ostberlin weiht Erich Honecker den neuen »Friedrichstadtpalast« ein. Das Gebäude ist Teil eines umfangreichen Wiederaufbauprogramms der Friedrichstraße, die zu einem glanzvollen Boulevard der sozialistischen Hauptstadt werden soll.

23. Mai | Die Bundesversammlung wählt Richard von Weizsäcker (CDU) zum achten Präsidenten der Bundesrepublik.

27. Juni | Die ständige Vertretung der Bundesrepublik in Ostberlin wird vorübergehend geschlossen, da sich im Gebäude über 50 ausreisewillige DDR-Bürger aufhalten und eine Arbeit deshalb nicht mehr möglich ist.

1. August | Verstöße gegen die schon seit 1972 bestehende Anschnallpflicht für Autofahrer in der Bundesrepublik werden von nun an mit Geldbußen bestraft.

1. Oktober | Am Ostberliner Platz der Akademie (heute wieder Gendarmenmarkt) wird das von Karl Friedrich Schinkel gebaute, im Zweiten Weltkrieg zerstörte Schauspielhaus (heute Konzerthaus Berlin) feierlich eröffnet.

25. Oktober | Im Zusammenhang mit der Flick-Spendenaffäre erklärt Bundestagspräsident Rainer Barzel (CDU) seinen Rücktritt. Er steht in dem Verdacht, als Berater für den Flick-Konzern in die Affäre verwickelt gewesen zu sein.

1985

Agentenaustausch auf der Glienicker Brücke

Smogalarm im Ruhrgebiet

Sprengung der Versöhnungskirche auf dem Mauerstreifen

Bundespräsident Richard von Weizsäcker

Erich Honecker zur Audienz bei Papst Johannes Paul II.

von links nach rechts

Immer mehr DDR-Bürger erleben die Grenzen ihres Landes als unzumutbare Beschränkung. Nachdem im Vorjahr über 35.000 von ihnen legal in die Bundesrepublik übersiedelten, verlassen 1985 noch einmal 18.000 das Land. Auf den so entstehenden politischen und vor allem wirtschaftlichen Druck durch fehlende Arbeitskräfte reagiert die Partei- und Staatsführung mit einer zentralen Weisung, die sowohl den Kreis der Anspruchsberechtigten als auch den Umfang der Reiseanlässe wesentlich erweitert. Besuche in dringenden Familienangelegenheiten können jetzt auch ohne die Angabe »anspruchsbegründender Verwandtschaftsverhältnisse« beantragt werden. Da die Weisung zunächst »großzügig« ausgelegt wird, sind es über 139.000 DDR-Bürger, die in den Westen fahren können. Dennoch bleibt die Zahl junger Ausreisewilliger unverändert hoch. Zehntausende von Anträgen werden weiterhin abgelehnt. Das führt zu einer massiv wachsenden Unzufriedenheit in der DDR-Bevölkerung.

Die DDR-Führung versucht, die zunehmenden wirtschaftlichen Probleme vor allem durch außenpolitische Aktivitäten in der Beziehung zur Bundesrepublik zu kompensieren. Erich Honecker und Helmut Kohl treffen sich in Moskau am Rande der Trauerfeierlichkeiten für den verstorbenen Generalsekretär der KPdSU, Konstantin Tschernenko. Die Reformpolitik seines Nachfolgers, Michail Gorbatschow, stößt in der SED-Parteiführung auf großes Misstrauen. Bei der DDR-Bevölkerung hingegen weckt sie Hoffnung auf einen politischen und ge-

Bayerns Ministerpräsident Franz Josef Strauß wird auf dem Leipziger Flughafen vom Leiter der DDR-Gesellschaft KoKo (Kommerzielle Koordinierung), Alexander Schalck-Golodkowski, begrüßt. Am Rande der Leipziger Messe, die vom 1. bis 5. September stattfindet, wird Strauß auch mit Erich Honecker zusammentreffen.

sellschaftlichen Wandel. Auch viele Parteimitglieder der SED begreifen das von Gorbatschow vertretene Konzept »Glasnost« (Offenheit) und »Perestroika« (Umgestaltung) als Chance einer Demokratisierung des realen Sozialismus.

Auf internationaler Ebene beginnt mit Gorbatschow eine neue Phase der Entspannung und der Abrüstungsverhandlungen. Moskau schlägt ein internationales Abkommen über die Nichtmilitarisierung des Weltraums vor und regt die Zusammenarbeit bei der Erforschung des Weltraums an. Die sowjetische Regierungszeitung »Iswestija« veröffentlicht zum ersten Mal seit 1961 ein Interview mit einem US-Präsidenten, mit Ronald Reagan. Nur zwei Wochen später, am 19. November, treffen sich Reagan und Gorbatschow in Genf – Start für zahlreiche Begegnungen in den Folgejahren.

Währenddessen unternimmt Erich Honecker Bemühungen, seinen für 1984 geplanten, aber von Moskau verhinderten Staatsbesuch in Bonn nachzuholen. Die Zusammenkunft von Altbundeskanzler Helmut Schmidt und Erich Honecker bei einer Aufführung des »Freischütz« anlässlich der Eröffnung der wieder aufgebauten Semper-Oper in Dresden bietet der DDR-Führung eine willkommene Gelegenheit, ihre Beziehungen zur Bundesrepublik als normalisiert auszuweisen. Als weiterer Beleg dafür gelten Auftritte wie der der Kabarettisten Dieter Hildebrandt und Werner Schneyder in Leipzig oder die Wiedereinrichtung des Korrespondentenbüros des »Spiegel« in Ostberlin. Willy Brandt lässt

links: Nicht zuletzt durch immer neue Hiobsbotschaften über das Waldsterben wächst die Grüne Partei. Im Juni demonstrieren Mitglieder der Gruppe »Robin Wood« an der innerdeutschen Grenze gegen die Kraftwerke in Buschhaus (BRD) und Harbke (DDR).

rechts: Nach den Landtagswahlen 1983 in Hessen regierte Ministerpräsident Holger Börner (l.) zunächst mit Duldung der Grünen, bis 1985 eine rot-grüne Koalition zustande kommt. Joschka Fischer, nunmehr verantwortlich für das Umweltressort, übernimmt als erster aus der Partei der Grünen in der Bundesrepublik ein Ministeramt. Die Turnschuhe, die er bei seiner Vereidigung trug, sind heute im Ledermuseum Offenbach zu besichtigen.

sich von Erich Honecker für drei Tage in die DDR einladen. Später berichtet er: »Die Distanz zu Gorbatschows Sowjetunion trieb Honeckers DDR noch weiter in die Arme der Bundesrepublik, als die ökonomischen Nöte es ohnehin geboten sein ließen. Als sich am 19. September 1985 das Mittagessen im Staatsratsgebäude dem Ende zuneigte, stand Honecker entschlossen auf, […] öffnete umständlich eine Schranktür, holte eine Flasche heraus (es war sonst nichts drin) und stellte sie in die Mitte des Tisches, mit Nachdruck und dem Ausspruch: Wir gehen den deutschen Weg. Bei der Flasche handelte es sich um einen Wodka der Marke Gorbatschow.«

Von der Öffentlichkeit kaum wahrgenommen, treffen sich DDR-Devisenbeschaffer Alexander Schalck-Golodkowski und Franz Josef Strauß. Nach den zwei Milliardenkrediten von 1983 und 1984 wird nun ein zinsloser Überziehungskredit von 600 Millionen DM im innerdeutschen Handel (Swing) vereinbart. Die mündlich vereinbarte Gegenleistung besteht in der am 31. Juli abgeschlossenen Minenräumaktion an der innerdeutschen Grenze. Sogenannte Embargowaren wie Computertomografen und andere Spitzentechnologien gelangen durch diese besondere Form des innerdeutschen Handels in die DDR. Trotz der von Bonn bewilligten Anhebung der Postpauschale von 85 auf 200 Millionen D-Mark und einer Transitpauschale von 525 Millionen D-Mark steigt die Nettoverschuldung der DDR in diesem Jahr auf 30 Milliarden Valutamark. HO

WAS SONST NOCH GESCHAH

1985

18. Januar | Nach der Auslösung des Smog-Alarms Stufe III wird in einigen Städten des westlichen Ruhrgebiets der private Autoverkehr lahmgelegt, auch Kraftwerke müssen ihre Produktion drosseln.

25. Januar | Das Landgericht Frankfurt am Main verurteilt die beiden Neonazis Arnd-Heinz Marx und Michael Kühnen wegen der Verbreitung von NS-Propaganda zu mehrjährigen Haftstrafen.

28. Januar | Die auf dem sogenannten Todesstreifen der Berliner Mauer stehende Versöhnungskirche an der Bernauer Straße wird von Ostberliner Bautrupps gesprengt.

5. Februar | Gert Janssen von den Grünen erklärt, dass er zum 1. März aufgrund des in der Partei vereinbarten Rotationsprinzips, das den Kontakt mit der Basis garantieren soll, sein Bundestagsmandat niederlegen wird. Bis zum September folgen die übrigen Abgeordneten, bis auf Petra Kelly. Wie auch andere Grüne kritisiert sie das Rotationsprinzip, da infolge der kurzen Zeit keine vernünftige Parlamentsarbeit möglich sei.

13. Februar | Die feierliche Wiedereröffnung der im Krieg zerstörten Dresdener Semper-Oper, an denen Spitzenfunktionäre der DDR und hochrangige Gäste aus der Bundesrepublik teilnehmen, wird von den Fernsehanstalten beider deutscher Staaten übertragen.

23. Februar | Die Freien Demokraten wählen den Wirtschaftsminister Martin Bangemann zum neuen FDP-Vorsitzenden. Sein Vorgänger Hans-Dietrich Genscher hatte 1984 seinen Rücktritt angekündigt.

23. April | Während seines Staatsbesuchs in Italien trifft Erich Honecker auch mit Papst Johannes Paul II. zusammen.

8. Mai | Zum Gedenken an das Ende des Zweiten Weltkriegs vor 40 Jahren finden in der DDR und der Bundesrepublik zahlreiche Veranstaltungen statt. Bundespräsident Richard von Weizsäcker hält vor dem Bundestag eine vielbeachtete Rede, in der er von einem Tag der Befreiung vom Nationalsozialismus spricht und nicht nur – wie bisher in der bundesdeutschen Politik vielfach geschehen – von einer Niederlage der Deutschen.

12. Mai | Überragender Sieger bei den Landtagswahlen in Nordrhein-Westfalen ist Johannes Rau (SPD), der für seine Partei 52,1 % der Stimmen erhält.

25. Juni | Der saarländische Ministerpräsident Oskar Lafontaine (SPD) hebt den 1972 von den Bundesländern beschlossenen Radikalenerlass im Saarland auf.

28. Juni | Der Bundestag beschließt eine Änderung des Demonstrationsrechts, wonach das Tragen von »Schutzwaffen« gegen Gummiknüppel und Wasserwerfer sowie das Vermummen verboten sind.

7. Juli | Der 17-jährige Boris Becker aus Leimen bei Heidelberg gewinnt als bisher jüngster Tennisspieler und erster Deutscher das Tennisturnier in Wimbledon.

21. Juli | Die Fecht-Weltmeisterschaften in Barcelona enden mit einem sensationellen Erfolg für die bundesdeutsche Mannschaft. Sie gewinnt dreimal Gold, zweimal Silber und einmal Bronze.

31. Oktober | Zuschauer verhindern in Frankfurt am Main die Uraufführung des Stücks »Der Müll, die Stadt und der Tod« von Rainer Werner Fassbinder. Sie protestieren damit gegen die ihrer Meinung nach antisemitischen Tendenzen in dem Drama.

25. November | Der Prototyp des »Intercity Experimental« erreicht 317 km/h und stellt damit einen Rekord auf deutschen Schienen auf.

1986

Anti-Atomkraft-Demonstration

Bombenanschlag auf die Discothek »La Belle«

Reaktorkatastrophe in Tschernobyl

Neue-Heimat-Skandal

Das Marx-Engels-Denkmal in Berlins Mitte

von links nach rechts

Das Jahr steht im Zeichen entscheidender Entwicklungen in den Ost-West-Beziehungen. Die Aktivitäten des sowjetischen KPdSU-Generalsekretärs Michail Gorbatschow werden nicht nur auf der Ebene der Abrüstungsverhandlungen mit den USA, sondern auch im innerdeutschen Verhältnis deutliche Spuren hinterlassen. Nach der Ablösung des Außenministers Andrej Gromyko durch Eduard Schewardnadse kommt zusätzlich Bewegung in die internationale Politik. Auf dem XI. Parteitag der SED im April 1986 hält Gorbatschow eine Rede, die sich sowohl in ihrer Diktion als auch in der politischen Botschaft grundlegend von den Beiträgen der anderen Referenten unterscheidet. Mit großer politischer und menschlicher Glaubwürdigkeit wirbt er um das Konzept von »Glasnost« und »Perestroika«. Für viele Bürger der DDR wird Gorbatschow zum Hoffnungsträger. Berliner Bürgerrechtler gründen mit der »Initiative Frieden und Menschenrechte« die erste organisierte Oppositionsgruppe in der DDR. Viele Menschen aber haben längst resigniert und versuchen, über die Botschaften der Bundesrepublik oder der USA in Ostberlin die DDR zu verlassen.

Währenddessen bereitet Erich Honecker seine Reise nach Bonn vor. Markus Wolf erinnert sich: »Honeckers BRD-Besuch war für Ende Mai mit dem Bundeskanzleramt fest vereinbart worden – wieder ohne Wissen der Sowjets und diesmal auch des Politbüros und der zuständigen politischen DDR-Gremien.« Gorbatschow macht in einem dreistündigen Gespräch mit Honecker in Moskau

1986

Demonstration an der Baustelle der Wiederaufbereitungsanlage für Kernbrennstoffe bei Wackersdorf in der Oberpfalz. Nach dem Reaktorunglück in dem sowjetischen Kernkraftwerk Tschernobyl am 26. April wächst die Zahl der Kernkraftgegner in der Bundesrepublik.

sogar klar, dass sein geplanter Staatsbesuch in Bonn abgesagt werden müsse. »Erst später erfuhr ich, dass Gorbatschow und seine engeren Berater schon damals begonnen hatten, der Deutschlandpolitik eine ganz neue Priorität beizumessen, und dass einige Berater bereits die Möglichkeit einer deutschen Einheit ins Auge fassten«, schrieb Wolf weiter.

Am 11. und 12. Oktober 1986 kommt es zu einem Gipfeltreffen von Michail Gorbatschow und Ronald Reagan in Reykjavik zur Frage der Rüstungsbegrenzung. Im Rüstungswettlauf der beiden Supermächte ist die verfügbare Kernwaffenenergie auf mittlerweile 20.000 Megatonnen angestiegen – genug, um mehrfach das Leben auf der Erde zu vernichten. Die Militärausgaben betragen 15 % des sowjetischen Bruttosozialprodukts und müssten zur Sanierung der maroden sowjetischen Wirtschaft drastisch gesenkt werden. Für die US-amerikanische Rüstungsproduktion hingegen bestehen keinerlei wirtschaftliche Beschränkungen, und Ronald Reagan will sich mit dem SDI-Programm, der Raketenabwehr im Weltraum, als Friedenspräsident seinen Platz in der Geschichte sichern. Aber Gorbatschow will unbedingt Abrüstungserfolge erzielen. Er unterbreitet den überraschenden Vorschlag, alle sowjetischen und amerikanischen Mittelstreckenraketen in Europa abzuziehen und alle Langstreckenraketen auf beiden Seiten zu vernichten – bei gleichzeitigem Einfrieren des SDI-Projekts für zehn Jahre. Diese Forderung führt letztlich zum Scheitern der Verhandlungen.

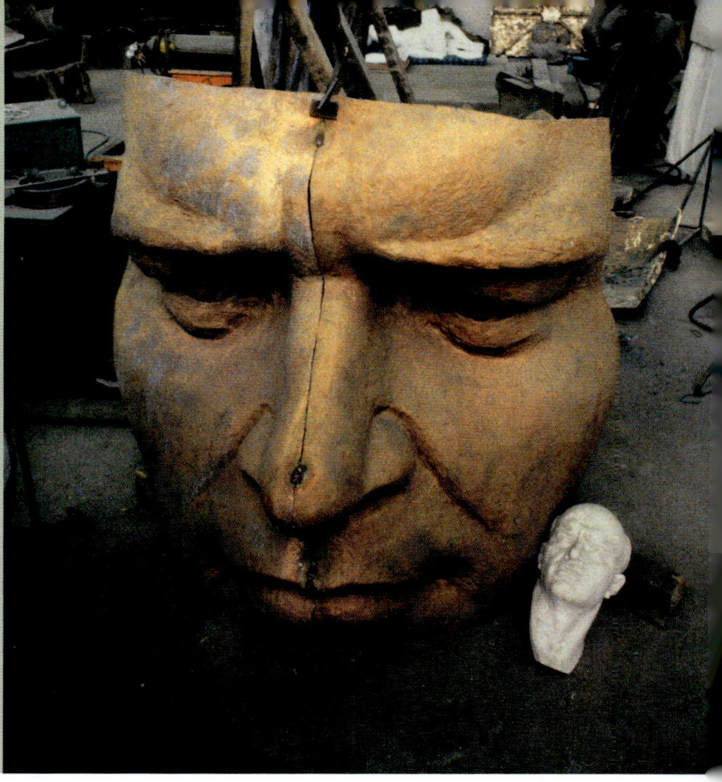

links: Die 17-jährige Steffi Graf und der 19-jährige Boris Becker werden am 17. Dezember von den Sportjournalisten zu den »Sportlern des Jahres« gewählt. Boris Becker gewinnt nach 1985 zum zweiten Mal das Wimbledon-Turnier, und Steffi Graf schafft es in diesem Jahr auf den dritten Platz der Weltrangliste.

rechts: Guss des Thälmann-Denkmals des sowjetischen Bildhauers Lew Kerbel in der Gießerei Lauchhammer in der Lausitz. Das Denkmal wird am 16. April im Thälmann-Park inmitten eines neu entstanden Wohngebiets in Ostberlin aufgestellt.

In Bonn verkennt man zu diesem Zeitpunkt noch völlig die Ernsthaftigkeit der sowjetischen Abrüstungsbemühungen, was unter anderem in einem Kommentar Helmut Kohls über Michail Gorbatschow deutlich wird: »Das ist ein moderner kommunistischer Führer, der war nie in Kalifornien, nie in Hollywood, aber der versteht etwas von PR. Der Goebbels verstand auch etwas von PR. Man muss doch die Dinge auf den Punkt bringen!« Damit stößt Kohl jedoch auch in der Bundesrepublik auf erheblichen Widerspruch. Erst 1989 werden sich Gorbatschow und Kohl am Ufer des Rheins unter vier Augen aussprechen und versöhnen.

Ungeachtet aller Irritationen und Missdeutungen in Ost wie West vollzieht sich eine Annäherung beider deutscher Staaten. So besucht DDR-Volkskammerpräsident Horst Sindermann im Februar Bonn. Erich Honecker und Helmut Kohl treffen sich anlässlich der Beisetzung des bei einem Attentat ums Leben gekommenen schwedischen Ministerpräsidenten Olof Palme.

Das bundesdeutsche Telefonnetz wird durch Erweiterung des Selbstwahlverkehrs enger an das der DDR geknüpft. Ein Austausch von Kulturgütern kommt in Gang und ein Kulturabkommen wird unterzeichnet. Erstmals findet eine Sammelausstellung bundesrepublikanischer Künstler in Ostberlin statt. Zwischen Saarlouis und Eisenhüttenstadt entsteht eine Städtepartnerschaft, und in Saarbrücken wird eine DDR-Buchausstellung eröffnet. HO

WAS SONST NOCH GESCHAH

1986

24. Januar | In Ostberlin gründen 20 Berliner Bürgerrechtler, darunter die Malerin Bärbel Bohley, der Physiker Gerd Poppe und die Historikerin Ulrike Poppe, die »Initiative Frieden und Menschenrechte«, die erste organisierte Oppositionsgruppe der DDR.

29. Januar | Der Bundestagsabgeordnete Otto Schily stellt Strafanzeige gegen Helmut Kohl wegen des Verdachts der Falschaussage vor den Untersuchungsausschüssen der Parteispenden-Affäre. Das am 20. Februar aufgenommene Ermittlungsverfahren gegen den Bundeskanzler wird am 20. Mai aufgrund mangelnder Beweise eingestellt.

27. Februar | Mit der Ausstellung »Die Maler und das Theater im 20. Jahrhundert« öffnet in Frankfurt am Main die Kunsthalle »Schirn« erstmals ihre Pforten.

4. April | Auf dem Marx-Engels-Forum in Ostberlin wird die große Bronzeplastik »Marx und Engels« des Bildhauers Ludwig Engelhard aufgestellt.

5. April | Bei einem Bombenanschlag auf die Westberliner Discothek »La Belle«, in der viele US-Soldaten verkehren, werden zwei Menschen getötet und rund 200 verletzt. Die amerikanische Regierung erklärt, sie habe Beweise, dass der Anschlag von einer libyschen Terrororganisation verübt worden sei.

12. Mai | Die EG stoppt die Einfuhr der durch das Reaktorunglück in Tschernobyl strahlengeschädigten Lebensmittel aus den osteuropäischen Ländern bis zum 31. Mai 1986.

3. Juni | In Bonn nimmt das neu geschaffene Bundesumweltministerium seine Arbeit auf, erster Bundesumweltminister wird am 6. Juni Walter Wallmann (CDU).

30. Juni | Im Finale um die Fußballweltmeisterschaft in Mexiko unterliegt die Mannschaft der Bundesrepublik gegen Argentinien 2:3. Starspieler Argentiniens ist Diego Armando Maradona.

26. Juli | Infolge der Einleitung hochgiftiger Cyanide in einen Zufluss der Saar kommt es zum bisher größten Fischsterben in diesem Fluss. Entlang der Mosel muss die Trinkwassergewinnung eingestellt werden.

Kernkraftgegner veranstalten in Burglengenfeld bei Wackersdorf ein friedlich verlaufendes »Anti WAAhnsinnsfestival«, bei dem zahlreiche prominente Rockmusiker unentgeltlich auftreten. Vor 100.000 Zuschauern spielen unter anderem BAP, Udo Lindenberg und Herbert Grönemeyer.

6. September | Auf dem Domplatz in Köln wird der größte Museumsneubau der Bundesrepublik eröffnet. In dem Gebäude sind das Wallraf-Richartz-Museum und das Museum Ludwig vereinigt.

6. November | Bundeskanzler Kohl distanziert sich vor dem Bundestag von dem veröffentlichten Text seines Interviews mit dem US-Magazin »Newsweek« vom 15. Oktober, in dem er den sowjetischen Parteichef Gorbatschow mit dem NS-Propagandaminister Joseph Goebbels verglichen hatte.

12. November | Die Bundesrepublik und die DDR schließen eine Vereinbarung über die gegenseitige Rückführung kriegsbedingt verlagerter Kulturgüter.

31. Dezember | Bei der Ausstrahlung der Neujahrsansprache von Bundeskanzler Helmut Kohl kommt es im Ersten Deutschen Fernsehen zu einer Panne: Es wird die Ansprache des Kanzlers vom Vorjahr wiederholt. Die ARD sendet die korrekte Fassung am 1. Januar 1987.

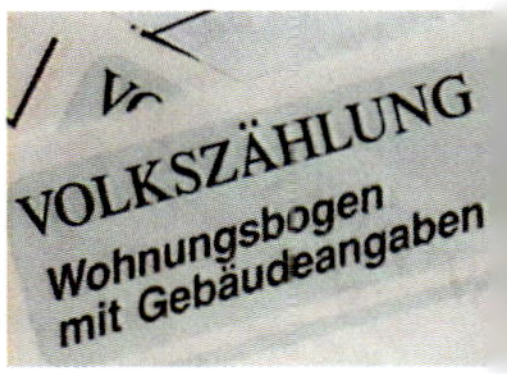

1987

750-Jahr-Feier in Berlin

Zerstörungen am 1. Mai in Berlin-Kreuzberg

Protest gegen die Durchsuchung der Umweltbibliothek in Ostberlin

Ronald Reagan in Berlin

Volkszählung

von links nach rechts

Staats- und Parteichef Erich Honecker feiert in diesem Jahr den Höhepunkt seiner langen Bemühungen um Anerkennung der DDR. Im September reist er auf Einladung von Bundeskanzler Helmut Kohl zu einem fünftägigen Besuch in die Bundesrepublik, wo er in Bonn mit allen militärischen und protokollarischen Ehren empfangen wird. Die konkreten Ergebnisse des Besuchs halten sich in Grenzen und entsprechen so gar nicht den hohen Erwartungen in Ost und West. Wenigstens dürfen jetzt Fachzeitschriften und Schallplatten aus der Bundesrepublik in die DDR eingeführt werden. Die von der DDR erhoffte und dringend benötigte Finanzhilfe wird lediglich in Aussicht gestellt. Dafür füllen Honecker-Bilder die Zeitungsseiten: mal mit Bundespräsident Richard von Weizsäcker, mal mit den Ministerpräsidenten von Rheinland-Pfalz, Nordrhein-Westfalen, Bayern, Baden-Württemberg und dem Saarland und zum Abschluss mit Menschen aus seinem saarländischen Geburtsort Wiebelskirchen.

Der große Trubel um den Besuch verdrängt für kurze Zeit die Debatte zwischen der Sowjetunion und der DDR über »Glasnost« und »Perestroika«, die der sowjetische Parteichef Michail Gorbatschow immer stärker vorantreibt. »Wir brauchen die Demokratie wie die Luft zum Atmen«, erklärt er im Januar in Moskau und kündigt damit eine beschleunigte Reformpolitik an. In der SED-Führungsriege zeigt man sich unbeteiligt. Auf eine Interviewfrage, ob sich denn auch die DDR im Sinne von »Glasnost« und »Perestroika« wandeln müsse, ant-

Der schleswig-holsteinische Ministerpräsident Uwe Barschel während der Pressekonferenz am 18. September in Kiel, auf der der CDU-Politiker sein Ehrenwort gibt, mit der Bespitzelungsaffäre um seinen SPD-Kontrahenten Björn Engholm nichts zu tun zu haben. Nach weiteren belastenden Aussagen muss Barschel jedoch am 2. Oktober zurücktreten, am 11. Oktober wird er tot aufgefunden.

wortet der Chefideologe Kurt Hager: »Würden Sie, wenn Ihr Nachbar seine Wohnung neu tapeziert, sich verpflichtet fühlen, ihre Wohnung ebenfalls neu zu tapezieren?«

Ausgerechnet ein 19-jähriger deutscher Sportflieger, Matthias Rust aus Wedel bei Hamburg, mischt sich – wenn auch mehr zufällig – in Gorbatschows Kampf gegen den alten Machtapparat ein. Am »Tag der sowjetischen Grenztruppen« fliegt er mit einer Cessna von Finnland nach Moskau, legt dabei über 1.000 Kilometer im sowjetischen Luftraum zurück und landet auf dem Roten Platz. Rust gibt zwar an, »in einer Friedensmission« gehandelt zu haben, aber das schützt ihn nicht vor einer Verurteilung zu vier Jahren Arbeitslager. Nach 14-monatiger Haft aber kann er wieder heim in die Bundesrepublik.

Ganz andere Entscheidungen fordert kurze Zeit später US-Präsident Ronald Reagan in einer weltweit vom Fernsehen übertragenen Rede vor dem Brandenburger Tor in Berlin: »Öffnen wir Berlin dem gesamten Europa, Ost und West, gegenüber noch weiter«, appelliert er an Gorbatschow, »öffnen Sie dieses Tor, reißen Sie die Mauer nieder«. Der Beifall kennt keine Grenzen. Reagan, der von seiner Frau Nancy begleitet wurde, ruft den Massen zu: »Es gibt nur ein Berlin«.

Den Anlass für die fünfstündige Visite des US-Präsidenten liefert die Berliner Stadtchronik. Berlin feiert Mitte Juni das 750-jährige Bestehen der Stadt seit Gründung von Berlin-Spandau 1237. Noch gehen die Festumzüge und Veran-

links: Die Cessna 172 B des deutschen Sportfliegers Mathias Rust nach der Landung auf dem Roten Platz in Moskau. Er habe in einer Friedensmission zu Gorbatschow gewollt, begründet der 19-jährige Deutsche dieses Husarenstück. Ein sowjetisches Gericht verurteilt ihn wegen Verletzung der Grenzen und der Flugregeln zur vier Jahren Arbeitslager, aus dem er allerdings vorzeitig entlassen wird.

rechts: Bundeskanzler Helmut Kohl und Partei- und Regierungschef Erich Honecker nach der Ankunft des DDR-Politikers in Bonn am 7. September. Es ist der erste Besuch eines Staatsratsvorsitzenden der DDR in der Bundesrepublik seit ihrem Bestehen und ein Höhepunkt in Honeckers Bestreben um internationale Anerkennung.

staltungen in beiden Berliner Stadthälften getrennt über die Bühne. Direkt an der Mauer, vor dem Reichstag, gibt es im Westteil das legendäre Rock-»Concert for Berlin«. Im Ostteil drängt die Volkspolizei Tausende Zuhörer von der Umgebung der Grenze ab. Der Ruf nach Beseitigung der Mauer wird erstmals lautstark von vielen gefordert.

Doch viel stärker beschäftigt die Öffentlichkeit der mysteriöse Tod des Ministerpräsidenten von Schleswig-Holstein, Uwe Barschel. Vorausgegangen war einer der größten Polit-Skandale der Bundesrepublik. Am Vorabend der Landtagswahlen im September kam ein Bericht über die Bespitzelung des SPD-Spitzenkandidaten Björn Engholm ans Tageslicht. Der CDU-Politiker Uwe Barschel übernimmt die Verantwortung. Immer neue Enthüllungen über Schmutzkampagnen, Abhöraktionen und Verleumdungen beschäftigen das Land. Barschel selbst beteuert zwar seine Unschuld, doch verwickelt er sich in Widersprüche und gerät durch belastende Aussagen immer stärker unter Druck. Am 11. Oktober wird er in einem Genfer Hotel tot aufgefunden. Bis heute sind die Hintergründe unklar. Möglicherweise hat Barschel aus Verzweiflung den Freitod gewählt. Seine Familie vermutet einen Mordanschlag.

Mit einem Selbstmord setzte der frühere Hitler-Stellvertreter Rudolf Heß seinem Leben ein Ende. Er war der letzte Insasse im Kriegsverbrechergefängnis Berlin-Spandau. Danach rücken die Abrissbagger an. CDS

WAS SONST NOCH GESCHAH

1987

25. Januar | Trotz erheblicher Stimmeneinbußen geht die Regierungskoalition aus CDU/CSU und FDP bei den Wahlen zum elften Bundestag als Sieger hervor.

2. März | An drei Abenden gastiert Udo Jürgens im Ostberliner Friedrichstadtpalast. Vom 9. bis 12. März gibt der westdeutsche Rocksänger Peter Maffay sechs Konzerte in der Ostberliner Werner-Seelenbinder-Halle.

12. März | Aufgrund der vom Europäischen Gerichtshof getroffenen Entscheidung, dass das Reinheitsgebot für Bierimporte unzulässig ist, muss sich der bundesdeutsche Markt für ausländisches Bier öffnen.

15. März | Mit einer glänzenden Kür holt sich DDR-Eiskunstläuferin Katarina Witt im amerikanischen Cincinnati zum dritten Mal den Weltmeistertitel.

23. März | Der langjährige Parteivorsitzende der SPD, Willy Brandt, gibt in Bonn seinen Rücktritt bekannt. Zu seinem Nachfolger wird am 14. Juni Hans-Jochen Vogel gewählt.

10. April | Im Alter von 26 Jahren stirbt in der Universitätsklinik Mainz die Leichtathletin Birgit Dressel. Ihr Tod löst heftige Diskussionen über Doping im Leistungssport aus.

14. Mai | In Ostberlin wird das neu errichtete, historisch nachempfundene Nikolaiviertel feierlich eingeweiht.

25. Mai | In der Bundesrepublik beginnt eine Volkszählung, zu deren Boykott zahlreiche Organisationen aus Gründen des Datenschutzes aufgerufen haben.

12. Juni | Während des Besuchs von US-Präsident Ronald Reagan in Westberlin kommt es zu Auseinandersetzungen zwischen protestierenden Autonomen und der Polizei. Weite Teile der Stadt sind abgesperrt.

24. Juni | Zu einem Forum der jungen kritischen Generation wird der evangelische Kirchentag in Ostberlin, der zum ersten Mal seit 1961 wieder in der DDR veranstaltet wird.

1. Juli | Wegen Devisenmangels wird der Betrag, den DDR-Bürger vor genehmigten Westreisen 1:1 in Westmark umtauschen können, von 70 auf 15 Mark reduziert.

10. Juli | In Dresden versammeln sich über 80.000 Gläubige zum ersten Katholikentag in der DDR.

30. Juli | Auf dem Platz der Akademie in Ostberlin, dem historischen Gendarmenmarkt, wird der restaurierte Französische Dom feierlich eröffnet.

17. August | Im Alter von 93 Jahren nimmt sich der ehemalige Stellvertreter Hitlers, Rudolf Heß, im Spandauer Kriegsverbrechergefängnis das Leben. Um das Entstehen einer neonazistischen Kultstätte zu verhindern, wird das Westberliner Gebäude abgerissen.

12. November | Das Bühnenhaus der Oper von Frankfurt am Main wird durch ein Großfeuer zerstört.

24. November | In Ostberlin beginnt der 10. Kongress des Schriftstellerverbandes der DDR (bis 26. November). Der Vorsitzende Hermann Kant bedauert öffentlich, dass so viele Autoren die DDR verlassen.

25. November | Mitarbeiter der Staatssicherheit durchsuchen die Umweltbibliothek in der Ostberliner Zionskirche, ein Zentrum der DDR-Friedens-, Ökologie- und Menschenrechtsgruppen. Sie beschlagnahmen eine Vervielfältigungsmaschine und verhaften Oppositionelle.

1988

Menschenkette gegen Massenentlassungen bei Krupp

Geiselnahme in Gladbeck

Michael Jackson in Berlin

Flugzeugkollision in Ramstein

Skandal um Hormone im Rindfleisch

von links nach rechts

Langsam beginnt es zu gären. Zwar will noch niemand den Fall der Mauer und die folgende Wiedervereinigung voraussagen, doch machen in der DDR ständig neue Berichte und Gerüchte über die dramatische wirtschaftliche Situation und die bevorstehende Zahlungsunfähigkeit die Runde – und es rumort an vielen Ecken. Bürgerrechtler und kirchliche Gruppen melden sich immer stärker zu Wort und fordern die Partei- und Staatsführung heraus. Die reagiert mit Härte, Unterdrückung und mit der Abschiebung von Oppositionellen in den Westen.

Zu einer ersten Machtprobe gestaltet sich die traditionelle Demonstration zur Erinnerung an die Ermordung von Rosa Luxemburg und Karl Liebknecht im Januar in Ostberlin. Oppositionelle tragen Transparente mit dem Luxemburg-Zitat »Freiheit ist immer Freiheit des Andersdenkenden«. Polizei und Staatssicherheit greifen brutal ein, reißen Plakate und Transparente herunter und verhaften etwa 120 Personen. Wie später bekannt wird, haben die staatlichen Behörden bereits einen Tag zuvor 25 Regimekritiker in die Bundesrepublik abgeschoben. Sie hatten sich geweigert, ihren Verzicht auf die Teilnahme an der Demonstration schriftlich zuzusagen. In den folgenden Tagen kommt es in der DDR zur Verhaftung zahlreicher Oppositioneller. Freya Klier, die Frau des inhaftierten und später mit Auftrittsverbot belegten Liedermachers Stephan Krawczyk, appelliert daraufhin an westliche Künstler, nicht mehr öffentlich in

1988

Bei einer Flugschau auf dem Militärflughafen im pfälzischen Ramstein kollidieren drei italienische Düsenjets, von denen einer in die Zuschauermenge stürzt und explodiert. Bei dem Unglück sterben 70 Menschen, über 450 werden schwer verletzt.

der DDR aufzutreten. Auch sie wird verhaftet, zusammen mit der Bürgerrechtlerin Bärbel Bohley.

Wie sehr sich die Partei- und Staatsführung in ihrer Macht bedroht fühlt, zeigt das Verbot der in deutscher Sprache erscheinenden sowjetischen Zeitschrift »Sputnik« im November. Die in den Tageszeitungen abgedruckte Verlautbarung spricht Bände: Die Zeitschrift »bringt keinen Beitrag, der der Festigung der deutsch-sowjetischen Freundschaft dient, statt dessen verzerrende Beiträge zur Geschichte.« Die sowjetischen Zeitschriften und Zeitungen, deren Beiträge im »Sputnik« nachgedruckt wurden, berichteten damals ausführlich über die Machenschaften von Stalin, seinen Pakt mit Hitler und über die zweifelhafte Politik des jahrelang von der SED hofierten Parteichefs Leonid Breschnew.

Am 3. Oktober stirbt der langjährige bayerische Ministerpräsident und CSU-Vorsitzende Franz Josef Strauß. Er hat die deutsche Nachkriegspolitik entscheidend mitgeprägt, und bis heute sind seine markanten Reden und Wortgefechte im Bundestag unvergessen. Trotz seiner recht widersprüchlichen Politik und zahlreicher Politskandale schätzte man ihn wegen seiner Verdienste um den Aufbau der Bundesrepublik und nicht zuletzt wegen seiner Deals um den Milliardenkredit für die DDR. Den CSU-Vorsitz übernimmt nun Theo Waigel.

Jenseits der Politik halten zwei tragische Ereignisse die Menschen in Atem. Im Sommer kommt es auf dem Flugplatz Ramstein bei Kaiserslautern zu einer

links: Einer der Geiselnehmer von Gladbeck mit der 18-jährigen Geisel in der Kölner Innenstadt. Das Geiseldrama vom 18. August wird zum Medienspektakel; dies löst heftige Kritik an dem Verhalten der Journalisten aus.

rechts: Punks in Ostberlin, vor Beginn eines Konzerts. Zahlreiche Jugendliche in der DDR sehen in der Punk-Bewegung eine Möglichkeit, ihren Protest gegen das erstarrte System des SED-Staates zu demonstrieren.

der größten Katastrophen im Rahmen einer Flugschau. Bei einem Manöver kollidieren drei Jets der italienischen Kunstflugstaffel Frecce Tricolori; während des geplanten Bildes »Durchstoßen eines Herzens« stürzt eine Maschine in die Zuschauermenge und tötet 70 Menschen, Hunderte werden zum Teil schwer verletzt. Seitdem gibt es in Deutschland sehr strenge Regeln für solche Veranstaltungen; so sind der Überflug von Besuchern oder besonders risikoreiche Flugmanöver nicht mehr erlaubt.

Im nordrhein-westfälischen Gladbeck überträgt das Fernsehen erstmals live ein Geiseldrama. Bankräuber nehmen nach einem missglückten Überfall mehrfach Geiseln und rasen mit ihnen zwei Tage lang über Straßen und Autobahnen in Deutschland und den Niederlanden. Journalisten gewähren den Verbrechern Interviews im Fernsehen und Radio. Im Laufe der Flucht wird ein 15-jähriger Italiener durch einen der Haupttäter erschossen. Eine zweite Geisel stirbt während der abschließenden Polizeiaktion auf der Autobahn. Der tödliche Schuss soll aus der Waffe eines der Geiselgangster abgegeben worden sein. Zuvor kommt ein Polizist während der Verfolgung in den Niederlanden bei einem Zusammenstoß mit einem LKW ums Leben. Die Journalisten müssen sich Vorwürfe wegen der Behinderung der Polizeiarbeit anhören, wobei auch die Polizei wegen vieler Pannen stark kritisiert wird. CDS

WAS SONST NOCH GESCHAH

1988

10. Januar | Jürgen Sparwasser, einer der prominentesten Fußballspieler der DDR, setzt sich in die Bundesrepublik ab.

14. Januar | Bundesumweltminister Klaus Töpfer (CDU) entzieht der Brennelemente-Firma Nukem im hessischen Hanau die Betriebsgenehmigung wegen unerlaubter Lagerung von Atommüll-Fässern.

13. Februar | Im kanadischen Calgary beginnen die XV. Olympischen Winterspiele (bis 28. Februar).

24. Februar | Die Delegierten der in Bonn stattfindenden Ruhrgebietskonferenz beschließen ein Milliardenprogramm für den Strukturwandel im einstigen Zentrum der Kohle- und Stahlindustrie.

1. Mai | Im Anschluss an ein Straßenfest im Westberliner Bezirk Kreuzberg kommt es zu schweren Auseinandersetzungen zwischen Angehörigen der linksautonomen Szene und der Polizei.

11. Mai | Die Bundesregierung beschließt eine Reform der Deutschen Bundespost, wonach die Post in drei autonome Bereiche aufgegliedert wird: den traditionellen Postdienst (Briefe und Pakete), die Postbank und die Telekom (Telefon- und Fernmeldebereich).

25. Mai | Der Deutsche Fußball-Bund (DFB) überträgt die Rechte zur TV-Übertragung von Bundesligaspielen erstmals an einen privaten Anbieter, den Medienkonzern Bertelsmann, Teilhaber des Privatsenders »RTL plus«. ARD und ZDF können sich nur Teilübertragungsrechte sichern.

13. Juni | In Stuttgart kündigt der Daimler-Benz-Konzern eine Entschädigungszahlung von insgesamt 20 Millionen D-Mark für die während des Nationalsozialismus in dem Unternehmen beschäftigten Zwangsarbeiter an.

19. Juni | Während eines Konzerts Michael Jacksons vor dem Reichstagsgebäude in Westberlin versammeln sich an der Mauer auf Ostberliner Seite einige hundert Jugendliche, um wenigstens akustisch teilnehmen zu können. Dabei kommt es zu Auseinandersetzungen mit der Volkspolizei.

20. Juli | Etwa 160.000 jugendliche Fans aus der ganzen DDR kommen zum Konzert des Rockmusikers Bruce Springsteen in die Ostberliner Radrennbahn Weißensee.

1. September | Entsprechend den Abrüstungsvereinbarungen zwischen der Sowjetunion und den USA werden die ersten der in der Bundesrepublik stationierten Pershing-II-Raketen abgezogen. Bereits im Februar beginnt die sowjetische Armee mit dem Abzug von Mittelstreckenraketen aus der DDR.

2. September | Auf dem SPD-Parteitag in Münster nehmen die Delegierten mit einer Mehrheit von 87 % die zuvor heftig umstrittene Frauenquote an. Bis 1994 sollen etappenweise 40 % aller Mandate und Ämter an Frauen vergeben werden.

11. November | Bundestagspräsident Philipp Jenninger (CDU) muss wegen missverständlicher Verwendung von Zitaten aus der NS-Zeit in seiner im Parlament gehaltenen Rede zum 50. Jahrestag der Reichspogromnacht zurücktreten.

26. November | Der Europäische Filmpreis »Felix« wird erstmals in Westberlin vergeben. Den Preis für die beste Regie erhält Wim Wenders für seinen Film »Der Himmel über Berlin«.

18. Dezember | Zum ersten Mal in der Geschichte des Davis-Cup gewinnt eine deutsche Mannschaft die bedeutendste Team-Trophäe im Tennis.

1989

Außenminister Genscher in der Prager Botschaft

Montagsdemonstration in Leipzig

Michail Gorbatschow auf der 40-Jahr-Feier der DDR in Ostberlin

Demonstration am 4. November in Ostberlin

Günter Schabowski auf der Pressekonferenz am 9. November

von links nach rechts

Kaum jemand konnte ahnen, dass zum Ende dieses Jahres die Mauer fallen würde. Noch im Januar erteilt der Partei- und Staatschef Erich Honecker allen Hoffnungen auf ein rasches Ende der Teilung eine Abfuhr. Die Mauer werde »in 50 und auch in 100 Jahren noch bestehen bleiben.« Kurze Zeit später, am 6. Februar, stirbt der erst 20-jährige Chris Gueffroy an der Berliner Mauer. Es sind die letzten Todesschüsse an der innerdeutschen Grenze.

Innenpolitisch muss sich die DDR-Führung mit der aufgedeckten Fälschung der Kommunalwahl-Ergebnisse auseinandersetzen. Unabhängige Bürgergruppen stellen Differenzen zwischen den von ihnen in den Wahllokalen am 7. Mai mitgezählten und den später öffentlich bekannt gegebenen Ergebnissen fest.

Nachdem das Massaker auf dem Platz des Himmlischen Friedens in Peking vom 9. Juni, mit mehreren Tausend Toten, von der Volkskammer der DDR als »Niederschlagung einer Konterrevolution« bewertet worden ist, wächst im Lande die Angst vor einem ähnlichen Vorgehen der Staatsmacht. Die Ausreisebewegung über Ungarn nach Österreich nimmt zu, täglich gelingt rund 100 Menschen die Flucht; schon im Mai hatten ungarische Grenzsoldaten ein erstes Stück des Stacheldrahtzauns zu Österreich abgebaut.

Im September öffnet Ungarn seine Grenze ganz offiziell für DDR-Bürger. In Leipzig versammeln sich am 4. September nach dem Montagsgebet in der Nikolaikirche erstmals 1.200 Menschen. Ausreisewillige rufen »Wir wollen

1989

Als die für alle überraschend gekommene Öffnung der Grenzübergänge über die Medien bekannt wird, strömen noch in der Nacht des 9. November Tausende aus Ost und West zum Brandenburger Tor, dem Symbol der deutsch-deutschen Teilung, und nehmen die Mauer dort in Besitz.

raus«; in den folgenden Demonstrationen dominiert der Spruch »Wir bleiben hier!« Ende des Monats fordern schon 5.000 bis 8.000 Menschen in der Leipziger Innenstadt die Zulassung der Bürgerrechtsbewegung »Neues Forum« sowie demokratische Reformen, und am 2. Oktober sind es bereits 20.000. Erstmals taucht hier die Losung »Wir sind das Volk« auf. Sie wird als Antwort auf eine Durchsage »Hier spricht die Volkspolizei« skandiert und steigt bald zum Leitmotto der Umwälzungen auf.

Am 30. September verkündet Außenminister Hans-Dietrich Genscher den einigen Tausend DDR-Bürgern, die sich auf das Gelände der bundesdeutschen Botschaft in Prag geflüchtet hatten, dass sie in die Bundesrepublik ausreisen dürfen. Auf der Fahrt durch die DDR versuchen in Dresden mehrere hundert Menschen vergeblich, auf den Zug aufzuspringen.

Scheinbar unbeeindruckt von den Ereignissen feiert die DDR-Führung am 7. Oktober den 40. Jahrestag der DDR. Michail Gorbatschow prägt nach den Gesprächen mit dem von ihm als »stur« und »starrsinnig« empfundenen Honecker den Satz »Wer zu spät kommt, den bestraft das Leben!«.

Unbeeindruckt von den offiziellen Feierlichkeiten nimmt die Zahl der Teilnehmer bei den Leipziger Montagsdemos weiter zu, am 16. Oktober sind es bereits 100.000. Zwei Tage später tritt Erich Honecker »aus gesundheitlichen Gründen« von seinen Ämtern zurück. Egon Krenz übernimmt die Posten. Das

links: Gegen Egon Krenz als neuen Partei- und Regierungschef protestieren diese beiden Leipziger auf der Demonstration am Montag, dem 23. Oktober. Über 300.000 Menschen haben sich dort versammelt, um die längst fälligen Reformen einzufordern. Nur einige Tage darauf, am 4. November, sind es auf dem Berliner Alexanderplatz schon 500.000.

rechts: Wie in Berlin öffnen sich nun auch die Grenzen in die Bundesrepublik für DDR-Bürger. Tausende Trabis fahren am 11. November über den Kontrollpunkt bei Hirschberg nach Bayern.

Volk lässt sich nicht beirren und demonstriert weiter. 300.000 sind es nun in Leipzig, und am 4. November fordern bis zu 500.000 Menschen auf dem Ostberliner Alexanderplatz Meinungs-, Presse- und Versammlungsfreiheit. Drei Tage später tritt der Ministerrat geschlossen zurück.

Am 9. November berät das Zentralkomitee der SED eine neue Reiseregelung, worüber Günter Schabowski als Sprecher des Politbüros am frühen Abend die Weltpresse informiert. Dort fällt die berühmte Frage, wann denn die Reiseregelung in Kraft treten solle. Schabowski schaut auf einen von Egon Krenz zuvor erhaltenen Zettel und sagt: »Sofort, unverzüglich«. Unverzüglich stürmen zahlreiche DDR-Bürger auf die Berliner Grenzübergänge. Sie erzwingen das Öffnen der Schlagbäume. Die Mauer ist gefallen.

Die Volkskammer wählt Mitte November eine neue Regierung unter Ministerpräsident Hans Modrow. Bundeskanzler Kohl rechnet zu diesem Zeitpunkt mit einer Wiedervereinigung in »fünf bis zehn Jahren«. Am 3. Dezember gibt Egon Krenz alle Ämter ab, und am 7. Dezember treffen die Vertreter aus unterschiedlichen gesellschaftlichen Gruppen zur ersten Sitzung am »Runden Tisch« zusammen; schon bald fordern sie Neuwahlen.

Die Ermordung des Vorstandssprechers der Deutschen Bank, Alfred Herrhausen, durch eine Straßenbombe der RAF am 30. November in Bad Homburg geht im Trubel der deutsch-deutschen Veränderungen beinahe unter. CDS

WAS SONST NOCH GESCHAH

1989

1. Februar | In der Bundesrepublik und Westberlin treten 28 Straf- und Untersuchungsgefangene der Rote Armee Fraktion (RAF) in den Hungerstreik (bis 12. Mai), um die Zusammenlegung aller RAF-Gefangenen zu erzwingen.

12. Juni | Bei seinem Staatsbesuch in der Bundesrepublik (bis 15. Juni) wird Michail Gorbatschow von der Bevölkerung mit großem Jubel empfangen.

9. Juli | In Wimbledon gibt es einen deutschen Doppelerfolg: Bei den Damen gewinnt Steffi Graf und bei den Herren Boris Becker.

1. August | Die Zeitungen und Zeitschriften des Axel-Springer-Verlages verzichten von nun an auf die An- und Abführungszeichen bei der Nennung der DDR, womit bisher deren Nichtanerkennung verdeutlicht wurde.

19. August | Während des vom Präsidenten der Paneuropa-Union, Otto von Habsburg, initiierten »Paneuropäischen Picknicks« bei Sopron in Ungarn fliehen etwa 900 DDR-Bürger über die Grenze nach Österreich.

30. August | In Bayern wird mit den Vorbereitungen zur Errichtung von Notaufnahmelagern für DDR-Flüchtlinge begonnen.

11. September | Ungarn lässt ohne Absprache mit der DDR-Führung alle dort anwesenden DDR-Ausreisewilligen in den Westen ausreisen. Bis Ende September kommen etwa 30.000 Übersiedler auf diesem Weg in die Bundesrepublik.

12. September | In ihrem Gründungsaufruf fordert die Bürgerbewegung Demokratie Jetzt (DJ) interessierte DDR-Bürger zu Mitarbeit auf.

19. September | Die Oppositionsgruppe Neues Forum (NF) beantragt offiziell ihre Zulassung in der DDR. Wegen »Staatsfeindlichkeit« wird dies abgelehnt.

2. Oktober | In Ostberlin wird die Oppositionsgruppe Demokratischer Aufbruch (DA) gegründet.

3. Oktober | Die DDR muss etwa 8.000 weiteren Bürgern die Ausreise erlauben, die in der Prager Botschaft Zuflucht gesucht haben. Daraufhin setzt die DDR-Regierung den visumsfreien Reiseverkehr mit der ČSSR vorübergehend aus.

7. November | Ministerpräsident Willi Stoph tritt zurück.

9. November | Am späten Abend öffnen sich die ersten Schlagbäume an den Grenzübergängen zwischen Ost- und Westberlin.

10. November | Auf einer Kundgebung vor dem Schöneberger Rathaus in Westberlin spricht auch Willy Brandt und prägt den Satz: »Jetzt wächst zusammen, was zusammengehört.«

13. November | Die Volkskammer der DDR wählt Hans Modrow zum neuen Ministerpräsidenten.

30. November | Der Vorstandssprecher der Deutschen Bank, Alfred Herrhausen, wird von Terroristen der RAF ermordet.

1. Dezember | Die DDR-Volkskammer streicht den Führungsanspruch der SED aus der Verfassung.

7. Dezember | Erstmals treffen sich in Ostberlin Vertreter der fünf ehemaligen Blockparteien und sieben Oppositionsgruppierungen am »Zentralen Runden Tisch«.

16. Dezember | Auf dem Sonderparteitag der SED wird die Umbenennung der Partei in SED-PDS (Sozialistische Einheitspartei Deutschlands – Partei des Demokratischen Sozialismus) beschlossen.

1990

Sturm auf die Stasi-Zentrale

Helmut Kohl in Moskau

Währungsunion

Fußballweltmeister Deutschland in Frankfurt

Wiedervereinigung

von links nach rechts

Am Ende dieses Jahres feiern die Deutschen die Wiedervereinigung. Bundeskanzler Helmut Kohl spricht in seiner Rede zu Silvester von einem der »glücklichsten Jahre in der deutschen Geschichte«. In freier Selbstbestimmung hätten die Deutschen die staatliche Einheit ihres Vaterlandes vollenden können – ohne Gewalt und Blutvergießen, in vollem Einvernehmen mit allen Nachbarn: »Ein Traum ist in Erfüllung gegangen«. Dabei hatte es in den ersten Monaten gar nicht nach einem schnellen Beitritt der DDR ausgesehen.

Das Jahr beginnt mit großen Erleichterungen im innerdeutschen Reiseverkehr. Bundesbürger dürfen die DDR und Ostberlin ohne Visum und Zwangsumtausch besuchen, für DDR-Bürger wird ein Reisedevisenfonds eingerichtet. An die am 1. Juli in Kraft tretende Währungsunion, mit der die DDR-Mark als offizielles Zahlungsmittel verschwindet, ist noch nicht zu denken. DDR-Regierungschef Hans Modrow drückt auf die Bremse. Eine Vereinigung von BRD und DDR stehe nicht auf der Tagesordnung, sagt er im Januar. Er lädt die am Runden Tisch vertretenen Bürgerbewegungen zur Teilnahme an der Regierung ein. Erst ein Besuch in Moskau Anfang Februar lässt Modrow umschwenken. Sein Vierstufenplan »Deutschland, einig Vaterland« sieht ein langjähriges Zusammenwachsen vor. Doch ein Blick auf die zahlreichen Demonstrationen zeigt die wahre Stimmung im Land. Zehntausende fordern ein vereinigtes Deutschland sofort. Ein eindeutiges Bekenntnis zur Einheit bringen die Volkskammer-

1990

Vor dem Berliner Reichstag findet in der Nacht vom 2. zum 3. Oktober der Festakt zum Inkrafttreten der deutschen Einheit statt. Bundeskanzler Kohl winkt der jubelnden Menge auf dem Platz der Republik zu.

wahlen am 18. März. Das von Kohl initiierte Parteienbündnis »Allianz für Deutschland« erhält rund 48 % der Stimmen – ein überzeugender Sieg vor den Sozialdemokraten (22 %) und der zur PDS mutierten SED (16 %). Der bekannte DDR-Schriftsteller Stefan Heym sieht das Ende: »Es wird keine DDR mehr geben. Sie wird nichts sein als eine Fußnote der Weltgeschichte.«

Der CDU-Spitzenkandidat Lothar de Maizière bildet die neue DDR-Regierung, die am 2. Mai mit der Bundesregierung den »Vertrag über die Schaffung einer Währungs-, Wirtschafts- und Sozialunion« unterzeichnet. Kanzler Kohl spricht von der »Geburtsstunde des freien und einigen Deutschlands«, dann fällt sein später oft kritisierter Satz von den »blühenden Landschaften« im Osten. Sie würden durch die Einführung der sozialen Marktwirtschaft garantiert sein.

Die Einführung der D-Mark am 1. Juli versetzt große Teile der DDR-Bevölkerung in Euphorie. Während die Aktion erstaunlich reibungslos verläuft, beginnt für viele DDR-Betriebe das große Zittern. In den Bilanzen stehen nun D-Mark-Beträge. Die neue Treuhandanstalt soll die DDR-Wirtschaft privatisieren, erkennt aber schnell das wirtschaftliche Desaster in den meisten Branchen. Praktisch über Nacht verlieren viele Firmen ihre Absatzmärkte, Lieferverträge sind nichts mehr wert. Jahrzehntelang haben sich die volkseigenen Betriebe nur auf den Markt innerhalb der sozialistischen Länder konzentrieren müssen, doch die können plötzlich die Mähdrescher, Schiffe, Eisenbahnwaggons oder Last-

links: Am 16. Juli treffen Bundeskanzler Helmut Kohl und der sowjetische Staats- und Parteichef Michail Gorbatschow in Stavropol im Kaukasus zusammen. Nachdem Gorbatschow bereits im Februar seine grundsätzliche Zustimmung zur deutschen Einheit gegeben hat, billigt er nun einem vereinten Deutschland völlige Souveränität zu.

rechts: Jürgen Klinsmann mit dem WM-Pokal. Durch einen 1:0-Sieg gegen Argentinien am 8. Juli in Rom wird die deutsche Nationalmannschaft unter ihrem Trainer Franz Beckenbauer zum dritten Mal Fußballweltmeister.

wagen »Made in GDR« nicht mehr bezahlen. Dafür erlebt die bundesdeutsche Wirtschaft ihrerseits durch die neuen Absatzmärkte einen regelrechten Boom.

Außenpolitisch gelingt Helmut Kohl eine Meisterleistung. Bei einem Treffen in der kaukasischen Heimat von Michail Gorbatschow Mitte Juli ringt er dem sowjetischen Staatschef die Zusage ab, dass Deutschland nach Abschluss der Zwei-plus-Vier-Gespräche (Verhandlungen zwischen den Außenministern der vier einstigen Alliierten und der beiden deutschen Staaten) die volle Souveränität erhält, nach der Vereinigung Mitglied der NATO bleiben kann und dass der vollständige Abzug sowjetischer Truppen aus Deutschland erfolgt.

Die Volkskammer beschließt am 23. August den Beitritt der DDR zur Bundesrepublik Deutschland. Am 3. Oktober feiern Hunderttausende in Berlin die Wiedervereinigung. Bei den ersten gesamtdeutschen Bundestagswahlen am 2. Dezember siegt die CDU mit fast 44 %, während sich die SPD mit 33,5 % zufrieden geben muss.

Gegen Ex-Partei- und DDR-Staatschef Erich Honecker wird im Dezember ein Haftbefehl ausgestellt. Ihm wird vorgeworfen, für den Schießbefehl an der innerdeutschen Grenze verantwortlich gewesen zu sein. Doch Honecker hat sich rechtzeitig auf das Gelände des sowjetischen Militärhospitals in Beelitz zurückgezogen und wird einige Monate später, im März 1991, zusammen mit seiner Frau Margot bei Nacht und Nebel nach Moskau ausgeflogen. CDS

WAS SONST NOCH GESCHAH

1990

3. Januar | Der Runde Tisch vereinbart die »Große Koalition der Vernunft« bis zu den Wahlen am 18. März .

7. Februar | Zusammenschluss der DDR-Oppositionsgruppen »Neues Forum«, »Demokratie Jetzt« und »Initiative Frieden und Menschenrechte« zum »Bündnis 90«.

Aufgrund des nicht abreißenden Übersiedlerstroms aus der DDR schlägt Bundeskanzler Helmut Kohl der DDR sofortige Verhandlungen über eine Währungsunion mit Wirtschaftsreform vor.

13. März | Bei den ersten freien DDR-Volkskammerwahlen mit einer Wahlbeteiligung von 93,38 % erhält das Bündnis 90 nur 2,91 % der Stimmen.

21. April | In einer Volksabstimmung in Karl-Marx-Stadt spricht sich die Mehrheit der Bevölkerung für die Rückbenennung ihrer Stadt in Chemnitz aus.

25. April | Auf einer Veranstaltung in Köln-Mülheim wird der Kanzlerkandidat der SPD, Oskar Lafontaine, durch eine Attentäterin lebensgefährlich verletzt.

4. Mai | Im baden-württembergischen Göppingen erreichen die Gewerkschaften erstmals eine tarifliche Vereinbarung über die 35-Stunden-Woche.

7. Juni | In der DDR wird die mutmaßliche RAF-Terroristin Susanne Albrecht festgenommen. Damit beginnt eine Serie von Fahndungserfolgen bei langgesuchten RAF-Terroristen, die mit Unterstützung der Staatssicherheit in der DDR ein neues Leben begonnen hatten.

1. Juli | Die Währungs-, Wirtschafts- und Sozialunion tritt in Kraft. Damit überträgt die DDR die Hoheit über die Finanz- und Geldpolitik an die Bundesrepublik, und die D-Mark wird zum einzigen Zahlungsmittel auch in der DDR.

16. Juli | Konstituierung der DDR-Treuhandanstalt, die für die Überführung der 8.000 Volkseigenen Betriebe (VEB) in Privateigentum zuständig ist.

21. Juli | Auf dem Potsdamer Platz in Berlin gibt die britische Rockband »Pink Floyd« ihr bislang größtes Konzert.

22. Juli | Die DDR-Volkskammer wandelt die seit 1952 zentralistisch verwaltete DDR in einen föderativen Staat mit Berlin und fünf neuen Ländern um: Mecklenburg-Vorpommern, Brandenburg, Sachsen-Anhalt, Sachsen und Thüringen.

1. September | In Ost- und Westberlin beginnt das Ausstellungsprojekt »Endlichkeit der Freiheit«. Nach einer Idee von Heiner Müller, Rebecca Horn und Jannis Kounellis zeigen elf verschiedene Künstler 21 Installationen zu Themen der deutschen Geschichte.

5. September | Nach einer Entscheidung des Bundesverfassungsgerichts darf der »genetische Fingerabdruck« künftig in Prozessen als Beweismittel verwendet werden.

3. Oktober | Die Deutsche Demokratische Republik tritt dem Geltungsbereich des Grundgesetzes der Bundesrepublik bei und hört damit auf zu existieren.

12. Oktober | Bundesinnenminister Wolfgang Schäuble erleidet bei einem Attentat im südbadischen Oppenau lebensgefährliche Verletzungen, die zu einer Querschnittslähmung führen.

10. November | Der Parteivorstand der PDS beschließt, auf 80 % des SED-Parteivermögens zu verzichten. Es wird betont, dass keine Auslandsgelder vorhanden seien.

19. November | Auf ihrem Gipfeltreffen in Paris erklären die 34 KSZE-Staaten den Kalten Krieg für beendet.

1991

Hoyerswerda

Der letzte Trabi

Der letzte Wartburg

Der erste VW-Golf aus ostdeutscher Produktion

Der Leichnam Friedrichs II. wird nach Potsdam überführt

von links nach rechts

Im ersten Jahr nach der Wiedervereinigung fällt der Deutsche Bundestag eine wichtige Entscheidung für Berlin: Am 20. Juni stimmen nach einer langen Debatte 338 von 660 Abgeordneten dafür, dass Berlin wieder Regierungssitz wird, nachdem es der Einigungsvertrag von 1990 bereits zur Hauptstadt bestimmt hatte.

Die Diskussion über den Berlin-Umzug bestimmt viele Wochen das politische Leben. In Bonn und ganz Nordrhein-Westfalen gibt es starke Bedenken; die menschlichen und finanziellen Folgen eines Wechsels nach Berlin seien zu hoch. Die Berlin-Befürworter argumentieren vor allem, Berlin sei die einzige Stadt, die Deutsches aus Ost und West in sich vereine und somit glaubwürdig für den gemeinsamen Neubeginn zur Herstellung der Einheit Deutschlands stehe. Auch stelle Berlin die »Brücke zum Osten« dar. Bei der entscheidenden Abstimmung im Bundestag hatten Bundeskanzler Helmut Kohl ebenso wie Außenminister Dietrich Genscher, Altkanzler Willy Brandt, SPD-Fraktionschef Hans-Jochen Vogel, Justizminister Wolfgang Schäuble und andere prominente Politiker für Berlin votiert. Der letztendlich gefundene Kompromiss sieht nur eine teilweise Verlagerung von Bundesministerien an die Spree vor. Neben Bundeskanzleramt und Presse- und Informationsamt der Bundesregierung siedeln sich von den 18 Ressorts nur zehn in Berlin an. In Bonn behalten sie einen zweiten Dienstsitz.

Auch das zweite innenpolitische Thema beschäftigt die Menschen in West und Ost gleichermaßen. Der Präsident der Treuhandanstalt, Detlev Karsten

Wie hier auf dem Münsterplatz in Bonn am 18. Januar finden in mehreren Städten der Bundesrepublik Demonstrationen gegen den Golfkrieg statt. Am 17. Januar begannen US-amerikanische, britische, saudische und kuwaitische Armeeeinheiten mit der Bombardierung von Zielen im Irak, um Saddam Hussein zum Abzug aus Kuwait zu zwingen.

Rohwedder, wird am 1. April Opfer eines Mordanschlages. Rohwedder hatte im Juli 1990 im Auftrag des DDR-Ministerrates den Vorsitz der Treuhandanstalt übernommen, die das Vermögen der Volkseigenen Betriebe zwischen Ostsee und Erzgebirge sichern und ordnen sowie die Firmen privatisieren soll. Seit dem 1. Januar 1991 leitete er als Präsident die Bundesbehörde. Am Tatort finden die Beamten ein Bekennerschreiben eines RAF-Kommandos Ulrich Wessel. Der oder die Täter konnten bis heute nicht ermittelt werden. Ein Trauerstaatsakt würdigt die Verdienste des mehrfach als »Manager des Jahres« ausgezeichneten Mannes. Seine Nachfolge übernimmt Birgit Breuel.

Der langjährige Staats- und Parteichef Erich Honecker verlässt im März mit seiner Frau Margot das Land, um sich seiner Verhaftung wegen des Schießbefehls an der innerdeutschen Grenze zu entziehen. In einer Nacht- und Nebelaktion werden sie von den sowjetischen Truppen nach Moskau ausgeflogen. Dort bleiben die Honeckers jedoch nicht lange in staatlicher Obhut. Aus Furcht vor einer Auslieferung an Deutschland begeben sie sich im Dezember in die chilenische Botschaft in der Hoffnung auf politisches Asyl. Die DDR hatte nach dem Sturz Salvador Allendes im Jahr 1973 tausende verfolgte Chilenen aufgenommen, und auch die Tochter Honeckers lebt in Chile. In Berlin indes müssen sich seit Anfang September die ersten ehemaligen Grenzsoldaten wegen ihrer Schüsse auf Flüchtende vor Gericht verantworten.

links: Bei seiner ersten Besuchsreise durch die krisengeschüttelte Industrieregion um Bitterfeld wird Bundeskanzler Kohl vor dem Stadthaus in Halle von aufgebrachten Demonstranten mit Eiern und Farbbeuteln beworfen. Darüber empört, reißt Kohl sich von den Sicherheitskräften los und stellt sich der Menge entgegen.

rechts: Detlev Karsten Rohwedder leitet seit Juli 1990 die Treuhandanstalt Berlin, deren Aufgabe es ist, die ehemaligen volkseigenen DDR-Betriebe in Privateigentum zu überführen oder auch stillzulegen. Rohwedder wird am 1. April, vielleicht von RAF-Terroristen, ermordet.

Gerade Honecker hätte sich wohl nicht vorstellen können, dass ausgerechnet die einstige »sozialistische Stadt« Hoyerswerda in Sachsen einmal zum Synonym für den wachsenden Rechtsextremismus werden würde. Im September kommt es hier mehrere Tage lang zu ausländerfeindlichen Übergriffen. Erste Opfer sind vietnamesische Straßenhändler und Vertragsarbeiter aus Mosambik. Das Asylbewerberheim wird mit Steinen und Molotow-Cocktails beworfen, Neonazis greifen Ausländer unter dem Beifall vieler Einwohner auch körperlich an. 32 Menschen erleiden Verletzungen. Nach den Ausschreitungen lässt die sächsische Landesregierung alle Ausländer nach Dresden evakuieren.

Demgegenüber nimmt sich der Rücktritt von Lothar Späth vom Posten des baden-württembergischen Ministerpräsidenten wegen mehrerer Fernreisen auf Kosten von Industrieunternehmen als wenig aufregend aus.

Abschied wird auch in Zwickau genommen. Hier läuft nach 28 Produktionsjahren am 30. April der letzte Trabant 601 vom Band. Es ist das Exemplar mit der Nummer 3.096.099. Zwischen 1957 und 1991 produzierte das Werk in Sachsen vier Trabant-Typen, von 1964 bis 1990 den Typ 601. Kurz vor dem Ende versuchte der Betrieb mit dem Viertakt-Trabant noch einmal einen Neubeginn, doch blieben die Käufer aus, da ihnen nun eine viel größere Auswahl an Traumautomobilen zur Verfügung stand. CDS

WAS SONST NOCH GESCHAH

1991

6. Januar | Mit der Landung der ersten von insgesamt 18 Alpha-Jets in der Türkei beginnt die Bundeswehr ihren ersten Einsatz in einem kriegsbedrohten Krisengebiet.

8. Januar | Nach dem Kriegsende verschwundene Teile des mittelalterlichen Quedlinburger Domschatzes, die in den USA wieder aufgetaucht sind, kehren an ihren ursprünglichen Ort zurück.

12. Januar | Überall in Deutschland kommt es zu Demonstrationen gegen die Ausweitung des Zweiten Golfkriegs.

17. Januar | Helmut Kohl wird erneut zum Bundeskanzler gewählt.

19. Januar | Wegen des Golfkriegs sagen viele Karnevalsvereine ihre Fastnachtsveranstaltungen ab.

21. März | Bundesforschungsminister Heinz Riesenhuber (CDU) verkündet den Baustopp für den sogenannten Schnellen Brüter im niederrheinischen Kalkar.

6. April | In Frankfurt am Main wird die 1987 durch einen Brand zerstörte und wiederaufgebaute Alte Oper eingeweiht.

10. April | Im Automobilwerk Eisenach rollt der letzte Personenkraftwagen der Marke »Wartburg« vom Band.

13. April | Neue Präsidentin der Treuhandanstalt wird die ehemalige Finanzministerin des Landes Niedersachsen, Birgit Breuel (CDU).

9. Mai | Die Bundesregierung beschließt, dass Handel und Industrie ab Dezember 1991 Transportverpackungen zurücknehmen und wiederverwenden müssen.

14. Mai | In ihrer ersten Arbeitssitzung im Berliner Reichstagsgebäude beschließen die Abgeordneten des Deutschen Bundestages die Einführung des Solidaritätszuschlages für den Aufbau der neuen Bundesländer zum 1. Juli.

7. Juli | Mit einem Sieg über Boris Becker gewinnt Michael Stich die All-England-Tennismeisterschaften in Wimbledon. Das Damenfinale kann Steffi Graf zum dritten Mal für sich entscheiden.

6. September | Der stellvertretende CDU-Vorsitzende Lothar de Maizière legt nach erneuten Vorwürfen, informeller Mitarbeiter des Ministeriums für Staatssicherheit gewesen zu sein, seine Parteiämter nieder.

10. September | Wegen schwerer Sicherheitsbedenken verfügt Bundesumweltminister Klaus Töpfer den Abriss aller Reaktorblöcke des ostdeutschen Kernkraftwerks Greifswald.

8. November | Auf dem Platz der Vereinten Nationen in Berlin-Friedrichshain wird mit dem Abbau des Lenin-Denkmals begonnen.

14. November | Der Bundestag verabschiedet das Gesetz über die Unterlagen der Staatssicherheit. Damit erhalten alle Bürger das Recht, ab dem 1. Januar 1992 Einsicht in die von der DDR-Staatssicherheit über sie geführten Akten zu nehmen.

3. Dezember | Der Staatsminister im Bundeskanzleramt, Lutz Stavenhagen, tritt wegen geheimer Panzerlieferungen des Bundesnachrichtendienstes (BND) an den israelischen Geheimdienst Mossad zurück. Die Panzer stammen aus Beständen der Nationalen Volksarmee (NVA).

9. Dezember | Die Staats- und Regierungschefs der zwölf EG-Staaten beschließen im niederländischen Maastricht die Gründung der Europäischen Union (EU).

17. Dezember | Boris Jelzin und Michail Gorbatschow vereinbaren die Auflösung der UdSSR zum 21. Dezember 1991.

1992

Honecker-Prozess

Rechtsradikaler Brandanschlag in Mölln

Unterzeichnung des Hauptstadtvertrags

Erich Honecker vor Gericht

Günter Grass tritt aus der SPD aus

von links nach rechts

Eine neues Wort bestimmt in dieser Zeit wie kaum ein anderer Begriff die Medienberichterstattung, Polit-Talks, innerparteiliche Diskussionen und selbst die Bundestagsdebatten: »Gauck-Behörde«. Gemeint ist das Amt des »Bundesbeauftragten für die Unterlagen des Staatssicherheitsdienstes der ehemaligen DDR«. Erster Leiter dieser Bundesoberbehörde ist der Pfarrer Joachim Gauck. Seit Jahresbeginn können Bundesbürger aus Ost und West die Akten einsehen, die das Ministerium für Staatssicherheit der DDR über sie angelegt hat. Wie noch nie zuvor stand damit das in Millionen von Akten zusammengetragene Wissen eines Geheimdienstes einer breiten demokratischen Öffentlichkeit zur Verfügung. Die Grundlage dafür schuf Ende 1991 der Bundestag mit dem Stasi-Unterlagen-Gesetz.

Im Januar bestimmt der erste Mauerschützenprozess die öffentliche Diskussion. Ehemalige Grenzsoldaten der DDR stehen wegen der Schüsse auf Flüchtende vor dem Berliner Landgericht. Im Februar 1989 hatten die angeklagten vier Grenzsoldaten versucht, die Flucht des jungen Ostberliner Kellners Chris Gueffroy und seines Freundes nach Westberlin zu verhindern. Zwei der vier Angeklagten erhalten wegen »bedingt vorsätzlichen Totschlags« eine Freiheitsstrafe von dreieinhalb bzw. zwei Jahren mit Bewährung. Die beiden anderen Ex-Soldaten kommen mit einem Freispruch davon. – Im März 1993 hebt der Bundesgerichtshof das Urteil jedoch auf; das Strafmaß für den Haupttäter sei zu

1992

Brandanschlag auf das Asylbewerberheim in Rostock-Lichtenhagen. Nach dem 22. August kommt es hier mehrere Nächte lang zu ausländerfeindlichen Ausschreitungen von Jugendlichen, die von zahlreichen Bewohnern umliegender Häuser beklatscht werden.

hoch gewesen, da dieser in der militärischen Hierarchie ganz unten gestanden und auf Befehl gehandelt habe, hieß es in der Begründung.

Gegen die Verantwortlichen der Todesschüsse an der Mauer beginnt dann der Prozess am 12. November, ebenfalls vor dem Berliner Landgericht. Angeklagt sind die Mitglieder des einstigen Nationalen Verteidigungsrates der DDR: der frühere Verteidigungsminister Heinz Keßler, sein Stellvertreter Fritz Streletz, Ministerpräsident Willi Stoph, der frühere SED-Bezirkssekretär von Suhl, Hans Albrecht, sowie Erich Mielke und auch Erich Honecker, der sich 1991 nach Moskau geflüchtet hatte, im Juli aber wieder zurückkehren musste: Der neue russische Präsident Boris Jelzin war dem Auslieferungsersuchen der Bundesregierung nachgekommen und überstellte Honecker den deutschen Behörden.

Das Verfahren gegen Stasi-Chef Erich Mielke wird jedoch erst einmal ausgeklammert, da er sich seit Februar bereits wegen eines anderen Vergehens den Richtern stellen muss. Dieser Fall liegt schon 61 Jahre zurück. Mit einem anderen Kommunisten hatte Mielke im August 1931 auf dem Berliner Bülowplatz zwei Polizisten aus dem Hinterhalt erschossen. Er war damals in die Sowjetunion geflohen und hatte später gehofft, dass der Vorfall in Vergessenheit geraten würde. Doch das Berliner Landgericht verurteilt ihn 1993 wegen Mordes in zwei Fällen und eines versuchten Mordes rechtskräftig zu einer Freiheitsstrafe von sechs Jahren.

links: Am 8. November versammeln sich im Berliner Lustgarten Zehntausende, um gegen die wachsende Ausländerfeindlichkeit in der Bundesrepublik und eine Verschärfung des Asylrechts zu demonstrieren.

rechts: Der US-amerikanische Pop-Star Michael Jackson startet am 27. Juni im Münchener Olympiastadion eine Konzerttour durch Europa. Sein im November 1991 erschienenes Album »Dangerous« wird zur weltweit meistverkauften Platte des Jahres.

In weltweite Schlagzeilen gelangt Deutschland im August. Rechtsextreme Jugendliche zünden unter dem Beifall zahlreicher Sympathisanten und ohne ausreichenden Widerstand der Polizei in Rostock-Lichtenhagen einen Plattenbau an, in dem vor allem Vietnamesen wohnen. Zu diesem Zeitpunkt tobt zwischen den Parteien ein heftiger Streit um die Verschärfung des Asylrechts.

Über 483.000 Menschen stellen im Jahr 1992 einen Antrag auf Asyl in Deutschland, so viele wie noch nie. Allein nach Rostock kommen jeden Monat 11.000 Asylbewerber. Die Zentrale Aufnahmestelle liegt mitten in der Neubausiedlung im Norden der Stadt; die Unterkünfte dort sind überfüllt, sodass viele Flüchtlinge seit Monaten in den umliegenden Anlagen campieren müssen, ohne Wasser und ohne Toiletten. Am 22. August greifen rund 400 rechtsgerichtete Jugendliche die Asylbewerber mit Baseballschlägern, Steinen und Brandsätzen an. Bis zu 5.000 Passanten sehen zu und applaudieren. Drei Tage lang dauern die Ausschreitungen, die als die massivsten rechtsextremistischen Vorfälle der deutschen Nachkriegsgeschichte gelten. Im Dezember stimmt die Mehrheit im Bundestag für die Verschärfung des Asylrechts – nicht zuletzt aufgrund der Vorfälle in Rostock. CDS

WAS SONST NOCH GESCHAH

1992

19. Januar | In Berlin wird die erste zentrale deutsche Gedenkstätte zur Erinnerung an den Holocaust in der Villa am Wannsee eröffnet, wo im Januar 1942 auf der berüchtigten Wannsee-Konferenz die »Endlösung der Judenfrage« beschlossen wurde.

2. Februar (bis 22. 2.) | Bei den XVI. Olympischen Winterspielen in Albertville belegt die deutsche Mannschaft in der Nationenwertung Platz 1.

15. Februar | Der Deutsche Leichtathletik-Verband verhängt über die Sprinterinnen Katrin Krabbe, Grit Breuer und Silke Möller eine Sperre. Ihnen wird vorgeworfen, zur Doping-Kontrolle Urinproben manipuliert zu haben.

27. Februar | Bundeskanzler Helmut Kohl und Staatspräsident Václav Havel schließen in Prag den Vertrag über gute Nachbarschaft und freundschaftliche Zusammenarbeit zwischen der Bundesrepublik und der Tschechischen und Slowakischen Föderation. In der Präambel wird die Ungültigkeit des Münchner Abkommens im Sinne des Prager Vertrages vom 11. Dezember 1973 bestätigt.

11. Mai | In München verabschiedet Bundesverteidigungsminister Volker Rühe die ersten deutschen Soldaten, die sich an einer Friedensmission der UNO beteiligen. Die Sanitätssoldaten sollen im Rahmen der UNO-Aktion in Kambodscha die medizinische Versorgung der Blauhelm-Soldaten unterstützen.

17. Juni | In Bonn werden die neue Kunst- und Ausstellungshalle der Bundesrepublik Deutschland und das Kunstmuseum Bonn feierlich eröffnet.

26. Juni | Der Bundestag verabschiedet eine Neuregelung des Abtreibungsrechts, die eine Fristenlösung mit Beratungspflicht vorschreibt.

2. Juli | Die UNO richtet eine internationale Luftbrücke ein, um die Bevölkerung in der eingeschlossenen Stadt Sarajewo mit Hilfsgütern zu versorgen. Beteiligt sind auch Flugzeuge der Bundeswehr.

6. Juli | Das äußerst harte Vorgehen der bayerischen Polizei gegen Demonstranten am Rande des 18. Weltwirtschaftsgipfels in München führt zu heftigen innenpolitischen Kontroversen.

25. Juli (bis 9. 8.) | Bei den XXV. Olympischen Sommerspielen erreicht die deutsche Mannschaft in der Nationenwertung Platz 3 hinter dem »Vereinten Team« mit Sportlern aus der ehemaligen Sowjetunion und der Mannschaft der USA.

30. August | Als weltweit erste evangelisch-lutherische Bischöfin wird die Theologin Maria Jepsen in ihr Amt eingeführt. Sie betreut den Sprengel Hamburg der Nordelbischen Kirche.

28. Oktober | Die brandenburgische Bildungsministerin Marianne Birthler (Bündnis 90) tritt wegen des Verhaltens von Ministerpräsident Manfred Stolpe im Zusammenhang mit dessen ungeklärten Stasi-Kontakten zurück.

23. November | In der schleswig-holsteinischen Kleinstadt Mölln kommen drei Türkinnen bei einem Brandanschlag rechtsextremer Gewalttäter ums Leben, sieben Personen werden verletzt.

Mit den Stimmen der Regierungskoalition und der SPD einigt sich der Bundestag auf eine Änderung des Artikels 16 im Grundgesetz zum Asylrecht. Asylbewerber aus anderen EG-Staaten und sogenannten sicheren Drittländern sollen künftig ohne Gerichtsverfahren zurückgeschickt werden können.

28. Dezember | Der Schriftsteller Günter Grass tritt wegen der Haltung der SPD in der Asylfrage aus der Partei aus.

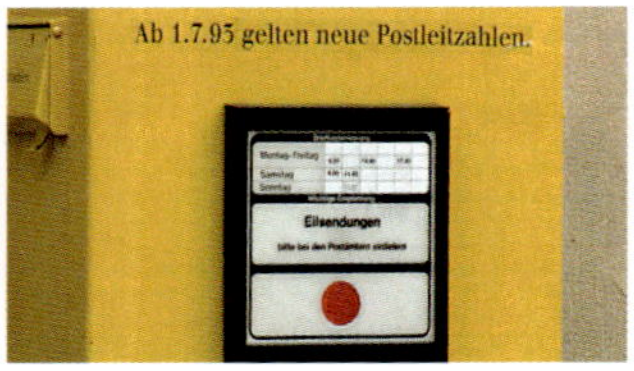

1993

Einweihung der Zentralen Gedenkstätte in der Neuen Wache Unter den Linden

Erich Mielke bei der Urteilsverkündung

Einführung neuer Postleitzahlen

Spurensicherung in Bad Kleinen

Deutsche Premiere des Films »Jurassic Park«

von links nach rechts

Im dritten Jahr nach der Wiedervereinigung zeigt sich, dass die meisten Betriebe in der ehemaligen DDR, die sich selbst zu den führenden zehn Industrienationen der Welt gezählt hatte, nach dem Wegbrechen der Absatzmärkte im Osten kaum mehr wettbewerbsfähig sind. Nur halb so produktiv wie die westdeutsche Konkurrenz, kämpfen sie nun oft vergeblich gegen die Schließung. Nur wenige Lichtblicke gibt es; so gelingt der Firma »Foron Hausgeräte« im sächsischen Niederschmiedeberg ein unerwarteter Erfolg. Der weltweit erste Kühlschrank ohne Fluorkohlenwasserstoffe und Fluorchlorkohlenwasserstoffe (FKW und FCKW) geht hier in Serienproduktion – mit über 70.000 Vorbestellungen. Heute kommt kein Kühlschrank mehr ohne die damals erfundenen Kühlmittel aus – das Werk allerdings musste dennoch 1996 Konkurs anmelden.

Um die Kosten des Einigungsprozesses zu finanzieren, beschließen die Ministerpräsidenten der 16 Bundesländer im Februar den sogenannten Solidarpakt. Er sieht umfangreiche Transferleistungen von West nach Ost vor; im März stimmt auch die Bundesregierung diesem Programm zu. Durch die Neuordnung des Länder-Finanzausgleichs und des Umsatzsteueraufkommens übernimmt der Bund die Hauptlasten des wirtschaftlichen Aufbaus in Ostdeutschland.

Von ökonomischen und technologischen Umwälzungen sind auch die Stahlarbeiter im Ruhrgebiet und dem Saarland betroffen. Trotz zahlreicher Kampfaktionen wie der »Nacht der 1000 Feuer« am 17. Februar können auch sie die

1993

Protestierende Kumpel vor dem Kalibergwerk »Thomas Müntzer« in Bischofferode, im thüringischen Eichsfeld. Mit Aktionen wie der Besetzung des Werkes, einem Hungerstreik und einem Marsch auf Berlin wollen die Beschäftigten des einstigen Zentrums des Kalibergbaus der DDR die Schließung verhindern. Das Werk wird dennoch Ende des Jahres stillgelegt.

Schließung des Stahlwerks Duisburg-Rheinhausen und Massenentlassungen bei der Saarstahl AG in Völklingen nicht verhindern.

Auf der innenpolitischen Bühne gibt es so viele Rücktritte und Neubesetzungen wie in kaum einem anderen Jahr. Im Januar muss der FDP-Politiker und Wirtschaftsminister Jürgen Möllemann seinen Hut nehmen, da er auf Briefbögen mit dem offiziellen Aufdruck seines Ministeriums für ein Produkt eines Verwandten Werbung gemacht hatte, und Anfang Mai tritt Björn Engholm wegen einer Falschaussage im Kieler Barschel-Untersuchungsausschuss vom Amt des schleswig-holsteinischen Ministerpräsidenten und als SPD-Vorsitzender zurück. Mit Heide Simonis (SPD), die ihm im Amt nachfolgt, ist erstmals eine Frau Regierungschefin eines Bundeslandes. Den nächsten Paukenschlag löst Bundesverkehrsminister Günther Krause (CDU) aus. Der Politiker hatte sich als Verhandlungsführer der DDR bei den Gesprächen über den deutsch-deutschen Einigungsvertrag einen Namen gemacht; im Mai tritt er zurück, weil er seine damalige Ehefrau als Putzhilfe mit staatlichen Geldern für Dauerarbeitslose alimentiert haben soll. Auch den Umzug von Berlin an den vormaligen Familienwohnsitz Börgerende bei Rostock ließ er sich vom Staat finanzieren.

Zu einer schweren innenpolitischen Krise kommt es nach einem missglückten Einsatz der GSG 9 in Bad Kleinen, in dessen Folge Anfang Juli Innenminister Rudolf Seiters (CDU) zurücktreten muss. Am 27. Juni war es auf dem Bahnhof

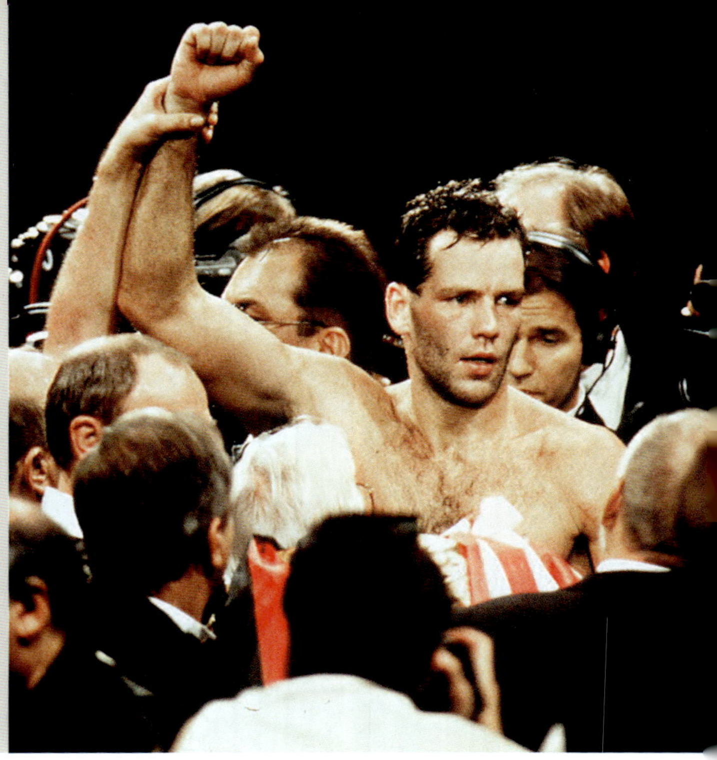

links: Auf der »Brücke der Solidarität« in Duisburg versammeln sich am 24. Februar Kumpel aus dem Ruhrgebiet zu einer Demonstration für den Erhalt des Stahlstandortes Rheinhausen. Auch sie können die Schließung nicht verhindern, sie erfolgt am 14. August.

rechts: Mit dem in der DDR groß gewordenen Henry Maske, hier nach seinem Sieg über Dave Vetter in Düsseldorf, wird Boxen zu einem Medienereignis. Nachdem Maske sich am 20. März gegen Charles William den Weltmeistergürtel im Halbschwergewicht erkämpfte, kann er den Titel 1993 noch zweimal und bis 1996 insgesamt zehnmal verteidigen.

der mecklenburgischen Kleinstadt bei der Festnahme der RAF-Mitglieder Wolfgang Grams und Birgit Hogefeld zu einem Schusswechsel gekommen; dabei starben ein Polizist und Wolfgang Grams.

Die Kette rechtsextremistischer Vorfälle reißt auch 1993 nicht ab. Bei einem im Mai von Gewalttätern verübten Brandanschlag auf ein von Türken bewohntes Haus sterben in Solingen fünf Menschen. Zwei Tage nach dem Anschlag nimmt die Polizei einen 16-jährigen Schüler fest, der ein Geständnis ablegt und drei weitere Personen im Alter von 16 und 23 Jahren als Mittäter belastet.

In Berlin schickt man sich an, ein weiteres Kapitel DDR-Vergangenheit verschwinden zu lassen. Die Bundesregierung und der Berliner Senat beschließen im März den Abriss des asbestverseuchten Palastes der Republik. Auf dem einstigen Marx-Engels-Platz, der nun wieder Schlossplatz heißt, lässt der 1992 gegründete Förderverein Berliner Stadtschloss eine Attrappe des einstigen Baus aus Polyesterfolie in Originalgröße errichten, um so für den Wiederaufbau des historischen Gebäudes zu werben. Unterdessen durfte das Ehepaar Honecker nach Chile ausreisen. Wegen Honeckers schlechten Gesundheitszustandes war das Verfahren gegen ihn wegen des Schießbefehls an der Mauer eingestellt worden. CDS

WAS SONST NOCH GESCHAH

1993

18. Januar | In München erscheint die erste Ausgabe des vom Burda-Verlag herausgegebenen Nachrichtenmagazins »Focus«.

17. Februar | Im Ruhrgebiet demonstrieren tausende Stahlarbeiter in der »Nacht der 1000 Feuer« gegen drohende Massenentlassungen und blockieren zahlreiche Verkehrsverbindungen.

13. März | In Bonn einigen sich die Bundesregierung, die oppositionelle SPD und die Ministerpräsidenten der Länder auf einen Solidarpakt zur Finanzierung der Folgen der deutschen Einheit.

12. April | AWACS-Flugzeuge der NATO beginnen mit der Überwachung des bosnischen Luftraums. An den Aufklärungsflügen beteiligen sich auch 162 Angehörige der Bundeswehr. Dies ist der erste Kampfeinsatz deutscher Soldaten seit Ende des Zweiten Weltkriegs; bisherige Einsätze der Bundeswehr bestanden nur in unterstützender Kontrolltätigkeit.

30. April | Die Weltranglisten-Erste im Damen-Tennis, die 19-jährige Serbin Monica Seles, wird beim internationalen Tennisturnier am Hamburger Rothenbaum von einem geistig verwirrten deutschen Fan ihrer stärksten Kontrahentin, Steffi Graf, mit einem Messer verletzt.

25. Mai | Franz Steinkühler tritt wegen seines umstrittenen Insiderhandels bei Aktiengeschäften von seinem Amt als Vorsitzender der Industriegewerkschaft Metall zurück. Zu seinem Nachfolger wird am 2. Oktober sein bisheriger Stellvertreter Klaus Zwickel gewählt.

16. Juni | Das schwedische Institut für Friedensforschung (SIPRI) benennt in seinem Jahresbericht die Bundesrepublik nach den USA und Russland als drittgrößten Waffenexporteur der Welt mit einem Ausfuhrvolumen von 3,1 Milliarden D-Mark.

25. Juni | Auf dem Sonderparteitag der SPD in Essen wählen die Delegierten den rheinland-pfälzischen Ministerpräsidenten Rudolf Scharping zum Nachfolger des zurückgetretenen SPD-Vorsitzenden Björn Engholm.

1. Juli | In der Bundesrepublik wird das frühere vierstellige Postleitzahlensystem durch neue, fünfstellige Zahlen abgelöst.

1. August | Nach dem Konkursantrag entlässt die Saarstahl AG in Völklingen 2150 der 7200 Mitarbeiter. Am 14. August wird das Stahlwerk Duisburg-Rheinhausen des Krupp-Hoesch-Konzerns endgültig geschlossen.

2. September | In den deutschen Kinos läuft der Film »Jurassic Park« des US-amerikanischen Regisseurs Steven Spielberg an.

13. Oktober | Bundesgesundheitsminister Horst Seehofer (CSU) kündigt die Auflösung des Bundesgesundheitsamtes in Berlin an, da Mitarbeiter der Behörde jahrelang verschwiegen haben, dass es in der Bundesrepublik 373 Verdachtsfälle einer Infektion mit dem AIDS-Virus HIV durch verseuchte Blutpräparate gibt.

28. Oktober | Der deutsche Bundestag beschließt eine Neuregelung des Namensrechtes, wonach Eheleute nicht mehr zur Führung eines gemeinsamen Familiennamens verpflichtet sind.

26. November | Als Reaktion auf die Anschlagswelle militanter Kurden gegen türkische Einrichtungen verbietet Innenminister Manfred Kanther (CDU) die Kurdische Arbeiterpartei (PKK).

17. Dezember | Der Bundesrat billigt die Zusammenlegung der westdeutschen Bundesbahn und der ostdeutschen Reichsbahn sowie deren privatwirtschaftliche Neuorganisation zur Deutschen Bahn AG.

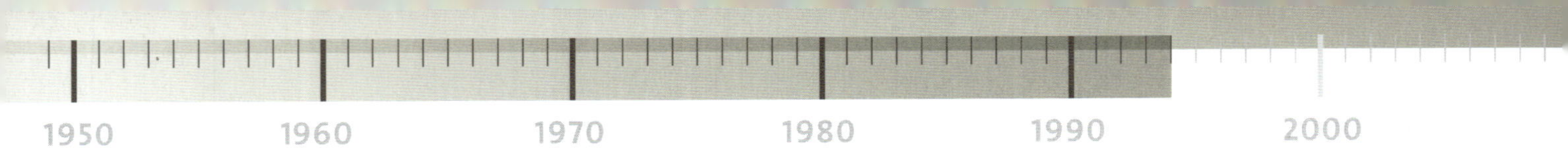

1994

Deutsche Soldaten auf der Parade am 14. Juli in Paris

Die West-Alliierten ziehen aus Westdeutschland ab

Die russischen Truppen ziehen aus Ostdeutschland ab

Michael Schumacher wird Formel-1-Weltmeister

Vereidigung Roman Herzogs zum Bundespräsidenten

von links nach rechts

Vielerorts in Deutschland wird in diesem Jahr Abschied gefeiert. Das geschieht mit offiziellen Reden, Stechschritt, Panzerparaden und Volksfesten: Die westlichen Militärs reduzieren ihre Präsenz im Westen; in den Jahren 1994 und 1995 ziehen zwei Drittel der hier als Soldaten stationierten 400.000 US-Amerikaner, Franzosen, Briten, Kanadier, Belgier und Niederländer ab. Im Osten räumt die russische Armee alle Kasernen, Flugplätze und Übungsgebiete. Auch aus Berlin werden alle alliierten Truppen abgezogen. Erst mit diesen offiziellen Akten scheint für viele Einwohner die mit dem Ende des Zweiten Weltkrieges eingeleitete deutsche Teilung endgültig überwunden zu sein. Der Ost-West-Gegensatz, der jahrzehntelang zu einem Kalten Krieg geführt hatte, hat seinen Platz nur noch in den Geschichtsbüchern.

In Berlin jubeln im Juni mehr als 75.000 Menschen der letzten gemeinsamen Parade der Westalliierten auf der Straße des 17. Juni zu. Die Russen nehmen eine Woche später im Stadtbezirk Köpenick separat Abschied. Allen Bemühungen des russischen Präsidenten Boris Jelzin um eine gemeinsame Verabschiedung erteilen die Bundesregierung und die einstigen Westmächte eine Abfuhr. Die in der Vergangenheit gerissenen Wunden, vor allem die Blockade Westberlins 1948/1949 durch sowjetische Truppen, bleiben unvergessen. So nehmen an dem Großen Zapfenstreich, der im September am Brandenburger Tor stattfindet, auch nur Staatsgäste aus den USA, Großbritannien und Frankreich teil.

Über eineinhalb Jahre scheint das Berliner Schloss wiedererstanden, seit am 1. Juli 1993 die Attrappe aus Plastikplanen auf dem einstigen Standort errichtet wurde. Mit dieser Installation wirbt der Förderverein Berliner Schloss AG für den Wiederaufbau des historischen Gebäudes.

Der Abzug der russischen Truppen hinterlässt in Ostdeutschland erschreckende Spuren im Umweltbereich, deren Beseitigung noch Jahre dauern wird. Bis heute sind Übungsplätze wegen der Belastung durch vergrabene oder nicht gekennzeichnete Bombenblindgänger gesperrt. Anders als die westlichen Militärs schotteten sich die sowjetischen Streitkräfte fast fünf Jahrzehnte ab. Erst nach der Wende öffneten sich die Kasernentore für Neugierige. In der Zeit vor dem endgültigen Abflug des letzten Oberkommandierenden nach Moskau am 31. August 1994 entwickelte sich noch ein schwunghafter Schwarzhandel mit Autos, Bekleidung und Haushaltwaren.

Die Dimensionen des Abzugs sind enorm. Experten sprechen von der größten Truppenverlegung in Friedenszeiten. Rund 380.000 russische Soldaten sowie 210.000 Zivilpersonen müssen das Gebiet der ehemaligen DDR sowie Ostberlins verlassen. Monatelang rollen Militärzüge aus allen Teilen Ostdeutschlands in die Häfen von Rostock und Mukran auf Rügen und zur Grenze nach Polen. In Russland indes ist man auf diese Rückkehr in keiner Weise vorbereitet. Die Bundesrepublik stellt zwar beträchtliche finanzielle Mittel für den Bau von Soldatenunterkünften in Russland zur Verfügung, doch davon kommt nur ein Teil tatsächlich an den richtigen Adressen an.

Ein neues Kapitel der Wirtschaftsgeschichte schreibt der Immobilienunternehmer Jürgen Schneider. Der Bauingenieur hat sich mit der aufwendigen Sanie-

links: Eberhard Diepgen, der Regierende Bürgermeister von Berlin (l.), und die Stadtkommandanten der drei Westalliierten während der Abschiedsparade der Alliierten Streitkräfte am 18. Juni auf der Straße des 17. Juni.

rechts: Russische Soldaten verlassen ihre Kaserne. Die Abschiedsparade der russischen Armee findet am 25. Juni im Volkspark Wuhlheide statt, und nach einer Abschiedsfeier im Treptower Park am 31. August endet auch die russische Militärpräsenz in Deutschland.

rung historischer Bauten in Frankfurt am Main, Berlin, Leipzig und München zwar einen guten Namen gemacht, 1994 aber bricht sein Imperium aus 150 Immobilien wie ein Kartenhaus zusammen. Seine Projekte erweisen sich als unrentabel und sind auf dem überhitzten Immobilienmarkt kaum verkäuflich. Mit immer größeren Krediten stopfte Schneider die Verluste. Die nun nicht mehr aufzuhaltende Milliardenpleite schädigt auch das Image deutscher Banken. 1997 wird Schneider wegen Betrugs, Kreditbetrugs und Urkundenfälschung zu einer Freiheitsstrafe von sechs Jahren und neun Monaten verurteilt.

Im April endet der bis dahin längste und aufwendigste Erpressungsfall in der deutschen Kriminalgeschichte. Arno Funke, der unter seinem Pseudonym »Dagobert« bekannt wird, forderte 1988 sowie zwischen 1992 und 1994 von einer Kaufhauskette größere Geldsummen und ließ deshalb Bomben detonieren. Seine mit Phantasie, technischen Fähigkeiten und taktischer Vorsicht ausgeübten Taten und die Misserfolge der Polizei bei ihren Ergreifungsversuchen brachten ihm sogar eine gewisse öffentliche Sympathie ein. Letztlich führt eine groß angelegte Observierung zu »Dagoberts« Festnahme im April während eines Anrufes aus einer Telefonzelle im Berliner Ortsteil Johannisthal. 1996 wird er wegen schwerer räuberischer Erpressung zu neun Jahren Haft verurteilt.

Im Mai übernimmt der bisherige Präsident des Bundesverfassungsgerichtes Roman Herzog das Amt des Bundespräsidenten. CDS

WAS SONST NOCH GESCHAH

1994

14. Januar | Eine Allparteienrunde (ohne Bündnis 90/Grüne und die PDS) unter Leitung von Bundeskanzler Helmut Kohl einigt sich auf den Umzug von Regierung und Parlament nach Berlin spätestens bis zum Jahr 2000.

11. März | Die Bundesregierung beschließt die Einführung der Pflegeversicherung. Sie ist als vierte Säule der Sozialversicherung neben Renten-, Arbeitslosen- und Krankenversicherung vorgesehen und tritt 1995 in Kraft.

12. Mai | Rund 60 rechtsradikale Jugendliche jagen in der Innenstadt von Magdeburg eine Gruppe Schwarzafrikaner, sechs von ihnen werden verletzt. Kritik wird am Verhalten der Polizei geäußert, die zu spät und zu zögerlich gegen die Randalierer einschreitet. Augenzeugen werfen den Polizisten vor, den Gewalttätern teilweise mit offener Sympathie begegnet zu sein.

23. Mai | Im Berliner Reichstagsgebäude wählt die Bundesversammlung den bisherigen Präsidenten des Bundesverfassungsgerichts, Roman Herzog (CDU), zum neuen Bundespräsidenten.

28. Mai | Mit den Ausstellungen »Tuning Up: Einsatz Für eine Sammlung In Wolfsburg« und »Fernand Léger ›Le Rythme De La Vie Moderne 1911–1924‹« wird das neue Kunstmuseum in Wolfsburg eröffnet.

12. Juni | Bei der vierten Direktwahl zum Europäischen Parlament erreichen die CDU/CSU 38,8 % der Stimmen, die SPD 32,2 % und die Grünen 10,1 %. FDP, PDS und die Republikaner scheitern an der Fünf-Prozent-Hürde.

14. Juni | Helmut Kohl eröffnet in Bonn das Haus der Geschichte der Bundesrepublik Deutschland.

10. Juli | US-Präsident Bill Clinton trifft zu einem mehrtägigen Staatsbesuch in der Bundesrepublik ein. In seiner Rede vor dem Brandenburger Tor am 12. Juli in Berlin baut Clinton ähnlich wie schon John F. Kennedy 1963 einen deutschen Satz ein: »Amerika steht an Ihrer Seite – jetzt und für immer.«

14. Juli | An der Parade zum französischen Nationalfeiertag auf den Champs-Elysées in Paris nehmen erstmals auch deutsche Soldaten teil.

26. Juli | Das hessische Umweltministerium in Wiesbaden ruft erstmals Ozonalarm aus. Mit der ausgelösten Alarmstufe verbunden sind Tempolimits auf Autobahnen und Landstraßen.

10. November | Der neue Bundestag konstituiert sich im Berliner Reichstagsgebäude. Als Alterspräsident eröffnet der parteilose Schriftsteller Stefan Heym, der für die PDS ein Direktmandat errang, die Sitzung. Rita Süssmuth (CDU) wird als Bundestagspräsidentin wiedergewählt, und Helmut Kohl tritt am 15. November zum fünften Mal sein Amt als Bundeskanzler an.

7. Dezember | Führende PDS-Mitglieder, darunter Gregor Gysi und Lothar Bisky, beenden ihre Protestaktion und ihren einwöchigen Hungerstreik, nachdem das Berliner Verwaltungsgericht entschieden hat, dass die strittigen Steuerforderungen in Höhe von 67 Millionen D-Mark vorläufig nicht aus dem aktuellen Vermögen der PDS beglichen werden müssen.

31. Dezember | Die Bundesanstalt zur treuhänderischen Verwaltung des Volkseigentums der ehemaligen DDR stellt ihre Arbeit ein. Die größte staatliche Industrie-Holding der Welt hat die volkseigenen Betriebe der DDR privatwirtschaftlich restrukturiert und in Privateigentum überführt.

1995

Das Schengener Abkommen tritt in Kraft

Klimakonferenz in Berlin

Christo und Jeanne-Claude

Fusions-Staatsvertrag zwischen Berlin und Brandenburg

Start der Pflegeversicherung

von links nach rechts

Eine spektakuläre Kunstaktion zieht im Sommer mehr als fünf Millionen Neugierige aus aller Welt in Berlins Mitte. Die amerikanischen Künstler Christo und Jeanne Claude verhüllen das Reichstagsgebäude mit silbernen Stoffbahnen. Vorausgegangen war ein erbitterter Streit um das Vorhaben. Der Bundestag musste dafür sogar in einer namentlichen Abstimmung sein Plazet erteilen. Einer der Gegner ist der CDU/CSU-Fraktionsvorsitzende Wolfgang Schäuble; er mahnt, mit dem politischen Symbol des Reichstages sorgsam umzugehen und sich auf keine Experimente einzulassen. Auch Bundeskanzler Helmut Kohl kann sich mit der Idee nicht anfreunden. Am Ende der Debatte stimmen aber doch 292 Abgeordnete dafür, 223 dagegen. Für viele, die mit Ja votieren, ist entscheidend, dass Christo und Jeanne-Claude, die 24 Jahre für dieses Projekt gekämpft haben, alle Kosten übernehmen.

Mit einer logistischen Meisterleistung gelingt den Künstlern die lange für unmöglich gehaltene Aktion »Wrapped Reichstag«. 100.000 Quadratmeter Stoff werden gewebt, genäht, beschichtet und nach Berlin transportiert. 90 gewerbsmäßige Bergkletterer und 120 Monteure vollenden am 24. Juni die Sensation. Nie zuvor waren seit der Öffnung der Mauer so viele Menschen nach Berlin geströmt. Sie bestaunen das Kunstwerk, sind begeistert von der Leichtigkeit der Formen und dem völlig neuen Bild des bekannten Gebäudes. Hierher zieht es Berliner und Nichtberliner am Tag und in der Nacht, hier trifft man sich zum

1995

Vom 23. Juni bis zum 6. Juli zeigt sich das Reichstagsgebäude in Berlin verpackt in einer silbrig glänzenden Folie. Das von den Künstlern Christo und Jeanne-Claude initiierte und ausgeführte Kunstwerk zieht täglich Tausende auf den Platz der Republik – ein Ereignis, das zu einem riesigen Volksfest wird.

Schauen, Reden, Tanzen und Musik machen. Es ist ein heiteres, zwei Wochen dauerndes Volksfest.

Eine Verwandlung erfährt in jenem Jahr auch Cottbus in der Lausitz. Die bis dahin als Standort der Energiewirtschaft und des Braunkohlentagebaus bekannte Stadt richtet als erster ostdeutscher Ort eine Bundesgartenschau aus. Die Stadt profitiert von öffentlichen und privaten Investitionen in Milliardenhöhe in die Verschönerung des Zentrums. Neue Hotels und Pensionen verfünffachen das Angebot an Beherbergungsplätzen auf insgesamt 2.100 Betten. Aus ihren Bundesgartenschauen können in späteren Jahren auch Potsdam, Gera und Ronneburg sowie Schwerin einen Nutzen ziehen.

Die innenpolitische Debatte wird über mehrere Wochen von der Affäre um einen Plutoniumschmuggel beherrscht, als deren Auftraggeber sich später der Bundesnachrichtendienst (BND) erweist. Der gerät dadurch in starke Erklärungsnot. Wie es heißt, hat der BND schon 1994 mit einer abenteuerlichen Aktion demonstrieren wollen, dass bereits weltweit mit dem zum Bau von Atomwaffen geeigneten radioaktiven Schwermetall Plutonium Handel getrieben wird. Ohne zwingenden Grund also provozierte der Geheimdienst ein gefährliches Scheingeschäft. Die vermeintlichen Schmuggler – ein Kolumbianer und zwei Spanier – flogen mit der brisanten Fracht in einer Lufthansa-Maschine von Moskau nach München, wo sie am Flughafen festgenommen wurden.

links: Die im August eröffnete rote Info-Box am Potsdamer Platz in Berlin. Auf einer Ausstellungsfläche von 1.135 Quadratmetern wird den Besuchern die Baustelle am Potsdamer Platz erläutert; im Oktober 1994 war die Grundsteinlegung zum ersten Gebäude des Daimler-Benz-Areals erfolgt.

rechts: Gähnende Leere an einer Shell-Tankstelle in Hamburg. Aus Protest gegen die von Shell geplante Versenkung der Ölplattform »Brent Spar« im Atlantik hat die Umweltschutzorganisation »Greenpeace« zum Boykott von Shell-Tankstellen aufgefordert.

Auch von innerparteilichen Differenzen der Sozialdemokraten berichten die Medien immer wieder an erster Stelle: Ende August entzieht Parteichef Rudolf Scharping dem niedersächsischen Ministerpräsidenten Gerhard Schröder das Amt des wirtschaftspolitischen Sprechers der Partei. Schröder hatte die Parteispitze kritisiert und eine »sozialdemokratische Wirtschaftspolitik« abgelehnt. Stattdessen gehe es nur noch um eine »moderne Wirtschaftspolitik«, sagt Schröder, bezweifelt in diesem Zusammenhang die Führungsqualitäten Scharpings und wendet sich gegen dessen Kandidatur für das Amt des Kanzlers im nächsten Bundestagswahlkampf.

Aufregung ganz anderer Art lösen schwer bewaffnete Gangster beim Überfall auf eine Bankfiliale in Berlin aus. Bereits im Jahr zuvor hatten vier Syrer, ein Libanese und ein Deutscher von einer angemieteten Garage aus begonnen, einen insgesamt 170 Meter langen Tunnel bis zur Bank zu graben. Durch den Kellerboden stoßen am Tag des Überfalls zwei der Täter in den Tresorraum vor, während ihre Kumpane die Bank durch die Tür betreten, einen Überfall simulieren und 16 Geiseln nehmen. Die Polizei lässt sich täuschen und stürmt nach 18 Stunden die Bank. Doch die Täter sind längst mit etwa 16,3 Millionen Mark durch den Tunnel verschwunden. Nur 5,3 Millionen Mark wurden später gefunden. Die Polizei kommt jedoch auf die Spur der Verbrecher, unter anderem aufgrund einer weggeworfenen Zigarettenkippe. CDS

WAS SONST NOCH GESCHAH

1995

3. Februar | Mit einer militärischen Zeremonie auf dem Truppenübungsplatz bei Potsdam wird die Eingliederung der ehemaligen NVA-Truppenteile der Bundeswehr in die NATO besiegelt.

13. Februar | Deutsche, britische und US-amerikanische Politiker und Militärs gedenken in Dresden gemeinsam der Zerstörung der Stadt durch britisch-amerikanische Bomberverbände im Februar 1945.

26. März | Zehn Jahre nach der Unterzeichnung tritt in sieben EU-Staaten das Schengener Abkommen in Kraft, wodurch die systematischen Personenkontrollen an den Binnengrenzen zwischen Deutschland, Frankreich, den Benelux-Staaten, Spanien und Portugal wegfallen. Zugleich werden schärfere Überprüfungen an den Außengrenzen eingeführt.

10. April | »Der Spiegel« wirft dem Bundesnachrichtendienst (BND) vor, den 1994 aufgedeckten Fall von Plutoniumschmuggel auf dem Münchener Flughafen inszeniert zu haben. Am 26. April beschließt der Bundestag die Einsetzung eines Untersuchungsausschusses zur Aufklärung der Plutonium-Affäre.

7. Mai | In Berlin wird das Centrum Judaicum in der Neuen Synagoge eingeweiht. Es soll als Ort jüdischen Lebens und Lehrens nicht nur den Gemeindemitgliedern, sondern auch der Öffentlichkeit zur Verfügung stehen.

27. Mai | Im Boxduell in der Dortmunder Westfalenhalle verteidigt Henry Maske seinen Weltmeistertitel im Halbschwergewicht in zwölf Runden gegen den Herausforderer Graciano Roccigiani aus Berlin. Auch im Revanchekampf am 14. Oktober in München siegt Maske nach Punkten über Roccigiani.

13. Juni | In der Geschäftsstelle der SPD-Bürgerschaftsfraktion in Lübeck explodiert eine in Salzburg aufgegebene Briefbombe. Am 9. Juni war bereits ein ähnlicher Anschlag auf die farbige TV-Moderatorin Arabella Kiesbauer in München verübt worden. Hinter den Attentaten werden rechtsradikale Täter vermutet.

8. Juli | Steffi Graf gewinnt bereits zum sechsten Mal das Tennisturnier im englischen Wimbledon.

10. August | Das Bundesverfassungsgericht erklärt das in bayerischen Klassenzimmern übliche Aufhängen von Kruzifixen für verfassungswidrig.

17. Oktober | Der Europäische Gerichtshof erklärt die Frauenquote im öffentlichen Dienst, wie sie in mehreren deutschen Bundesländern zur Anwendung kommt, für unvereinbar mit dem EU-Recht. Im November 1997 wird dieses Urteil von Luxemburg jedoch revidiert.

27. Oktober | Der Bundestag beschließt die Verkürzung des Grundwehrdienstes von zwölf auf zehn Monate.

7. November | Das Bundesverfassungsgericht konkretisiert das sogenannte Soldatenurteil vom August 1994: Wird das Kurt-Tucholsky-Zitat »Soldaten sind Mörder« allgemein zitiert, ist es durch die Meinungsfreiheit gedeckt. Wird hingegen ein einzelner Soldat als »Mörder« tituliert, kann dies als Beleidigung strafrechtlich verfolgt werden.

6. Dezember | Der Bundestag billigt die Entsendung von 4.000 deutschen Soldaten in das ehemalige Jugoslawien. Sie sollen der 60.000 Mann starken internationalen Friedenstruppe für Bosnien angehören.

10. Dezember | Mit Christiane Nüsslein-Volhard wird erstmals eine deutsche Wissenschaftlerin mit dem Nobelpreis (für Medizin) ausgezeichnet.

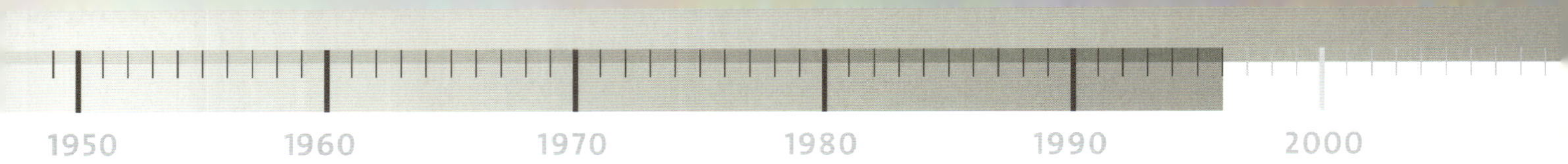

    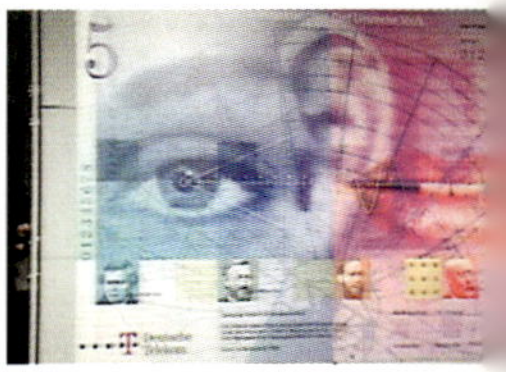

1996

Eröffnung des Museums für Gegenwartskunst in Berlin

Brand im Düsseldorfer Flughafen

Deutschland ist Fußball-europameister

Papst Johannes Paul II. in Deutschland

Die Telekom geht an die Börse

von links nach rechts

»Ich kann nur fordern, [...] dass Sie in Ihrem Wissen um die Vergangenheit [...] jede Regung des Rassismus [...] und [...] des Neo-Nazismus [...] mutig zu erkennen wissen und von der Wurzel her ausreißen, auf dass sie nicht wachsen und Zweige und Wipfel bekommen«, sagt Ezer Weizman in seiner Rede vor dem Bundestag am 16. Januar. Weizman ist als erster israelischer Staatspräsident nach der Wiedervereinigung zu Besuch in Deutschland. Kurz darauf gehen Nachrichten über genau jene »Wurzeln, Zweige und Wipfel« durch die Medien: Am 18. Januar sterben in Lübeck zehn Menschen bei einem Brandanschlag auf eine Asylbewerberunterkunft, 38 werden verletzt. Es gibt Hinweise auf rechtsextreme Täter, dann wird ein Bewohner des zerstörten Hauses, der aus dem Libanon stammt, angeklagt – und freigesprochen. Der Fall bleibt ungeklärt.

Mit dem Thema »Nationalsozialismus« setzt sich auch der amerikanische Politologe Daniel Jonah Goldhagen in seinem im April erscheinenden Buch »Hitlers willige Vollstrecker« auseinander und löst damit eine internationale Debatte über die Täter aus. Der Autor macht den Antisemitismus der »Durchschnittsdeutschen« für den Holocaust verantwortlich, weist Deutschland jedoch keine Kollektivschuld zu. Im September kommt er nach Deutschland, wo es auf den Veranstaltungen mit ihm zu recht heftigen Diskussionen kommt.

Um die Aufarbeitung der Vergangenheit geht es auch in den Gesprächen von Außenminister Klaus Kinkel in Prag mit seinem dortigen Amtskollegen Josef

1996

Regine Hildebrandt, Ministerin für Arbeit, Gesundheit, Soziales und Frauen im Land Brandenburg, auf der Kundgebung gegen die Sparpläne der Regierung und den Sozialabbau am 15. Juni in Bonn. Zu der vom DGB organisierten Demonstration sind über 35.000 Menschen aus der ganzen Bundesrepublik angereist.

Zieleniec. In einer am 20. Dezember verlesenen gemeinsamen Erklärung äußern beide Seiten ihr Bedauern über die während des Zweiten Weltkriegs und im Anschluss daran ausgeübte Willkür: die Verbrechen während der deutschen Besatzungszeit an der tschechischen Bevölkerung und die Vertreibung von 2,5 Millionen Sudetendeutschen durch die tschechische Seite nach 1945. Es ist eine Erklärung, die sich positiv auf das internationale Ansehen der Bundesrepublik auswirkt.

In der bundesdeutschen Wirtschaft rückt der Verbraucherschutz immer stärker ins Blickfeld. Greenpeace-Mitglieder versuchen am 5. November zu verhindern, dass ein Frachter mit den ersten gentechnisch veränderten Sojabohnen aus den USA in Hamburg anlegen kann. Auch die Rinderseuche BSE verunsichert die Verbraucher. Schon seit März gibt es in Deutschland keine saftigen Steaks von walisischen Kühen mehr zu kaufen: Der Import von britischem Rindfleisch ist EU-weit gestoppt, nachdem die britische Regierung eingeräumt hatte, der Verzehr von BSE-verseuchtem Fleisch könne beim Menschen das Creuzfeldt-Jakob-Syndrom auslösen. Die Auswahl beim Einkaufen ist also kleiner geworden. Dafür gibt es mehr Zeit beim Aussuchen: Vom 1. November an dürfen Läden montags bis freitags von 6 bis 20 Uhr öffnen. Und am 3. November können die Deutschen zum ersten Mal an einem Sonntag frische Brötchen vom Bäcker kaufen: Das Sonntagsbackverbot ist aufgehoben.

links: Gegen die Lockerung des Exportverbots für Rindfleisch aus England demonstrieren am 25. Juni bayerische Bauern vor dem britischen Konsulat in München. Das Exportverbot der EU-Kommission galt, seit im März bekannt wurde, dass die Rinderkrankheit BSE, der »Rinderwahnsinn«, auch auf Menschen übertragbar ist.

rechts: Als besondere Attraktion zum Richtfest auf dem Potsdamer Platz in Berlin am 26. Oktober dirigiert Daniel Barenboim auf der Baustelle das »Ballett der Kräne«.

Auch andere Dinge verschwinden, die schon so lange den Alltag der Bundesbürger begleiten, dass man sie für garantiert hält: Im Januar wird nach 113 Jahren das Traditionselektronikunternehmen AEG aufgelöst – noch vor der ersten CeBIT Home Electronic-Messe, die im August in Hannover eröffnet wird. Und im Dezember schluckt der Kaffeeproduzent Tchibo den Konkurrenten Eduscho. Andere Unternehmer machen auf noch spektakulärere Weise von sich reden: Im Februar wird der wegen Betrugs gesuchte Rekord-Pleitier und Immobilien-Spekulant Jürgen Schneider, der in den USA festgenommen worden war, an Deutschland ausgeliefert. Kurz darauf, am 25. März, wird der Multimillionär Jan Philipp Reemtsma entführt und nach einem Monat gegen ein Lösegeld von 30 Millionen D-Mark wieder freigelassen. Einige Täter werden im Mai, die anderen erst Jahre später gefasst. Ein Großteil des Lösegelds bleibt verschwunden.

Bundeskanzler Helmut Kohl ist unterdessen viel im Ausland im Einsatz: Am 9. Dezember beschließt er mit dem französischen Staatspräsidenten Jacques Chirac ein gemeinsames Konzept zur Sicherheitspolitik und fliegt kurz darauf nach Irland zu einem EU-Gipfeltreffen. Dort einigen sich die EU-Regierungschefs auf die Voraussetzung für eine gemeinsame Währung: den Euro. Ein wichtiges Kriterium, an das sich viele in den kommenden Jahren aber nicht halten können: Länder mit einem jährlichen Haushaltsdefizit von über drei Prozent der Wirtschaftsleistung werden mit einer Geldstrafe belegt. DM

WAS SONST NOCH GESCHAH 1996

16. Januar | In einer Rede vor dem Bundestag in Bonn mahnt Israels Staatspräsident Ezer Weizman zur Wachsamkeit gegenüber neonazistischen Tendenzen.

17. Januar | Der AEG-Aufsichtsrat beschließt die Auflösung des 113 Jahre alten Unternehmens.

18. Januar | In Lübeck sterben zehn Menschen bei einem Brand in einem Asylbewerberheim. Die Polizei stellt Brandstiftung fest, die Hintergründe der Tat bleiben jedoch ungeklärt.

7. März | Wissenschaftler am Roslin-Institut im schottischen Edinburgh informieren die Öffentlichkeit über das erfolgreiche Klonen eines walisischen Bergschafes.

11. März | Im Flughafengebäude von Düsseldorf bricht ein Großfeuer aus, bei dem 17 Menschen sterben und 62 verletzt werden.

26. April | Der am 25. März in Hamburg entführte Multimillionär Jan Philipp Reemtsma wird gegen ein Lösegeld von 30 Millionen D-Mark freigelassen.

5. Mai | Bei einer Volksabstimmung entscheidet sich die Mehrheit der Brandenburger gegen den Zusammenschluss der Bundesländer Brandenburg und Berlin.

8. Mai | Etwa 19.000 Polizisten und Angehörige des Bundesgrenzschutzes sichern den Transport von Castor-Behältern mit hochradioaktivem Abfall aus der Wiederaufbereitungsanlage im französischen La Hague in das niedersächsische Zwischenlager Gorleben.

30. Juni | Nach einem 2:1-Sieg über die Mannschaft der Tschechischen Republik im Londoner Wembley-Stadion ist die deutsche Elf Fußballeuropameister.

27. Juli | Die XXVI. Olympischen Sommerspiele im US-amerikanischen Atlanta werden durch eine Bombenexplosion im Centennial Park inmitten der Olympiastadt überschattet. Zwei Menschen kommen ums Leben und 111 werden verletzt.

28. Juli | In München nimmt das Digital-Fernsehen DF 1 den Sendebetrieb auf.

28. August | Die in Hannover eröffnete CeBIT Home Electronic-Messe ist erstmals nicht mehr Teil der traditionellen Hannover-Messe.

10. September | Im nordrhein-westfälischen Mettmann wird das »Neanderthal Museum« eingeweiht, das dem Besucher einen Überblick über die Entwicklungsgeschichte der Menschheit bietet.

12. September | In Oberhausen wird das »CentrO« eröffnet, das bisher größte Einkaufszentrum Europas.

2. Oktober | Die historische Dauerausstellung des Bundestages »Fragen an die deutsche Geschichte« ist fortan im wiedereröffneten Deutschen Dom am Gendarmenmarkt in Berlin zu sehen.

1. November | Im einstigen Hamburger Bahnhof in Berlin wird nach dem Umbau durch den Architekten Josef Paul Kleihues das Museum für Gegenwart eröffnet.

13. Dezember | Der Bundestag billigt die Beteiligung der Bundeswehr bei der SFOR (Stabilization Force), der neuen internationalen Friedenstruppe in Bosnien unter NATO-Oberbefehl.

19. Dezember | Im Streit um angebliche Privatflüge mit Bundeswehrmaschinen erwirkt Bundestagspräsidentin Rita Süssmuth eine einstweilige Verfügung gegen den Axel-Springer-Verlag. Die »Bild«-Zeitung hatte ihr Privatflüge zu ihrer in der Schweiz lebenden Tochter unterstellt.

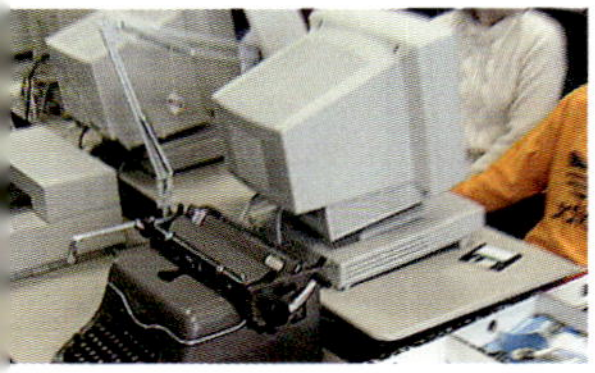

1997

Computerboom

Eröffnung des Hotels Adlon in Berlin

Richtfest am Reichstag

Erster Spatenstich am Kanzleramt

Tamagotchi

von links nach rechts

Ein »Gefühl der Lähmung« liegt über Deutschland. Es herrscht »überwiegend Mutlosigkeit«, stellt Bundespräsident Roman Herzog fest und bilanziert am 26. April in einer Ansprache im neu eröffneten Berliner Luxushotel Adlon, Deutschland stehe »wirtschaftlich und gesellschaftlich vor den größten Herausforderungen seit 50 Jahren: 4,3 Millionen Arbeitslose, die Erosion der Sozialversicherung durch eine auf dem Kopf stehende Alterspyramide, die wirtschaftliche, technische und politische Herausforderung der Globalisierung.« Seine Forderung, die zum geflügelten Wort werden wird, lautet: »Durch Deutschland muss ein Ruck gehen. Alle müssen Opfer bringen.« Arbeitgeber sollten auf Entlassungen verzichten, Arbeitnehmer Lohnkürzungen hinnehmen, Gewerkschaften arbeitgeberfreundlicher werden, Bundestag und Bundesrat für schnelle Reformen sorgen.

Im September macht Herzog noch einmal auf sich aufmerksam: bei seinem offiziellen Aufenthalt in Russland, mit dem er den Deutschlandbesuch des russischen Präsidenten Boris Jelzin im April erwidert. In seiner Moskauer Rede wirbt Herzog für enge freundschaftliche Beziehungen zwischen Russland und Deutschland – es ist die erste Ansprache eines deutschen Staatsoberhaupts im russischen Fernsehen.

Herzog ist nicht der Einzige, der Deutschland aufrütteln will. Am 19. Oktober übt Schriftsteller Günter Grass vernichtende Kritik am Verhalten der deut-

1997

Nach tagelangen Regenfällen erreicht das Hochwasser von Oder und Neiße am 17. Juli das Land Brandenburg. In Frankfurt an der Oder steigt das Wasser zehn Tage später auf seinen historischen Höchststand von 6,57 Metern. Für die Opfer der Katastrophe setzt eine Solidaritäts- und Sammlungsaktion von bis dahin nicht gekanntem Ausmaß in ganz Deutschland ein.

schen und der türkischen Regierung gegenüber den Kurden – in seiner Laudatio bei der Verleihung des Friedenspreises des Deutschen Buchhandels an den türkischen Schriftsteller Yasar Kemal. Er schäme sich für sein »zum bloßen Wirtschaftsstandort verkommenes« Land, sagt Grass. Und attestiert Deutschland einen »latenten Fremdenhass«. Damit löst der Schriftsteller eine Kontroverse über die deutsche Abschiebepraxis aus. Seit Januar wird etwa von Kindern aus der Türkei, Marokko, Tunesien und Ex-Jugoslawien ein Einreisevisum verlangt, um ihre »missbräuchliche dauerhafte Einreise« zu stoppen.

Als im Sommer die Oder über ihre Ufer tritt, geht tatsächlich ein »Ruck« durchs Land. Das Hochwasser lässt viele Deiche brechen und zieht den größten zivilen Katastropheneinsatz seit Kriegsende nach sich: Rund 30.000 Soldaten sind vom 18. Juli bis 10. Oktober im Einsatz, es ist der bisher größte der Bundeswehr. Beteiligt sind auch der Bundesgrenzschutz, die Deutsche Lebens-Rettungs-Gesellschaft, das Deutsche Rote Kreuz, das Technische Hilfswerk, die Feuerwehr sowie unzählige freiwillige Helfer. 50.000 Menschen aus ganz Deutschland reisen an, um die acht Millionen Sandsäcke als Schutz gegen das Wasser aufzustapeln. Spendenaktionen erbringen 130 Millionen Mark. Sie reichen aus, um alle betroffenen Privathaushalte zu entschädigen, die nicht ausreichend versichert waren. Insgesamt wird der Schaden auf 647 Millionen Mark geschätzt.

links: Blick auf die Siegessäule und die Love-Parade am 12. Juli im Berliner Tiergarten. Mit einer Million Teilnehmern erreicht die Veranstaltung, die 1989 erstmals auf dem Kurfürstendamm mit ein paar hundert Anhängern stattfand, ihren Höhepunkt.

rechts: Jan Ullrich im Gelben Trikot – als erster deutscher Radprofi gewinnt er am 27. Juli die Tour de France.

Während die Bundeswehr durch den Katastropheneinsatz an Ansehen gewinnt, gerät sie an anderen Stellen ins Zwielicht: Die Führungsakademie der Bundeswehr in Hamburg sorgt für einen Skandal, als bekannt wird, dass dort der Holocaustleugner Manfred Roeder einen Vortrag halten durfte. In einem Jahresbericht ist auch von einem Anstieg rechtsextremistischer und fremdenfeindlicher Vorfälle innerhalb der Bundeswehr die Rede. So haben am 17. März in Detmold Bundeswehrsoldaten drei Türken und einen Italiener mit Messern und Baseballschlägern angegriffen. Zu rechtsextremen Aktionen kommt es auch in München bei der Eröffnung der Ausstellung »Vernichtungskrieg. Verbrechen der Wehrmacht 1941 bis 1944«. 4.000 Neonazis aus ganz Deutschland heften sich an eine Demonstration von CSU-Anhängern gegen die Veranstaltung.

Die Wirtschaft steht im Zeichen noch engerer Verbindungen mit Frankreich: Während die Allianz AG 51 % des Aktienkapitals der zweitgrößten französischen Versicherung, Assurances Générales de France, im Wert von 9,2 Milliarden Mark kauft, übernimmt das französische Versicherungsunternehmen AXA die deutsche Versicherung Colonia. Adidas verleibt sich den französischen Konkurrenten Salomon ein und wird damit der weltweit zweitgrößte Sportartikelhersteller hinter dem US-Konzern Nike.

Und ein weiterer Deutscher feiert in Frankreich Triumphe: Am 27. Juli gewinnt Radrennfahrer Jan Ullrich aus Rostock die Tour de France. DM

WAS SONST NOCH GESCHAH

1997

21. Januar | Das Bundeslandwirtschaftsministerium teilt mit, dass ein im Dezember in Nordrhein-Westfalen verendetes Galloway-Rind an der Rinderkrankheit BSE litt. Bund und Länder beschließen am nächsten Tag die Notschlachtung aller 5.200 aus Großbritannien und der Schweiz importierten Rinder.

8. März | Auf seinem ersten Bundeskongress in Hamburg macht der 1996 gegründete Verein »Dicke e.V.« auf die Diskriminierung von Molligen aufmerksam.

7. April | Nach einem anonymen Hinweis entdeckt die Polizei in einem Supermarkt in Saarbrücken eine mit Zyanid vergiftete »Thomy«-Senftube. Der Nestlé-Konzern, der »Thomy« vertreibt, wird seit 1996 mit vergifteten Lebensmitteln erpresst.

ARD und ZDF starten ihren gemeinsamen TV-Ereignis- und Dokumentationskanal »Phoenix«.

15. Mai | In der Europäischen Union müssen von nun an gentechnisch veränderte Lebensmittel entsprechend gekennzeichnet werden.

21. Mai | Der FC Schalke 04 gewinnt in Mailand nach Verlängerung und Elfmeterschießen gegen Inter Mailand den UEFA-Cup.

6. Juni | Die Innenminister von Bund und Ländern beschließen, die Scientology-Sekte in Deutschland wegen des Verdachts auf demokratiefeindliche und totalitäre Grundprinzipien vom Verfassungsschutz beobachten zu lassen.

21. Juni (bis 28.9.) | Die documenta X in Kassel steht mit der Französin Cathérine David an der Spitze erstmals unter der Leitung einer Frau. Obwohl ihr betont intellektuell ausgerichtetes Konzept umstritten ist, verzeichnet die diesjährige Kunstausstellung ihre bisher höchsten Besucherzahlen.

17. Juli | Bundeskanzler Helmut Kohl, der italienische Ministerpräsident Romano Prodi und Österreichs Regierungschef Viktor Klima vereinbaren in Innsbruck die Abschaffung der Grenzkontrollen zwischen den drei Staaten zum 1. April 1998.

27. Juli | Als erster deutscher Radprofi gewinnt Jan Ullrich die Tour de France.

25. September | Das vom Bundestag verabschiedete Kindschaftsrecht garantiert das gemeinsame Sorgerecht für Mütter und Väter, auch wenn sie geschieden oder nicht miteinander verheiratet sind.

18. Oktober | Thomas Hellriegel gewinnt als erster Deutscher das Ironman-Triathlon auf Hawaii.

20. Oktober | Niedersachsen setzt als erstes Bundesland die Umsetzung der 1996 beschlossenen Rechtschreibreform an den Schulen bis zu einer Einigung zwischen Bund und allen Bundesländern aus.

5. November | Zum Abschluss einer Kommandeurstagung in Berlin nimmt Bundesverteidigungsminister Volker Rühe (CDU) die Bundeswehr gegen den in der Öffentlichkeit erhobenen Vorwurf des Rechtsextremismus in Schutz. Er räumt jedoch ein, dass die Menschenführung in den Streitkräften verbessert werden müsse. Zahlreiche Skandale hatten im Laufe des Jahres das Ansehen der Bundeswehr geschädigt, doch betont Rühe, dass dies »schamlose Einzelfälle« seien und für Rechtsradikale in der Bundeswehr kein Platz sei.

4. Dezember | Die Gesundheitsminister der EU beschließen gegen den Widerstand Deutschlands und Österreichs, die Tabakwerbung zu verbieten. Bis zum Jahr 2006 sollen die Mitgliedstaaten die direkte und indirekte Tabakwerbung untersagen.

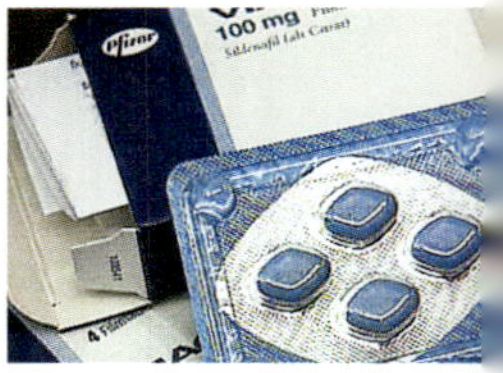

1998

Einweihung des Berliner Daimler-Benz-Gebäudes

Ölpest auf Amrum

Die legendäre Pressekonferenz mit Trainer Trapattoni

Arbeitslosenproteste

Viagra kommt auf den Markt

von links nach rechts

Im Herbst endet die 16-jährige Ära Helmut Kohl. Kein Bundeskanzler vor ihm hat länger regiert. Am 27. September wird er der erste Bundeskanzler der Geschichte, der durch Bundestagswahlen abgewählt wird. Am Tag darauf erklärt er seinen Rücktritt als CDU-Vorsitzender. Auf diesem Posten folgt ihm Unions-Fraktionschef Wolfgang Schäuble nach; die Regierungsgeschäfte übernimmt im Oktober der bisherige niedersächsische Ministerpräsident und neue Kanzler Gerhard Schröder von der SPD. »Die neue Mitte hat sich entschieden. Sie ist von der SPD zurückgewonnen worden«, sagt Schröder kurz nach der Bundestagswahl. Die SPD war mit 40,9 % stärkste Partei geworden. Zusammen mit Bündnis 90/Die Grünen, die trotz ihrer unpopulärenWahlkampfforderung nach einer Anhebung der Benzinpreise auf 5 D-Mark pro Liter immerhin 6,7 % der Stimmen erhielten, verfügen sie über die absolute Mehrheit der Parlamentsmandate. Die erste rot-grüne Koalition unterscheidet sich deutlich vom Kabinett Kohls: Vizekanzler und Außenminister wird Joschka Fischer (Grüne), dessen unkonventioneller Zwischenruf »Mit Verlaub, Herr Präsident, Sie sind ein Arschloch« in die Annalen des Bundestags eingegangen ist. Gerichtet war er an Bundestagsvizepräsident Richard Stücklen (CSU). Einige Jahre später wird Fischer Helmut Kohl als »drei Zentner fleischgewordene Vergangenheit« bezeichnen. Otto Schily (SPD), der einst RAF-Terroristen gegenüber dem Staat verteidigte, wird als Innenminister der neue Hüter der Rechtsstaatlichkeit. Die RAF hat

Nach der Unterzeichnung des Koalitionsvertrages zwischen der SPD und dem Bündnis 90 / Die Grünen am 20. Oktober in der Bonner Landesvertretung von Nordrhein-Westfalen, v. l.: der designierte Bundeskanzler Gerhard Schröder (SPD), der designierte Außenminister Joschka Fischer (Bündnis 90 / Die Grünen) und der SPD-Parteivorsitzende Oskar Lafontaine.

unterdessen in einem Schreiben an die britische Nachrichtenagentur Reuters vom 20. April ihre Auflösung bekannt gegeben. In den Jahren 1971 bis 1993 wurden durch die Rote Armee Fraktion 34 Personen getötet.

Zum neuen Bundestagspräsidenten wird am 26. Oktober der bärtige SPD-Politiker Wolfgang Thierse gewählt, der beim Amtseid auf die religiöse Formel »So wahr mir Gott helfe« verzichtet.

Es ist auch ein Jahr, in dem vieles erneuert und manches abgeschafft wird: etwa das staatliche Postmonopol. Neben der Telekom etablieren sich viele neue Telefonanbieter, unter denen die Verbraucher frei wählen können. Den Deutschen ist es von nun an möglich, billiger zu telefonieren – allerdings nicht mehr so ungestört wie zuvor. Am 16. Januar beschließt der Bundestag eine Grundgesetzänderung und ermöglicht damit die akustische Wohnraumüberwachung, den sogenannten Großen Lauschangriff. Er ist von jetzt an möglich, wenn es der Strafverfolgung dient. Im März setzen jedoch SPD, Grüne, PDS und einige FDP-Abgeordnete im Parlament durch, dass das Abhören in Räumen von Angehörigen jener Berufsgruppen verboten bleibt, die ein Zeugnisverweigerungsrecht haben, etwa Journalisten, Rechtsanwälte und Psychotherapeuten.

Bayern, dessen Ministerpräsident Edmund Stoiber nach der Bundestagswahl CSU-Chef werden soll, macht Anfang des Jahres einen wichtigen Schritt in Richtung Gegenwart: Der Passus zur Todesstrafe wird am 8. Februar aus der

links: Ein aus München kommender ICE entgleist am 3. Juni in der Nähe von Eschede in Niedersachsen und zerschellt an einer Brücke. 101 Menschen kommen dabei ums Leben. Die Luftaufnahme zeigt das Ausmaß der Katastrophe.

rechts: Seinen Erfolg vom 26. Februar in Bremen, wo er mit seiner Band »Die orthopädischen Strümpfe« die deutsche Vorentscheidung gewann, kann Schlagersänger Guildo Horn am 9. Mai in Birmingham nicht wiederholen. Beim Grand Prix d'Eurovision de la Chanson erreicht er nur Platz sieben.

bayerischen Landesverfassung gestrichen. Am 28. Mai hebt der Bundestag endlich alle nationalsozialistischen »Unrechtsurteile« auf.

Vom 1. August an wird »Flussschifffahrt« in Behörden und Schulen nicht mehr mit zwei »f« und zwei »s« geschrieben: In den deutschsprachigen Ländern tritt die Rechtschreibreform in Kraft, nachdem sie das Bundesverfassungsgericht am 14. Juli für rechtmäßig erklärt hat. Einzig Schleswig-Holstein schert aus, denn dort haben sich die Gegner der Rechtschreibreform bei einem Volksentscheid durchgesetzt: 56,4 Prozent der Bürger des Bundeslandes lehnen die neuen Regelungen ab.

Auf der Tagesordnung stehen auch in diesem Jahr wieder Themen des Umweltschutzes. Am 25. Oktober kommt es durch die Havarie des Tankers »Pallas« vor Amrum zur bis dahin schlimmsten Ölpest an der deutschen Nordseeküste: 90 Tonnen Öl verseuchen das Naturschutzgebiet im Wattenmeer. Das zögerliche Vorgehen nach dem Unfall löst eine kontroverse Diskussion über unzureichende Sicherheitsrichtlinien in der Schifffahrt und im sensiblen Ökosystem des Wattenmeers aus. Auch über die Atomkraft gibt es wieder kontroverse Debatten zwischen Umweltschützern und der Politik. Am 20. Mai müssen auf Anweisung des Umweltministeriums die Castor-Transporte mit radioaktivem Nuklearmüll gestoppt werden, als bekannt wird, dass die Polizisten, die die Transporte begleiteten, erhöhter radioaktiver Strahlung ausgesetzt waren. DM

WAS SONST NOCH GESCHAH

1998

27. Januar | Aufgrund der Intervention Papst Johannes Pauls II. weisen die deutschen Bischöfe ihre kirchlichen Beratungsstellen an, die für eine straffreie Abtreibung notwendigen Beratungsscheine nicht mehr auszustellen.

5. Februar | Mit Kundgebungen und Mahnwachen machen bundesweit etwa 40.000 Arbeitslose auf ihre Situation aufmerksam. Im Januar betrug die Arbeitslosenquote in Deutschland 12,6 %.

7. Februar (bis 22. 2.) | Bei den XVIII. Olympischen Winterspielen im japanischen Nagano ist die Bundesrepublik Deutschland mit insgesamt zwölf Gold-, neun Silber- und acht Bronzemedaillen vor Russland und Norwegen erfolgreichste Nation.

10. März | Ein Wutausbruch bei einer Pressekonferenz macht den italienischen Trainer des FC Bayern München, Giovanni Trapattoni, zu einer Kultfigur. Die Charakterisierung seiner Profispieler als »schwach wie eine Flasche leer« und die Äußerung zum Abschluss seiner Rede »Ich habe fertig« werden zu geflügelten Worten in Deutschland.

26. März | Die Potenzpille »Viagra« der amerikanischen Pharmafirma Pfizer erhält in den USA die Zulassung. In den Medien überschlagen sich Berichte über das Wundermittel gegen Impotenz. In der Bundesrepublik kommt das Medikament ab 1. Oktober auf den Markt, wird aber nicht von der Krankenkasse erstattet.

15. April | Der russische Präsident Boris Jelzin unterzeichnet das bereits im Frühjahr 1997 von der Duma verabschiedete »Beutekunst«-Gesetz. Danach werden alle Kunstschätze, die sich seit dem Zweiten Weltkrieg in russischer Hand befinden, zu russischem Eigentum erklärt. Unter den etwa 300.000 Kunstgegenständen aus Deutschland befindet sich auch der berühmte trojanische Goldschatz. Diese Entscheidung führt zu einer Verstimmung in den deutsch-russischen Beziehungen.

20. April | In einem Schreiben an die britische Nachrichtenagentur Reuters erklärt die terroristische Rote Armee Fraktion (RAF) fast 28 Jahre nach ihrer Gründung ihre Auflösung.

26. April | Nach den Landtagswahlen in Sachsen-Anhalt, bei denen die Deutsche Volksunion (DVU) 12,9 % der Stimmen erhält, zieht erstmals eine rechtsextreme Partei in ein Parlament der neuen Bundesländer ein.

13. Mai | Anlässlich der Feiern zum 50. Jahrestag der Berliner Luftbrücke besucht US-Präsident Bill Clinton Deutschland.

12. Juli | Bei der Fußballweltmeisterschaft in Frankreich wird die französische Mannschaft erstmals Fußballweltmeister. Die Deutschen sind bereits im Viertelfinale ausgeschieden.

18. Juli | In Osnabrück wird das von Daniel Libeskind entworfene Felix-Nussbaum-Museum eröffnet, in dem neben Wechselausstellungen mehr als 140 Bilder des Künstlers zu sehen sind.

11. Oktober | Den diesjährigen Friedenspreis des deutschen Buchhandels erhält der Schriftsteller Martin Walser. Seine in der Frankfurter Paulskirche gehaltene Dankesrede provoziert heftigen Widerspruch aufgrund seiner Äußerungen über den Umgang mit der jüngsten deutschen Geschichte. Vor allem der Satz »Wenn mir aber jeden Tag in den Medien diese Vergangenheit vorgehalten wird, merke ich, dass sich in mir etwas gegen diese Dauerpräsentation unserer Schande wehrt«, stößt bei vielen auf Unverständnis.

31. Oktober | Fünf Wochen nach der Landtagswahl in Mecklenburg-Vorpommern schließen sich SPD und PDS zur ersten rot-roten Koalition zusammen.

Europäische Wirtschafts- und Währungsunion

Gerhard Schröder wird SPD-Vorsitzender

Die Sonnenfinsternis

Johannes Rau wird Bundespräsident

Unglück der Schwebebahn in Wuppertal

von links nach rechts

1999

Der Kosovo rückt immer näher an Deutschland heran. Ein bis zwei Flugstunden sind es von Berlin nach Belgrad, Sarajevo, Priština. Am 24. März greifen Kampfflugzeuge der NATO serbische Ziele an, und unter den 1.500 Flugzeugen, die bis Juni im Dauereinsatz mehr als 10.000 Bomben abwerfen werden, sind 14 Tornados der Bundeswehr. »Wir führen keinen Krieg«, sagt Bundeskanzler Schröder jedoch in einer Fernsehansprache kurz nach den ersten Flügen. Vielmehr sei es die Durchsetzung einer »friedlichen Lösung [...] mit militärischen Mitteln«. Er ruft die Bevölkerung auf, »zu unseren Soldaten zu stehen«. Sechstausend warten in Mazedonien kurz hinter der Grenze zu Jugoslawien auf ihren Einsatz, dort könnten sie zum Ziel serbischer Raketen werden. Schröders Euphemismus hat einen guten Grund: Der Kampfeinsatz gegen einen anderen Staat ist in der Bevölkerung nicht unumstritten, doch wird er paradoxerweise von den Grünen in der Regierungskoalition mitgetragen, deren Wurzeln eng mit der Friedensbewegung verknüpft sind. Eine »Niederlage für die Vernunft« nennt Außenminister und Vizekanzler Joschka Fischer von den Grünen die Angriffe, traurig für alle, »die sich Tag für Tag rund um die Uhr für Frieden im Kosovo eingesetzt haben.« Und doch seien sie unvermeidbar gewesen. Denn wer auf Gewalt und Verbrechen setze wie der serbische Präsident Milošević, dem sei nicht mit Therapeuten beizukommen, sondern nur mit entschlossenem Handeln. Mit Milošević und den Serben sei ja nicht zu reden gewesen. Das hatte Fischer im

1999

Acht Jahre nach der Grundsteinlegung wird im Januar in Berlin-Kreuzberg das Gebäude des Jüdischen Museums fertiggestellt. Der US-amerikanische Architekt Daniel Libeskind schuf einen labyrinthisch verzweigten Zickzackbau, dessen Grundriss an einen geborstenen Davidstern erinnert. Die Ausstellung des Museums wird 2001 eröffnet.

Februar bei einer Konferenz zur Beilegung der Kosovo-Krise in Rambouillet bei Paris versucht – ohne Erfolg.

Für Fischer ist es eine schwierige Zeit. Viele seiner Parteigenossen sind nicht mit dem Kriegskurs einverstanden. Am 13. Mai auf dem Sonderparteitag der Grünen in Bielefeld wird Fischer von einem Farbbeutel am Kopf getroffen; der Vizekanzler wird mit geplatztem Trommelfell ins Krankenhaus gebracht.

Auch im Alltag der Bundesbürger spielt der Kosovo eine wichtige Rolle: 500.000 Kosovo-Albaner sind zu Flüchtlingen geworden, tausende von ihnen nach Deutschland geflohen. Im April spenden die Deutschen in der bislang größten Solidaritätsaktion der Geschichte der Bundesrepublik mehr als 150 Millionen Mark für die Opfer des Krieges. Im Juli kehren die ersten 14.600 Flüchtlinge aus Deutschland zurück in die Heimat, nachdem die Luftangriffe ausgesetzt worden und Kosovo-Friedenstruppen (Kfor) ins Land eingerückt sind, darunter auch Einheiten der Bundeswehr.

Die Kosovo-Albaner sind nicht die einzige verfolgte Volksgruppe, mit der sich die deutsche Innenpolitik auseinandersetzen muss. Nach der Verhaftung Abdullah Öcalans, des Chefs der verbotenen »Arbeiterpartei Kurdistans« (PKK), protestieren Kurden überall in Europa, auch in Berlin vor dem israelischen Generalkonsulat. Dort fallen am 17. Februar genau 17 Schüsse, als Demonstranten versuchen, die Tür des Konsulats aufzudrücken. Vier Kurden sterben. Im Nachhi-

links: Bundestagspräsident Wolfgang Thierse in der neuen Kuppel des Reichstagsgebäudes, das nach Plänen des britischen Architekten Sir Norman Foster umgebaut und nun fertiggestellt wurde. Am 19. April tritt hier zum ersten Mal der Bundestag zu seiner regulären Sitzung zusammen.

rechts: In ganz Europa verfolgen Millionen Menschen die totale Sonnenfinsternis; in Deutschland lässt sich das seltene Naturschauspiel am besten in Karlsruhe, Saarbrücken und Stuttgart beobachten.

nein kommen Zweifel auf, ob die israelischen Wachleute tatsächlich in Notwehr geschossen haben. Der Fall wird zum Politikum, es gibt Kritik an Polizei und Verfassungsschutz, ein parlamentarischer Untersuchungsausschuss kommt zu keinem einheitlichen Urteil.

Neben dem Kriegseinsatz beschäftigt die Politiker vor allem den Regierungsumzug von Bonn nach Berlin. Am 19. April tritt der Bundestag zur ersten regulären Parlamentssitzung im Berliner Reichstagsgebäude zusammen, und nach den Sommerferien ziehen viele Angehörige der Regierung vom Rhein in ihre neuen Büros an der Spree. Inzwischen wählt die Bundesversammlung am 23. Mai Johannes Rau, den ehemaligen Ministerpräsidenten von Nordrhein-Westfalen, zum neuen Bundespräsidenten, und Bundeskanzler Schröder ist nach dem Rücktritt von Oskar Lafontaine seit April SPD-Vorsitzender. Die innerparteilichen Querelen verschaffen der SPD allerdings nicht gerade mehr Sympathien. Bei einer Reihe von Landtagswahlen bleibt sie nun hinter der CDU zurück, ebenso bei der Europawahl. Auch für die CDU beginnen schwierige Zeiten. Am 16. Dezember gesteht Helmut Kohl im Fernsehen, zwischen 1993 und 1998 Spenden in Millionenhöhe nicht ordnungsgemäß verbucht zu haben. Es ist also für viele – außer vielleicht für Schriftsteller Günter Grass, der den Nobelpreis für Literatur bekommt – ein finsteres Jahr. Für sie mag die letzte totale Sonnenfinsternis des Jahrtausends am 11. August fast wie ein Symbol erscheinen. DM

WAS SONST NOCH GESCHAH

1999

1. Januar | In elf Ländern der EU tritt die Europäische Währungsunion in Kraft. Da Euro-Scheine und -Münzen erst ab 2002 gültig sind, kann die Währung vorerst nur im bargeldlosen Zahlungsverkehr verwendet werden.

16. Januar | In München wird der bayerische Ministerpräsident Edmund Stoiber als Nachfolger von Theo Waigel zum neuen CSU-Vorsitzenden gewählt.

19. Februar | Mit einem Festakt werden in Weimar, der europäischen Kulturhauptstadt 1999, die zahlreichen Veranstaltungen dieses Jahres eingeleitet.

Nach knapp 100 Jahren unfallfreier Fahrt entgleist die Wuppertaler Schwebebahn und stürzt aus acht Meter Höhe in die Wupper. Fünf Menschen kommen dabei ums Leben, 45 werden verletzt.

18. April | Das ZDF sendet erstmals das sonntägliche Nachrichtenmagazin »Berlin direkt«, die bisherige Sendung »Bonn direkt« wird eingestellt.

6. Mai | Auf einem Hamburger Standesamt geben sich sieben homosexuelle Paare das Ja-Wort, tauschen Ringe und lassen sich in ein »Partnerschaftsbuch« eintragen.

23. Mai | Johannes Rau (SPD) wird zum achten Präsidenten der Bundesrepublik Deutschland gewählt.

1. Juni | Aufgrund des Skandals um Dioxin-verseuchte Futtermittel verhängt die EU ein Verkaufsverbot für Geflügel und Eier aus Belgien.

18. Juni | Bei der Verleihung des Deutschen Filmpreises in Berlin erhält »Lola rennt« von Tom Tykwer acht Auszeichnungen. Die Hauptdarstellerin Franka Potente wird Schauspielerin des Jahres.

23. Juni | Das Berliner Philharmonische Orchester wählt den Briten Simon Rattle zum Nachfolger des Chefdirigenten Claudio Abbado ab 2002.

6. Juli | Das Bundesverfassungsgericht stellt fest, dass Legehennen auch weiterhin in sogenannten Käfigbatterien gehalten werden dürfen, aber künftig mehr Platz bekommen sollen.

Alle deutschen Nachrichtenagenturen und mit ihnen die meisten Tageszeitungen stellen sich auf die noch immer umstrittene Rechtschreibreform um.

20. September | Aufgrund einer Anordnung des Papstes müssen sich die Einrichtungen der katholischen Kirche in Deutschland aus der gesetzlichen Schwangerschaftskonfliktberatung zurückziehen.

1. Oktober | Der Münchner Filmhändler Leo Kirch startet den digitalen Pay-TV-Sender »Premiere World«.

5. November | Der wegen Verdachts der Steuerhinterziehung gesuchte frühere CDU-Schatzmeister Walther Leisler Kiep stellt sich der Justiz. Er erklärt, eine ihm am 26. August 1991 von Karlheinz Schreiber in einem Koffer bar in der Schweiz übergebene Summe von einer Million D-Mark sei als Parteispende an die CDU gegangen.

9. November | Zum Jahrestag des Mauerfalls kommen die Filmkomödien »Sonnenallee« und »Helden wie wir« in die Kinos.

10. Dezember | Den Friedensnobelpreis erhält die Organisation »Ärzte ohne Grenzen«.

17. Dezember | Die Bundes- und die US-Regierung sowie die deutsche Wirtschaft und Interessenvertreter der Zwangsarbeiter aus der Zeit des Nationalsozialismus einigen sich auf eine Bundesstiftung. Von den zehn Milliarden D-Mark sollen je die Hälfte von der Bundesregierung und der deutschen Wirtschaft aufgebracht werden.

2000

BSE-Seuche erreicht Deutschland

Christoph Daum vor der Presse

Die FIFA entscheidet: Deutschland wird 2006 die WM ausrichten

Angst vor dem »I-love-you«-Virus

Aufsetzung des Kuppelkreuzes auf der Dresdner Frauenkirche

von links nach rechts

Eine Minute nach Mitternacht hält die Welt den Atem an. Doch dann beginnt das neue Jahrtausend, und das erwartete Computerchaos bleibt aus. Auf die Computerbesitzer wartet allerdings schon die nächste Zitterpartie. Am 4. Mai legt der als Liebes-E-Mail getarnte »I-love-you-Virus« viele Rechner lahm.

Für die CDU beginnt das Jahr mit großen Schwierigkeiten. Von Januar bis Dezember ist die Partei ständig wegen der Spendenaffäre, die bereits im vergangenen Dezember begonnen hatte, in den Schlagzeilen: Auch der CDU-Vorsitzende Wolfgang Schäuble gerät ins Zentrum der Kritik und verkündet im Februar, nicht wieder für seine Ämter zu kandidieren. Friedrich Merz wird sein Nachfolger in der Bundestagsfraktion, Angela Merkel löst ihn als Parteivorsitzenden ab. Alt-Bundeskanzler Helmut Kohl gibt den Ehrenvorsitz der Partei auf und besteht darauf, über die Namen der Spender zu schweigen. Auch finanziell leidet die CDU. Sie soll mehr als 41 Millionen Mark an Bundeszuschüssen zurückzahlen und auf weitere 7,7 Millionen aus der staatlichen Parteienfinanzierung verzichten. Als im März herauskommt, dass die Stasi Helmut Kohl zu DDR-Zeiten abgehört hat, wird diskutiert, ob die Abhörprotokolle vom Untersuchungsausschuss des Bundestages verwendet werden dürfen. Im Mai kursieren sogar Gerüchte, dass Kohl nach der Wende angeblich Geld aus dem SED-Vermögen bekommen habe. Auch in anderen Zusammenhängen taucht das DDR-Regime immer wieder im öffentlichen Bewusstsein auf: Im Januar tritt Egon Krenz,

Der venezolanische Pavillon auf der EXPO 2000, die vom 1. Juni bis 31. Oktober auf dem Messegelände von Hannover stattfindet. Der Pavillon wird von einer 18 Meter hohen Blüte überragt, deren zehn Meter lange Blätter je nach Wetterlage auf- und zuklappen.

lange Jahre der Stellvertreter Erich Honeckers, in Berlin die sechseinhalbjährige Haftstrafe an, zu der er wegen der Todesschüsse an der Mauer verurteilt worden war. Krenz hatte den Prozess gegen ihn einen »Kalten Krieg im Gerichtssaal« genannt. Der SED-Spitzenpolitiker Günter Schabowski kommt glimpflich davon: Auch er war wegen der Todesfälle an der innerdeutschen Grenze zu einer Haftstrafe verurteilt worden, wird aber begnadigt – einen Tag vor dem zehnten Jahrestag der deutschen Einheit am 3. Oktober.

Bundeskanzler Schröder und der sächsische Ministerpräsident Kurt Biedenkopf haben viele Gäste zu einem Staatsakt in die Dresdner Semper-Oper eingeladen, darunter den französischen Präsidenten Jacques Chirac, die US-Außenministerin Madeleine Albright, die Regierungschefs der EU-Beitrittskandidaten Polen, Tschechien, Ungarn und der Slowakei sowie den letzten DDR-Ministerpräsidenten Lothar de Maizière und den ehemaligen Außenminister Hans-Dietrich Genscher. Nur einer fehlt: Helmut Kohl, der doch als Architekt und Kanzler der Einheit gilt. Er ist durch die Spendenaffäre zur Persona non grata geworden. Versöhnlich hebt Bundespräsident Johannes Rau hervor, dass Kohls Verdienste um die Einheit »durch nichts geschmälert werden« könnten. Der Applaus auf diesen Satz ist mager. Allein Chirac klammert die aktuellen Ereignisse ganz aus und sagt: »Helmut Kohl ist es zu verdanken, dass das mit sich selbst ausgesöhnte Land sich auch weiterhin und in noch stärkerem Maße für das europäische

links: Freude über den Sieg: Auf dem Bundestag der CDU am 10. März in Essen wird Angela Merkel mit 96 % der Stimmen zur neuen Parteivorsitzenden gewählt.

rechts: Das Bundestagsdenkmal »Der Bevölkerung« von Hans Haacke im nördlichen Lichthof des Reichstages wird mit Heimaterde aus den Wahlkreisen der Bundestagsabgeordneten aufgeschüttet, die diese nach Berlin mitbringen. Gemeinsam mit Haacke (r.) schüttet Bundestagspräsident Wolfgang Thierse seinen Sack aus.

Einigungswerk engagiert.« Auch US-Präsident Bill Clinton ist im Juni zu Besuch, um in Aachen den internationalen Karlspreis entgegenzunehmen, die Laudatio hält Bundeskanzler Schröder.

Einen Tag zuvor, am 1. Juni, wird die erste Weltausstellung in Deutschland in Hannover eröffnet: die »EXPO 2000« unter dem Motto »Mensch – Natur – Technik«. Achtzehn Millionen Menschen besuchen die Ausstellung in den folgenden 153 Tagen – allerdings hatten die Organisatoren etwa 40 Millionen erwartet. Zur Eröffnung sagt Bundeskanzler Schröder: »Wir brauchen Weltoffenheit, damit wir alle unsere Möglichkeiten entfalten können. Wer sich der internationalen Zusammenarbeit verweigert, wer sich abschottet gegen Fremde und Fremdes, behindert vor allem die Entwicklung seiner eigenen Begabungen.« Damit spielt er auf den vom ihm eingebrachten Vorschlag an, ausländische IT-Experten als Gastarbeiter nach Deutschland zu holen, wodurch er im Februar erneut eine Debatte über die Einwanderungspolitik ausgelöst hatte. Am 1. August tritt die damit verbundene Green-Card-Regelung in Kraft. Der indonesische Computerfachmann Harianto Wijaya bekommt als Erster eine solche auf fünf Jahre befristete Arbeitserlaubnis.

Die Einwanderungsdebatte flammt im Herbst erneut auf, nachdem CDU-Fraktionschef Friedrich Merz in einer Rede den Begriff der »deutschen Leitkultur« prägt, der sich Einwanderer anpassen sollten. DM

2000

11. Januar | Der Europäische Gerichtshof erklärt die bisherigen Einschränkungen für Frauen in der Bundeswehr für rechtswidrig. Danach dürfen Frauen in Zukunft in Deutschland auch Dienst an der Waffe leisten.

13. Februar | Zum 55. Jahrestag der Zerstörung Dresdens durch alliierte Bomber im Zweiten Weltkrieg übergibt der Herzog von Kent dem Dresdner Landesbischof ein neues Kuppelkreuz für die Frauenkirche. Für das Kreuz kamen rund eine Million D-Mark aus der britischen Bevölkerung.

15. Februar | Bundestagspräsident Wolfgang Thierse gibt bekannt, dass die CDU wegen eines fehlerhaften Rechenschaftsberichts mehr als 41 Millionen D-Mark an Bundeszuschüssen zurückzahlen muss.

29. Februar | Nach dem Rücktritt von Wolfgang Schäuble wird Friedrich Merz zum neuen Vorsitzenden der CDU/CSU-Bundestagsfraktion gewählt.

9. April | Auf dem Parteitag der PDS in Münster kündigen Parteichef Lothar Bisky und der Bundestagsfraktionsvorsitzende Gregor Gysi die Niederlegung ihrer Ämter an.

31. Mai | In Wolfsburg eröffnet das Volkswagenwerk die »Autostadt« – den weltweit größten Erlebnispark zum Thema Mobilität.

11. Juni | In Dessau wird ein 39-jähriger Mosambikaner von Rechtsradikalen so schwer verletzt, dass er drei Tage später stirbt. Am 30. August werden die drei Täter vom Oberlandesgericht Halle zu hohen Haftstrafen verurteilt.

15. Juni | Bundesregierung und Energiewirtschaft einigen sich auf den langsamen Ausstieg aus der Atomenergie.

24. Juni | Neue Parteivorsitzende von Bündnis 90/Die Grünen werden Renate Künast und Fritz Kuhn.

17. Juli | In Berlin werden die deutsch-amerikanischen Abkommen über die Entschädigung ehemaliger Zwangsarbeiter unterzeichnet. Die Opfer können nun mit Zahlungen zwischen 5.000 und 15.000 D-Mark rechnen.

1. August | Die »Frankfurter Allgemeine Zeitung« (FAZ) kehrt zur alten Rechtschreibung zurück.

21. August | Bundeskanzler Gerhard Schröder reist zwei Wochen durch die fünf neuen Bundesländer. Eines der Schwerpunktthemen ist die Zunahme rechtsextremer Gewalt.

15. September (bis 1.10.) | In Sydney beginnen die XXVII. Olympischen Sommerspiele. In der Nationenwertung erreichen die deutschen Sportler Platz 5.

11. Oktober | Die frühere Bürgerrechtlerin der DDR und Sprecherin von Bündnis 90/Die Grünen, Marianne Birthler, übernimmt das Amt der »Bundesbeauftragten für die Unterlagen des Staatssicherheitsdienstes der ehemaligen DDR«.

20. Oktober | Dem designierten Bundestrainer Christoph Daum wird aufgrund einer Haarprobenanalyse Drogenkonsum nachgewiesen. Der DFB erklärt daraufhin die mit Daum getroffene Vereinbarung für hinfällig.

23. November | Kulturstaatsminister Michael Naumann tritt nach zwei Jahren von seinem Amt zurück; seine Nachfolge tritt Julian Nida-Rümelin an.

2. Dezember | In der Bundesrepublik tritt das Gesetz zum völligen Verbot der Verfütterung von Tiermehl in Kraft. Damit reagiert die Bundesregierung auf die BSE-Krise in Deutschland.

2001

Renate Künast, Chefin des neuen Verbraucherschutzministeriums

Streik bei der Lufthansa

Osterfeiertage mit Schneefall

Klaus Wowereits »Und-das-ist-gut-so«-Rede

Erste Euro-Münzen gibt es zum Jahresende

von links nach rechts

Von nun an dürfen auch Frauen bei der Bundeswehr Dienst an der Waffe tun. Waren sie bislang nur in Sanitäts- und Militärmusikkorps erwünscht, absolvieren sie jetzt das gleiche Ausbildungsprogramm wie die Männer. Dieses Recht wurde bereits im Vorjahr mit dem Verweis auf den Gleichberechtigungsgrundsatz vor dem Europäischen Gerichtshof erstritten.

Die rot-grüne Koalition ist im dritten Regierungsjahr, und ihre Reformprojekte nehmen Gestalt an. Da ist zum einen die Agrarwende, ausgelöst durch den BSE-Skandal. Als bei Stichproben erstmals auch bei deutschen Kühen die Rinderseuche festgestellt wird, kaufen die Deutschen aus Angst vor Ansteckung wochenlang nur Schweine- und Geflügelfleisch. Gesundheitsministerin Andrea Fischer und Landwirtschaftsminister Karl-Heinz Funke treten von ihren Ämter zurück. Unter der Leitung der Grünen-Politikerin Renate Künast wird ein neues Ministerium für Verbraucherschutz, Ernährung und Landwirtschaft gegründet. Durch eine radikale Umverteilung der Agrarsubventionen, die jetzt nur noch Bauern mit gewissen ökologischen Mindeststandards zugute kommen, sind hunderte Landwirte in ihrer Existenz bedroht.

Auch das zweite große Reformprojekt trägt die Handschrift der Grünen. Am 11. Juni unterzeichnen Bundeskanzler Gerhard Schröder und Vertreter der Energiekonzerne ein Abkommen zur »geordneten Beendigung der Kernenergie«. Binnen 20 Jahren sollen alle deutschen Atomkraftwerke stillgelegt werden, bis

Vor dem Bundeskanzleramt in Berlin wird die bundesdeutsche Fahne gehisst. Knapp zwei Jahre nach dem Umzug der Bundesregierung von Bonn nach Berlin kann der Kanzler am 2. Mai die Räume in dem neuen Haus beziehen. Zwischenzeitlich residierte Gerhard Schröder im einstigen Staatsratsgebäude der DDR.

2010 bereits 12,5 % des benötigten Stroms aus erneuerbaren Energien gewonnen werden.

Im Sommer erlebt die Reformpolitik zumindest in der Presse ihren Höhepunkt. Ab dem 1. August dürfen homosexuelle Paare ihre Lebensgemeinschaft auf dem Standesamt eintragen lassen, womit eheähnliche Rechte und Pflichten verbunden sind. Die CDU-regierten Länder Bayern, Sachsen und Thüringen reichen vor dem Bundesverfassungsgericht eine Klage gegen das Gesetz ein, da es die besondere Schutzwürdigkeit von Ehe und Familie bedrohe. Die Klage wird abgewiesen. Als ein Boulevard-Magazin Andeutungen über Klaus Wowereit, den SPD-Spitzenkandidaten zur Bürgermeisterwahl in Berlin, verlauten lässt, geht dieser in die Offensive. Öffentlich bekennt er: »Ich bin schwul und das ist auch gut so.« Nach dem Zusammenbruch der großen Koalition wegen der Affäre um die Bankgesellschaft Berlin wird Klaus Wowereit Nachfolger Eberhard Diepgens an der Spitze einer rot-grünen Minderheitenregierung; nach den Neuwahlen zum Berliner Senat im Oktober geht er als Regierender Bürgermeister eine Koalition mit der PDS ein.

Die Ereignisse des 11. September aber lassen die innenpolitischen Debatten für mehrere Wochen in den Hintergrund treten: Mit gekaperten Passagierflugzeugen fliegen Terroristen in das Pentagon in Washington und in das World Trade Center in New York City, dessen beide Türme daraufhin einstürzen. Es ist

links: Drei Tage nach den Terroranschlägen vom 11. September in den USA versammeln sich unter dem Motto »Keine Macht dem Terror« tausende Menschen zu einer Kundgebung vor dem Berliner Brandenburger Tor. Gemeinsam gedenken sie der Toten des Angriffs auf das World Trade Center in New York.

rechts: Freudensprung von Formel-1-Fahrer Michael Schumacher nach seinem Sieg im Rennen um den Großen Preis von Europa auf dem Nürburgring am 24. Juni. Michael Schumacher, der seit 1996 für Ferrari fährt, erringt 2001 seinen vierten Weltmeistertitel.

ein Angriff auf die Symbole der militärischen und wirtschaftlichen Vormachtstellung der USA. Etwa 3.400 Menschen sterben bei den Attentaten. In einer Regierungserklärung am darauffolgenden Tag erklärt Bundeskanzler Gerhard Schröder, dass die Anschläge nicht nur ein Angriff auf die USA, sondern eine Kriegserklärung gegen die gesamte zivilisierte Welt seien.

Als Hauptverdächtiger gilt Osama Bin Laden, der Kopf des Terrornetzwerks Al-Qaida, und noch am Abend der Anschläge ist klar, dass eine konkrete Spur auch nach Deutschland führt. Mohammed Atta, der vermutlich das Flugzeug steuerte, welches in den Nordturm des World Trade Center raste, wohnte lange Zeit in Hamburg, wo er Stadtplanung studierte. Knapp vier Wochen nach den Anschlägen beginnt der »Krieg gegen den Terror« mit amerikanischen Luftangriffen auf Afghanistan, wo der Unterschlupf Osama Bin Ladens vermutet wird. Als Verbündeter tritt die sogenannte Nordallianz auf den Plan. Mit ihrer Hilfe wird Bin Laden zwar nicht gefunden, dafür aber im November die Hauptstadt Kabul vom Talibanregime befreit. Im Rahmen der Operation »Enduring Freedom« beteiligt sich auch Deutschland an der Friedenssicherung in Afghanistan.

Als das Jahr zu Ende geht, stehen deutsche Soldaten erstmals seit dem Zweiten Weltkrieg wieder in einem Kampfeinsatz. Ohne dass es nennenswerte Proteste gegeben hätte, ist eines der wichtigsten Prinzipien deutscher Außenpolitik aufgegeben worden. FS

WAS SONST NOCH GESCHAH

2001

9. Januar | Gesundheitsministerin Andrea Fischer (Bündnis 90/Die Grünen) und Landwirtschaftsminister Karl-Heinz Funke (SPD) treten wegen des BSE-Skandals zurück. Das Gesundheitsressort übernimmt Ulla Schmidt (SPD); Renate Künast (Bündnis 90/Die Grünen) wird Landwirtschaftsministerin.

---

16. Januar | Nach der Zeugenaussage von Bundesaußenminister Joschka Fischer im sogenannten OPEC-Prozess vor dem Frankfurter Landgericht fordert die Opposition den Rücktritt Fischers wegen seiner früheren Teilnahme an Straßenkämpfen mit der Polizei.

---

2. März | Gegen eine Zahlung von 300.000 D-Mark erfolgt die Einstellung des Ermittlungsverfahrens gegen Ex-Bundeskanzler Helmut Kohl in der CDU-Parteispendenaffäre.

---

9. März | Neue Vorsitzende von Bündnis 90/Die Grünen wird Claudia Roth.

---

11. Mai | Der Bundestag beschließt die Reform des Rentensystems. Benannt nach Arbeitsminister Walter Riester (SPD), sieht die »Riester-Rente« eine Ergänzung des bestehenden Rentensystems durch eine staatlich geförderte private Altersvorsorge vor.

---

10. Juni | Klaus Wowereit, Bürgermeisterkandidat der SPD für Berlin, bekennt sich auf dem Landesparteitag als erster Politiker öffentlich zu seiner Homosexualität.

---

16. Juni | SPD und Bündnis 90/Die Grünen stürzen mit Hilfe der PDS den Regierenden Bürgermeister Berlins, Eberhard Diepgen (CDU), durch ein konstruktives Misstrauensvotum. Klaus Wowereit wird sein Nachfolger.

---

17. Juni | Nach der Unterzeichnung des deutsch-amerikanischen Regierungsabkommens über die Rechtssicherheit für deutsche Unternehmen in den USA beginnt die Auszahlung der Entschädigungsgelder an ehemalige KZ-Häftlinge, zivile Zwangsarbeiter und Opfer der »Arisierung« jüdischer Vermögenswerte während der Zeit des Nationalsozialismus.

---

26. Juni | Der baden-württembergische Gerichtshof weist die Klage einer muslimischen Lehrerin gegen das Kopftuchverbot in staatlichen Schulen ab. Das Kopftuch sei mit der staatlichen Neutralitätspflicht nicht vereinbar.

---

25. Juli | Der Bundestag beschließt die Abschaffung des »Rabattgesetzes«, wonach Feilschen und Handeln verboten waren.

---

12. September | Die NATO stellt zum ersten Mal seit ihrem Bestehen den kollektiven Verteidigungsfall fest. Sie betrachtet die Terroranschläge vom 11. September als Angriff auf das gesamte Bündnis. Bundeskanzler Gerhard Schröder sichert den USA uneingeschränkte Solidarität zu.

---

23. September | Bei der Bürgerschaftswahl in Hamburg erzielt die rechtskonservative Partei Ronald B. Schills 19,4 % der Stimmen. Sie bildet mit der CDU und FDP eine Koalition und löst den rot-grünen Senat ab.

---

19. Oktober | Der Bundestag anerkennt »gewerbsmäßige Unzucht« als eine legale Beschäftigung. Prostituierte können nun auch eine Sozialversicherung abschließen.

---

16. November | Die Abstimmung im Bundestag über den Bundeswehreinsatz in Afghanistan wird von Bundeskanzler Gerhard Schröder mit der Vertrauensfrage verknüpft. Für den Einsatz stimmen 336 von 666 Abgeordneten.

---

3. Dezember | Bei der internationalen Schulstudie »Pisa« belegen die deutschen Schüler in der Gesamtwertung nur Platz 25.

---

17. Dezember | Banken und Sparkassen verkaufen sogenannte Starterkits mit Euro-Münzen im Wert von 20 D-Mark.

2002

Brandenburger Tor nach der Sanierung

Präsident Bush bei Kanzler Schröder

Präsident Putin bei Kanzler Schröder

Elbeflut im Dresdener Hauptbahnhof

Trauerfeier für die am 1. Februar in Berlin verstorbene Hildegard Knef

von links nach rechts

Zwei dramatische Ereignisse im Osten Deutschlands bewegen die Menschen im ganzen Land: Im April erschießt ein ehemaliger Schüler eines Gymnasiums in Erfurt in einem Amoklauf 16 Menschen und zum Schluss sich selbst, und im August hält das Hochwasser der Elbe und ihrer Nebenflüsse die Anrainer in Atem. Beide Geschehnisse beeinflussen die Politik weit über das Jahr 2002 hinaus.

Als »Amoklauf von Erfurt« geht die kaum fassbare Tat im Gutenberg Gymnasium der Thüringer Landeshauptstadt in die Chroniken ein. Innerhalb von nur zehn Minuten löscht der ehemalige Schüler Robert Steinhäuser das Leben von 16 Menschen aus. Gezielt erschießt er zwölf Lehrer, die Schulsekretärin, zwei Schüler und einen Polizisten. Ein halbes Jahr zuvor war der 18-Jährige des Gymnasiums verwiesen worden, weil er ein ärztliches Attest für sein Fernbleiben gefälscht hatte. Seine Eltern erfuhren nichts davon, sondern glaubten an einen regelmäßigen Schulbesuch ihres Sohnes. Steinhäuser beschaffte sich als Mitglied eines Schützenvereins die beiden Tatwaffen und Munition. Am 26. April betritt der inzwischen 19 Jahre alte Jugendliche die Schule, geht ins Sekretariat und anschließend zu den Klassenräumen, um die Lehrer zu töten. Die beiden Schüler sterben, als er mehrfach durch eine geschlossene Tür schießt, hinter der sich eine Klasse verbarrikadiert hat. Ein beherzter Lehrer schließt den Mörder schließlich in einem Raum ein, wo er sich selbst richtet.

2002

Eine Skulptur des Euro vor der Zentrale der Europäischen Zentralbank in Frankfurt am Main symbolisiert die Vollendung der Währungsunion in zwölf europäischen Ländern. Dort gilt ab dem 1. Januar der Euro als Zahlungsmittel, auch in Deutschland wird die Mark durch den Euro abgelöst.

Etwas weiter östlich kämpfen im August zehntausende Menschen gegen bislang ungekannte Naturgewalten. Heftige Regenfälle haben die Elbe, die Müglitz, die Mulde, die Triebisch und andere Flüsse in Sachsen, Sachsen-Anhalt, Brandenburg und Niedersachsen derart ansteigen lassen, dass Flutwellen alles mit sich fort reißen. Im Osterzgebirge werden unvorstellbare Niederschlagsmengen von 350 Litern pro Quadratmeter in einer Nacht gemessen. Ganze Dörfer müssen evakuiert werden. Viele Häuser, Brücken, Eisenbahnstrecken und Straßen verschwinden in den Wassermassen. In Dresden überfluten sie unter anderem den Hauptbahnhof und den weltberühmten Zwinger. In der Elberegion kommen 20 Menschen im Hochwasser ums Leben. Experten schätzten den Schaden auf mehr als 20 Milliarden Euro. In ganz Deutschland setzt eine große Hilfsaktion ein.

Viele Deutsche rechnen die Höhe der Schäden und der Spendengelder noch in zwei Währungen. Denn es braucht seine Zeit, um sich an den seit Jahresanfang geltenden Euro zu gewöhnen, der jetzt auch in weiteren 14 Ländern der EU offizielle Währung ist.

Ein kleiner innenpolitischer Paukenschlag ist im Juli in Berlin zu vernehmen. Gregor Gysi von der PDS tritt von seinem Amt als Berliner Wirtschaftssenator zurück. Ihm wird vorgeworfen, auf Dienstreisen erworbene Bonus-Meilen von Fluggesellschaften privat genutzt zu haben – was er dann auch zugesteht.

links: Betroffenheit löst überall in Deutschland der Amoklauf eines 19-Jährigen in Erfurt aus. Ein ehemaliger Schüler des Gutenberg-Gymnasiums erschießt dort 16 Menschen, anschließend tötet er sich selbst. Zum Zeichen ihrer Trauer stellen die Menschen vor dem Eingang des Gymnasiums Kerzen auf und legen Blumen nieder.

rechts: Überflutet von den Wassermassen der Elbe: die Dresdener Altstadt. Das Elbehochwasser im August richtet entlang des Flusses Schäden in Milliardenhöhe an, 20 Menschen sterben, Wohnhäuser werden zerstört, Kunstschätze vernichtet und historische Bausubstanz geschädigt.

Auch der Medienunternehmer Leo Kirch löst negative Schlagzeilen aus. Seine Firma »Kirchmedia« muss angesichts von über sieben Milliarden Euro Schulden und Verbindlichkeiten einen Insolvenzantrag stellen. Kirchs Konzept, Filme sowohl im Bezahl-Fernsehen als auch in frei empfangbaren TV-Programmen anzubieten, erfüllt nicht die die finanziellen Erwartungen. – Mit den großen Geldmengen, die er in die Fußball-Bundesliga gepumpt hat, um sich die Übertragungsrechte zu sichern, hatte Kirch die Spielergehälter in völlig neue Größenordnungen gesteigert. Um die Übertragungsrechte muss jetzt neu verhandelt werden.

Bei der Bundestagswahl im September kann Bundeskanzler Gerhard Schröder von der SPD auf ein gutes Management bei der Bewältigung des Elbehochwassers verweisen – ein Fakt, der offenbar von vielen Wählern goutiert wird. Weitere Themen sind der sich abzeichnende Irak-Krieg und die bevorstehende Einführung der Hartz-Gesetze, die eine Zusammenlegung von Arbeitslosen- und Sozialhilfe und weitere Sozialreformen vorsehen. Trotz ausgesprochen negativer Umfragewerte in den vorausgegangenen Wochen bleibt am Ende die SPD stärkste Partei. Dank starker Gewinne von Bündnis 90/Die Grünen behält die rot-grüne Koalition ihre Mehrheit im Parlament. Die PDS erhält weniger als fünf Prozent der Stimmen und verliert infolgedessen ihren Fraktionsstatus. Nur dank der beiden in Berlin direkt gewählten Abgeordneten ist die Partei noch im Bundestag vertreten. CDS

WAS SONST NOCH GESCHAH

2002

29. Januar | US-Präsident George W. Bush bezeichnet in seiner Rede zur Lage der Nation die Länder Nordkorea, Irak und Iran als »Achse des Bösen«.

8. Februar (bis 23. 2.) | George W. Bush eröffnet in Salt Lake City die XIX. Olympischen Winterspiele. In der Nationenwertung erreicht die Bundesrepublik Platz 2 nach Norwegen und vor den USA.

10. März | Sven Hannawald gewinnt nach der Vierschanzentournee im Januar und Mannschaftsgold bei den Olympischen Spielen auch die Skiflug-Weltmeisterschaft im tschechischen Harrachov.

20. März | Das Bundeskabinett beschließt die Einführung des Dosenpfands: Ab 2003 werden mindestens 25 Cent auf jede Dose erhoben.

10. April | Gerhard Schröder und der russische Präsident Wladimir W. Putin einigen sich in Weimar über die Altschulden der früheren Sowjetunion.

11. April | Bei einem Bombenanschlag auf eine Synagoge auf der tunesischen Insel Djerba werden 19 Menschen getötet, darunter 14 deutsche Touristen. Die Verantwortung für das Verbrechen übernimmt die Terrorgruppe Al-Qaida.

30. Juni | Im Endspiel der Fußballweltmeisterschaft, die in Südkorea und Japan ausgetragen wurde, verliert die deutsche Mannschaft 0:2 gegen Brasilien.

18. Juli | Bundeskanzler Gerhard Schröder entlässt Rudolf Scharping als Verteidigungsminister, nachdem Honorarzahlungen des PR-Unternehmers Moritz Hunzinger an ihn bekannt geworden sind.

21. Juli | Michael Schumacher steht als Sieger der Formel-1-Weltmeisterschaft fest; er ist damit zum fünften Mal Weltmeister.

5. August | Der Berliner PDS-Landesvorstand nominiert den Fraktionschef im Abgeordnetenhaus, Harald Wolf, in der Nachfolge Gregor Gysis für das Amt des Wirtschaftssenators.

25. August | Das erste TV-Duell der Kanzlerkandidaten Gerhard Schröder (SPD) und Edmund Stoiber (CSU) wird zeitgleich auf den Sendern RTL und Sat.1 ausgestrahlt. Am 8. September erleben mehr als 15 Millionen Zuschauer das zweite TV-Duell der Kanzlerkandidaten.

16. September | Nach sechs Jahren Bauzeit wird in München die Pinakothek der Moderne eröffnet.

22. September | Bei der Bundestagswahl bleibt die SPD stärkste Partei. Dank der starken Gewinne von Bündnis 90/Die Grünen behält die rot-grüne Koalition ihre Mehrheit im Parlament. Gerhard Schröder bleibt Bundeskanzler.

23. September | Auf Grund eines israelkritischen Wahlkampf-Flyers legt der FDP-Politiker Jürgen W. Möllemann sein Amt als stellvertretender FDP-Bundesvorsitzender nieder; am 19. November erklärt er seinen Rücktritt als Landeschef und Vorsitzender der Landtagsfraktion.

24. September | Die CDU-Vorsitzende Angela Merkel löst Friedrich Merz in der Funktion des Fraktionsvorsitzenden der Union ab.

27. November | Deutschland sichert den USA und anderen NATO-Staaten bei einem Angriff auf den Irak alle Überflug- und Transitrechte zu, lehnt eine direkte militärische Unterstützung jedoch ab. Diese Entscheidung hat eine Abkühlung im deutsch-amerikanischen Verhältnis zur Folge.

20. Dezember | Der Bundestag verlängert das Bundeswehrmandat für die internationale Schutztruppe in Afghanistan (ISAF) bis Ende 2003.

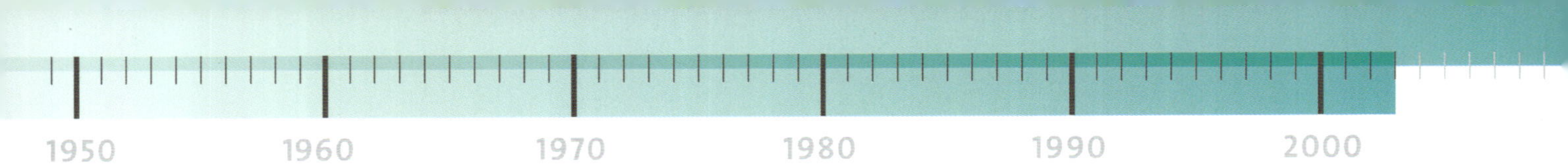

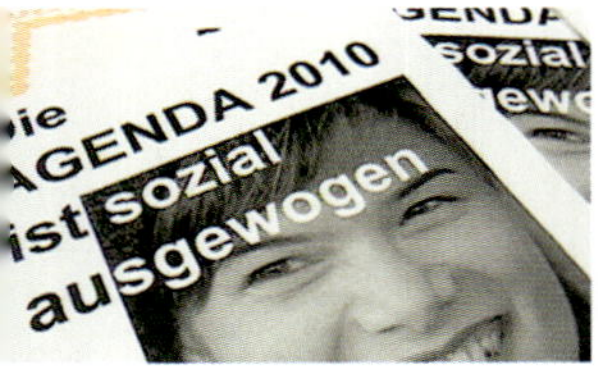

2003

Agenda 2010

Nachbau des Bernsteinzimmers

Antikriegsdemonstration in Berlin

Einführung des Dosenpfands

Demonstration gegen Hartz IV

von links nach rechts

Die »Agenda 2010« bestimmt über Wochen und Monate die öffentliche Diskussion und die Debatten im Bundestag. Die PDS, linke Gruppierungen und Sozialverbände rufen zu Protestkundgebungen auf. Allein Anfang April gehen eine halbe Million Menschen gegen die Reformpolitik auf die Straße, da sie tiefe Einschnitte in ihr Leben und das soziale Gefüge befürchten. In Osten lebt in verschiedenen Orten die Tradition der Montagsdemonstrationen wieder auf. Trotz der weit verbreiteten Angst und Sorge beschließt ein SPD-Sonderparteitag Anfang Juni mit den Stimmen von 90 % aller Delegierten die Annahme der »Agenda 2010«. Auf diese Abstimmungswerte kommt wenig später auch ein Parteitag des Koalitionspartners Bündnis 90/Die Grünen.

Bundeskanzler Gerhard Schröder (SPD) kämpft trotz des großen Widerstandes in der Bevölkerung mit aller Macht für die Zustimmung zum Reformpaket. Seit mehr als zehn Jahren wächst die deutsche Volkswirtschaft nach seiner Meinung deutlich langsamer als die der meisten internationalen Konkurrenten. Gleich mehrmals sei Deutschland bei der Wachstumsrate des Bruttoinlandsproduktes sogar auf dem letzten Platz der 15 EU-Staaten gelandet. »Die Stagnation vom Herbst 2000 bis Ende 2003 war die längste seit Gründung der Bundesrepublik«, sagt er und zählt die wichtigsten Gründe für eine neue Politik auf: die immer älter werdende Bevölkerung, der Konkurrenzdruck auf deutsche Unternehmen durch die Globalisierung und die Schwäche der Weltwirtschaft.

Bundeskanzler Gerhard Schröder auf dem Sonderparteitag der SPD am 1. Juni in Berlin. Von den Delegierten stimmen an diesem Tag 90 % für das Reformpaket der »Agenda 2010«.

Zu den wichtigsten Punkten der Agenda zählen die Lockerung des Kündigungsschutzes, der Wegfall des Meisterzwangs bei der Betriebsgründung, die Senkung der betrieblichen Lohnnebenkosten, die Erhöhung der Bildungsausgaben innerhalb von fünf Jahren um 25 Prozent, die Auszahlung des Arbeitslosengeldes nur noch über einen Zeitraum von durchschnittlich 12 Monaten, die Zusammenlegung von Arbeitslosen- und Sozialhilfe und die Zahlung von staatlichen Unterstützungsleistungen nur bei sozialer Bedürftigkeit. Empfänger müssen in vollem Umfang ihre Vermögensverhältnisse offen legen. Jede Arbeit, die nicht sittenwidrig ist, gilt als zumutbar. Außerdem gibt es viele Änderungen im Gesundheitswesen. Unter anderem wird eine Praxisgebühr beim Haus- und Zahnarzt von 10 Euro pro Quartal eingeführt.

Für einige Tage verdrängt der Tod des FDP-Politikers Jürgen W. Möllemann die sozialpolitischen Diskussionen. Der einstige Bildungs- und Wirtschaftsminister kommt im Juni bei einem Fallschirmsprung ums Leben. Die Staatsanwaltschaft Essen schließt Fremdverschulden als Todesursache aus. Trotzdem glauben viele nicht an einen Suizid. Möllemann war zum Zeitpunkt seines Todes einem starken politischen Druck ausgesetzt. Eine halbe Stunde vor dem verhängnisvollen Sprung hatte der Bundestag seine Immunität aufgehoben, um Ermittlungen der Staatsanwaltschaft wegen des Verdachts der Steuerhinterziehung sowie des Verstoßes gegen das Parteiengesetz aufzunehmen.

links: Jürgen Möllemann, umringt von Journalisten vor der FDP-Fraktionssitzung am 4. Februar. Um einem Parteiausschlussverfahren zuvorzukommen, erklärt Möllemann am 17. März seinen Parteiaustritt. Er stirbt nach einem Absturz mit dem Fallschirm am 5. Juni.

rechts: Die Kapitänsfrau der deutschen Frauenfußball-Nationalelf, Bettina Wiegmann, präsentiert jubelnd den Weltmeister-Pokal. Im Endspiel der vierten WM im Frauenfußball besiegen die Frauen aus Deutschland die Schwedinnen durch ein Golden Goal 2:1. Zur besten Spielerin des in den USA stattfindenden Turniers wird Birgit Prinz aus Frankfurt am Main gekürt.

Im Sommer wird im Katharinenpalais von Zarskoje Selo, einem Vorort von St. Petersburg, das mit großer finanzieller Unterstützung deutscher Unternehmen rekonstruierte Bernsteinzimmer erstmals der Öffentlichkeit vorgestellt. Das Ereignis setzt zugleich einen gewissen Schlusspunkt unter die zahllosen Suchaktionen in allen Teilen Deutschlands nach dem sagenumwobenen Kunstwerk, das seit 1945 verschollen ist. Ursprünglich war das »achte Weltwunder« zwischen 1701 bis 1711 für den preußischen König Friedrich I. gebaut worden. Es schmückte bis 1717 das Berliner Stadtschloss, ehe es König Friedrich Wilhelm I. dem russischen Zaren Peter dem Großen schenkte. In Zarskoje Selo blieb es bis 1942. Dann transportierten deutsche Truppen das in Kisten verpackte Kunstwerk nach Königsberg (heute Kaliningrad), wo sich alle Spuren verloren.

Ende des Jahres wird ein Stück DDR-Vergangenheit wieder lebendig. Egon Krenz, der letzte SED-Chef, kann nach der Verbüßung von vier Jahren Freiheitsstrafe das Gefängnis vorzeitig verlassen. Wegen des Schießbefehls an der innerdeutschen Grenze war er zu einer Strafe von sechs Jahren und sechs Monaten verurteilt worden. Nun setzte das Gericht den Rest der Strafe zur Bewährung aus. Krenz war schon länger Freigänger im offenen Vollzug und musste nur noch nachts in die Haftanstalt. Tagsüber versuchte er auf dem Flughafen Berlin-Tegel ausrangierte Flugzeuge nach Russland zu verkaufen. CDS

WAS SONST NOCH GESCHAH

2003

1. Januar | Die Bundesrepublik Deutschland wird für zwei Jahre eines der zehn nichtständigen Mitglieder im UN-Sicherheitsrat.

22. Januar | Der französische Staatspräsident Jacques Chirac und Bundeskanzler Gerhard Schröder, der sich anlässlich der Feierlichkeiten zum 40. Jahrestag des Elysée-Vertrags in Paris aufhält, erklären öffentlich ihre Ablehnung eines Militäreinsatzes der USA im Irak. US-Verteidigungsminister Donald Rumsfeld nennt beide Länder deshalb »ein Problem«.

27. Januar | Gerhard Schröder und der Vorsitzende des Zentralrats der Juden in Deutschland, Paul Spiegel, unterschreiben einen Staatsvertrag zwischen Bund und Zentralrat. Für den Erhalt des deutsch-jüdischen Kulturerbes und die Integration jüdischer Zuwanderer aus der ehemaligen Sowjetunion erhält der Zentralrat jährlich drei Millionen Euro vom Bund.

2. Februar | Bei den Landtagswahlen in Hessen schneidet die SPD mit einem Stimmenanteil von 29,1 % so schlecht ab wie noch nie. Roland Koch (CDU) bleibt Ministerpräsident. Auch in Niedersachsen unterliegt die SPD mit 33,4 % der CDU unter ihrem Spitzenkandidaten Christian Wulff.

16. März | Anni Friesinger aus Bad Reichenhall gewinnt Gold bei der Eisschnelllauf-Weltmeisterschaft über 1.000, 1.500 und 3.000 Meter.

20. März | Beginn des Irak-Krieges. Soldaten aus Großbritannien und den USA marschieren in den Irak ein. Die irakische Hauptstadt Bagdad steht unter Beschuss satellitengesteuerter Flugkörper.

8. Juli | Michel Friedman, Vizepräsident des Zentralrats der Juden in Deutschland, akzeptiert einen Strafbefehl über 17.400 Euro wegen Kokainbesitzes und erklärt seinen Rücktritt von allen Ämtern.

9. Juli | Nach antideutschen Äußerungen des italienischen Tourismus-Staatssekretärs Stefano Stefani sagt Bundeskanzler Gerhard Schröder seinen diesjährigen Italienurlaub ab.

30. Juli | Im mexikanischen Puebla läuft der letzte VW-»Käfer« vom Band.

10. September | Die Münchener Polizei vereitelt einen von Neonazis geplanten Anschlag auf die Baustelle des Jüdischen Zentrums in der bayerischen Hauptstadt.

26. Oktober | Bei den Kommunalwahlen in Brandenburg wird die CDU mit einem Stimmenanteil von 27,8 % erstmals landesweit stärkste Kraft. Die SPD erhält 23,6 %, die PDS 21,3 %, die FDP 6,3 % und Bündnis 90/Die Grünen nur 4,2 % der Stimmen.

4. November | Bundesverteidigungsminister Peter Struck entlässt den Kommandeur des Kommandos Spezialkräfte (KSK) der Bundeswehr, Brigadegeneral Reinhard Günzel. In einem Brief an den CDU-Abgeordneten Martin Hohmann hatte Günzel dessen Rede zum Thema »Gerechtigkeit für Deutschland« am 3. Oktober und die darin enthaltenen äußerst umstrittenen Äußerungen zur jüngsten deutschen Geschichte verteidigt.

14. November | Die CDU/CSU-Bundestagsfraktion schließt den hessischen CDU-Abgeordneten Martin Hohmann aufgrund der umstrittenen, am 3. Oktober gehaltenen Rede aus der Fraktion aus.

Nach fast 32 Jahren Betriebszeit wird der niedersächsische Atomreaktor in Stade stillgelegt.

17. November | Auf dem SPD-Bundesparteitag in Bochum wird Gerhard Schröder mit 80,8 % der Stimmen als Parteivorsitzender bestätigt.

2004

Einführung der Praxisgebühr

Fatih Akin gewinnt den Goldenen Bären

Einführung der Rechtschreibreform

Trauerfeier für die am 10. Juli verstorbene Schauspielerin Inge Meysel

Vereidigung Horst Köhlers zum Bundespräsidenten

von links nach rechts

Zwei ganz unterschiedliche Ereignisse prägen das kulturelle Leben in diesem Jahr. Während die Ausstellung mit hochkarätigen Leihgaben des Museums of Modern Art New York (MoMA) über 1,2 Millionen Besucher in der Berliner Neuen Nationalgalerie in Hochstimmung versetzt, löst ein Großbrand in der zum Weltkulturerbe gehörenden Herzogin-Anna-Amalia-Bibliothek in Weimar große Bestürzung aus. 50.000 Bücher verbrennen, weitere 62.000 werden durch Löschwasser stark beschädigt.

Von Februar bis September begeistern mehr als 200 Werke eines der wohl berühmtesten Kunstmuseen der Welt Berliner und Touristen der Stadt. Gemälde und Skulpturen von Vincent van Gogh bis Pablo Picasso, von Paul Klee bis Andy Warhol verleihen der an Kunstwerken auch sonst nicht armen Metropole ein weiteres Highlight. Als bekannt wurde, dass das MoMA wegen Umbauarbeiten für einige Zeit geschlossen werden musste, hatte Peter Raue, der Vorsitzende des Vereins der Freunde der Nationalgalerie, die Idee, während dieser Zeit die Meisterwerke aus New York in die Stadt zu holen. Bald sprechen Experten und Besucher von einer Jahrhundertausstellung. Das Echo ist enorm. Wartezeiten vor dem Eingang von bis zu sieben Stunden und mehr sind keine Seltenheit. Sie zwingen die Veranstalter zu immer längeren Öffnungszeiten. Anfang September schließen sich die Türen erst um Mitternacht und später erst um 2 Uhr. Zum Finale gibt es überhaupt keine Schließzeiten mehr.

2004

Die Ausstellung mit über 200 Kunstwerken aus dem MoMA in der Berliner Neuen Nationalgalerie wird zu einem überragenden Publikumserfolg. Zwischen dem 20. Februar und dem 19. September kommen 1,2 Millionen Menschen in die Nationalgalerie – vor der Eröffnung hatte man mit einer Besucherzahl von 700.000 gerechnet.

Einen Schock löst bei Kunstliebhabern und Historikern in aller Welt die Nachricht über den Großbrand in der Herzogin-Anna-Amalia-Bibliothek Anfang September in Weimar aus. Bilder vom beschädigten ovalen Rokokosaal, der sich über drei Geschosse ausdehnt, sind überall in den Medien zu sehen und künden vom Ausmaß der Katastrophe. Anna Amalia, die Herzogin von Sachsen-Weimar-Eisenach, hatte 1766 den Umzug der höfischen Bibliothek in das – wegen des Kupferdaches »Grünes Schloss« genannte – Gebäude aus der Mitte des 16. Jahrhunderts angeordnet. Johann Wolfgang von Goethe leitete die Bibliothek bis zu seinem Tod 1832. Ein Schmorbrand eines Elektrokabels löste vermutlich das Feuer im Dachstuhl aus. Es breitet sich so rasch aus, dass ein Großteil der Bücher und die Musiksammlung nicht mehr gerettet werden können. Um die durch Löschwasser beschädigten Bände zu retten, erfolgt ihre Einfrierung bei minus 20 Grad Celsius. So hat der Schimmel keine Chance. Die Restaurierung der Bücher wird voraussichtlich bis zum Jahr 2015 dauern. Zwischen 5.000 und 6.000 historische Bücher, darunter eine Luther-Bibel aus dem Jahr 1534, überstehen den Brand unbeschadet.

Im März küren CDU/CSU und FDP den früheren Geschäftsführenden Direktor des Internationalen Währungsfonds (IWF), Horst Köhler, zum Kandidaten für das Bundespräsidentenamt; im Mai erhält er in der Bundesversammlung die absolute Mehrheit. Seiner Gegenkandidatin Gesine Schwan von der Europa-

links: Am Abend des 2. September brennt der Dachstuhl des 400 Jahre alten Gebäudes der Anna-Amalia-Bibliothek in Weimar und stürzt in den Rokokosaal. Nach dem Brand setzt eine deutschlandweite Spendenaktion ein, und im Oktober 2007 kann Bundespräsident Horst Köhler die für knapp 13 Millionen Euro restaurierte Bibliothek wieder eröffnen.

rechts: Eine Katastrophe kaum vorstellbaren Ausmaßes ereignet sich am zweiten Weihnachtsfeiertag in Südostasien. Über 200.000 Menschen werden Opfer eines Tsunamis. Unter den Toten befinden sich auch zahlreiche Deutsche, die sich vor allem in den Ferienregionen Thailands aufhielten; eine Touristin vor einer Fotowand mit Fotos von Opfern der Flutwelle.

Universität in Frankfurt/Oder hat keine Chance. In seiner Antrittsrede ruft Köhler die Deutschen auf, Ängste zu überwinden und Selbstvertrauen zurückzugewinnen. Er wünscht sich ein »Deutschland der Ideen« und eine kinderfreundlichere Gesellschaft. Seine erste Auslandsreise führt ihn nach Polen, wo er in Danzig auch mit Friedensnobelpreisträger Lech Walesa zusammentrifft.

Auch Bundeskanzler Gerhard Schröder reist nach Polen. Anfang August nimmt er als erster deutscher Regierungschef an der Gedenkfeier für die Opfer des Warschauer Aufstands gegen die deutschen Besatzer vor 60 Jahren teil. Vehement weist Schröder Forderungen von Verbänden zurück, die von Polen eine Entschädigung für die nach dem Ende des Zweiten Weltkriegs aus dem Osten vertriebenen Personen fordern. »Die Bundesregierung wird solchen Ansprüchen entgegentreten und dies auch vor jedem internationalen Gericht deutlich machen«, erklärt er. »Wir Deutschen wissen sehr wohl, wer den Krieg angefangen hat, und wer seine ersten Opfer waren.« Auf keinen Fall dürfe die Geschichte »um- oder fehlgedeutet werden«.

Versöhnung zwischen den einstigen Gegnern im Zweiten Weltkrieg ist auch das Thema der Feiern am 6. Juni in der Normandie zum Gedenken an die Landung der Alliierten vor 60 Jahren. Zu den geladenen Staats- und Regierungschefs aus 16 Ländern gehört Gerhard Schröder; es ist das erste Mal, dass ein deutscher Bundeskanzler an den Veranstaltungen zum »D-Day« teilnimmt. CDS

WAS SONST NOCH GESCHAH

2004

14. Februar | Der deutsche Film »Gegen die Wand« von Fatih Akin erhält auf der Berlinale den Goldenen Bären.

27. Februar | Bundeskanzler Gerhard Schröder und US-Präsident George W. Bush beschließen bei ihrer ersten Begegnung im Weißen Haus seit zwei Jahren ein »deutsch- amerikanisches Bündnis für das 21. Jahrhundert«.

21. März | Nach dem Rücktritt Gerhard Schröders vom Amt des Parteivorsitzenden der SPD wird Franz Müntefering zu seinem Nachfolger gewählt.

3. April | In Berlin, Stuttgart und Köln protestieren rund 500.000 Menschen gegen die Sozialreformen der Bundesregierung.

23. Mai | Horst Köhler wird von der Bundesversammlung in Berlin mit 604 Stimmen zum neuen Bundespräsidenten gewählt. Er setzt sich damit gegen die Politikwissenschaftlerin Gesine Schwan durch, die 589 Stimmen erhält.

Der Bundestag billigt das neue Wettbewerbsrecht. Damit wird unter anderem der Schlussverkauf abgeschafft. Der Handel kann nun selbst entscheiden, ob und wann es Sonderverkäufe gibt.

20. Juni | Der 95. Katholikentag in Ulm geht zum ersten Mal mit einer ökumenischen Segensfeier zu Ende.

23. Juni | Die deutsche Mannschaft scheidet bei der Fußball-Europameisterschaft 2004 in Portugal schon in der Vorrunde aus. Trainer Rudi Völler verkündet seinen Rücktritt. Unter ihrem deutschen Trainer Otto Rehhagel (»Rehakles«) besiegt Griechenland im Finale am 4. Juli Portugal mit 1:0.

2. Juli | Der Bundestag beschließt mit deutlicher Mehrheit die Zusammenlegung von Arbeitslosen- und Sozialhilfe (Hartz IV) zum Januar 2005.

19. Juli | Bundesinnenminister Otto Schily schlägt die Einrichtung von EU-Auffanglagern für Asylbewerber in Nordafrika vor. Der Vorstoß stößt bei Politikern aller Parteien und Menschenrechtsorganisationen auf heftige Kritik.

22. Juli | Im Prozess um Millionenprämien bei der Übernahme des Mannesmannkonzerns durch Vodafone werden alle sechs Angeklagten freigesprochen, darunter Deutsche-Bank-Chef Josef Ackermann, Ex-Mannesmann-Chef Klaus Esser und der frühere IG-Metall-Vorsitzende Klaus Zwickel.

In Berlin wird die Genehmigung für den Bau des Großflughafens Berlin-Brandenburg International auf dem Gelände des einstigen DDR-Zentralflughafens Schönefeld erteilt.

21. September | Im Berliner Museum für Gegenwart, im Hamburger Bahnhof, wird die Ausstellung der Flick-Collection mit bedeutenden Werken zeitgenössischer Kunst eröffnet. Aufgrund von Verstrickungen der Flick-Familie in der NS-Zeit wird die Präsentation der Sammlung sehr kontrovers diskutiert.

2. Oktober | Claudia Roth wird als Nachfolgerin von Angelika Beer erneut zur Vorsitzenden von Bündnis 90/Die Grünen gewählt; sie steht damit gemeinsam mit Reinhard Bütikofer an der Spitze der Partei.

5. November | Nach zahlreichen Protesten nimmt die Bundesregierung ihre Pläne zurück, den Tag der deutschen Einheit als gesetzlichen Feiertag abzuschaffen. Die Maßnahme sollte der Ankurbelung des Wirtschaftswachstums dienen.

22. Dezember | Angesichts anhaltender Kritik wegen der umstrittenen Annahme von Zahlungen des Stromkonzerns RWE tritt der Generalsekretär der CDU, Laurenz Meyer, von seinem Amt zurück.

1950 1960 1970 1980 1990 2000

2005

Protest gegen George W. Bush in Berlin

Einführung der LKW-Maut

Bundespräsident Köhler gratuliert Angela Merkel zur Kanzlerwahl

Weltjugendtag der katholischen Kirche in Köln

Korruptionsaffäre in der VW-Spitze

von links nach rechts

Die vorgezogene Bundestagswahl bringt im Herbst einen politischen Wechsel; im Gegensatz zu allen Umfrageergebnissen gewinnt die CDU aber nur knapp vor der SPD. Die rot-grüne Koalition wird abgelöst, und die CDU geht mit der SPD eine Große Koalition ein. Mit Angela Merkel stellt sie die Bundeskanzlerin.

Noch Anfang Mai hatte niemand vorhersehen können, dass Bundeskanzler Gerhard Schröder nur einige Wochen später einen so hohen Einsatz im Poker um die Macht im Staate zahlen würde. Doch als am 22. Mai die SPD bei der Landtagswahl in Nordrhein-Westfalen ihre bisher größte Niederlage hinnehmen muss, entschließt sich die Parteispitze zu einem Frontalangriff. Eine halbe Stunde nach Schließung der Wahllokale gibt der Fraktionsvorsitzende Franz Müntefering bekannt, dass die SPD für den Herbst Neuwahlen anstreben wird, da das Vertrauen der Bevölkerung in die rot-grüne Bundesregierung nicht mehr erkennbar sei. Ein wenig später betont Gerhard Schröder in einer Fernsehansprache, wie wichtig für ihn die Unterstützung der Bürgerinnen und Bürger für die mit der »Agenda 2010« eingeleitete soziale Reformpolitik ist. An das Parlament stellt Schröder die Vertrauensfrage, die er dank einer ausreichend großen Zahl von Enthaltungen von Abgeordneten der SPD und der Bündnis-Grünen wie beabsichtigt verliert. Am 21. Juli löst Bundespräsident Horst Köhler den Bundestag auf und ordnet Neuwahlen für den 18. September an.

2005

Schlagzeilen deutscher Zeitungen am Tag nach der Papstwahl. Am 19. April wird der deutsche Kardinal Joseph Ratzinger von den Kardinälen zum neuen Oberhaupt der katholischen Kirche gewählt, von nun an nennt er sich Papst Benedikt XVI.

Die CDU gewinnt die Wahl schließlich mit 35,2 % der Stimmen knapp vor der SPD (34,2 %) und macht so die Hoffnungen Schröders auf eine weitere Amtszeit zunichte. Drittstärkste Partei ist die FDP mit 9,8 %, gefolgt von den Parteien Die Linke. PDS (8,7 %) und Bündnis 90/Die Grünen (8,1 %). In die Mediengeschichte geht die »Elefantenrunde« am Wahlabend im Berliner ZDF-Hauptstadtstudio ein. Gerhard Schröder greift die Medien in einem als überheblich empfundenen Auftritt scharf an, weil sie angeblich parteiisch berichtet hätten. Er beharrt auf dem Regierungsauftrag und lehnt ein Zusammengehen seiner Partei mit einer Kanzlerin Merkel kategorisch ab: »Niemand außer mir ist in der Lage, eine stabile Regierung zu stellen. Niemand außer mir.«

Erst nach langwierigen Koalitionsverhandlungen einigen sich die beiden großen Parteien SPD und CDU/CSU auf Angela Merkel als Kanzlerin. Anfang November kündigt Franz Müntefering seinen Rückzug vom SPD-Vorsitz an, nachdem bei einer SPD-Vorstandssitzung der von ihm präferierte Kandidat für das Amt des SPD-Generalsekretärs keine Mehrheit gefunden hat. Edmund Stoiber von der CSU gibt seinen Verzicht auf das Wirtschaftsministerium bekannt. Drei Wochen später wird Angela Merkel zur Bundeskanzlerin gewählt.

Eine weitere Niederlage muss die SPD in Schleswig-Holstein hinnehmen, als Heide Simonis im März bei der erhofften Wiederwahl zur Ministerpräsidentin des Landes beim vierten Anlauf scheitert. Daraufhin tritt sie von allen politi-

links: Nach ihrer Wahl zur Kanzlerin am 22. November nimmt Angela Merkel (CDU) die Glückwünsche ihres Kontrahenten Gerhard Schröder aus der SPD entgegen. Mit 51 Jahren ist Angela Merkel die jüngste Regierungschefin in der Geschichte der Bundesrepublik und zugleich die erste Frau in diesem Amt.

rechts: Das aus 2.711 unterschiedlich hohen Betonstelen errichtete Denkmal für die ermordeten Juden Europas wird am 10. Mai in Berlin der Öffentlichkeit übergeben. Es entstand südöstlich des Brandenburger Tores nach Entwürfen des amerikanischen Architekten Peter Eisenman.

schen Ämtern zurück. Neuer Ministerpräsident der Koalitionsregierung von CDU und SPD wird der CDU-Politiker Peter Harry Carstensen.

Fast einen Monat später kommen aus Rom positive Nachrichten. Nach dem Tod von Papst Johannes Paul II. am 1. April bestimmen die Kardinäle schon am zweiten Tag nach Beginn des Wahlvorgangs in der Sixtinischen Kapelle am 19. April den deutschen Kardinal Joseph Ratzinger zum neuen Papst. Er wird von nun an als Benedikt XVI. die katholische Kirche führen.

In Dresden werden die Vorbereitungen für ein großes Ereignis getroffen: die feierliche Einweihung der wiederaufgebauten Dresdener Frauenkirche 60 Jahre nach ihrer Zerstörung im Zweiten Weltkrieg. Es nehmen 1.800 Ehrengäste aus dem In- und Ausland teil. Über 60.000 Menschen verfolgen die Feier im Freien. Das von 1726 bis 1743 errichtete barocke Kunstwerk stürzte nach den schweren Luftangriffen in der Nacht zum 14. Februar 1945 am Morgen des 15. Februar ausgebrannt in sich zusammen. Erst 1994 begann der von Fördervereinen und Spendern aus aller Welt mitfinanzierte Wiederaufbau.

An die deutsche Vergangenheit erinnert auch das am 10. Mai in Berlin eingeweihte Denkmal für die ermordeten Juden Europas nahe dem Brandenburger Tor, das sogenannte Holocaust-Mahnmal. Um den Entwurf von Peter Eisenman und die Errichtung hatte es heftige Diskussionen gegeben – doch schon im ersten Jahr kommen über 3,5 Millionen Besucher an den Ort des Gedenkens. CDS

2005

1. Januar | Der vierte Teil der Arbeitsmarktreform, Hartz IV, tritt in Kraft. Langzeitarbeitslose erhalten in Zukunft statt der Arbeitslosenhilfe das Arbeitslosengeld II, das in seinem Umfang dem Sozialhilfeniveau entspricht.

14. Januar | Der Münchner Modeschöpfer Rudolph Mooshammer wird in seiner Villa ermordet aufgefunden.

22. Januar | Ehemalige Mitglieder der SPD und Gewerkschafter gründen in Göttingen die Partei »Arbeit und soziale Gerechtigkeit – die Wahlalternative« (WASG).

24. Januar | Volker Kauder (CDU) wird zum Generalsekretär seiner Partei gewählt.

1. Februar | Die Zahl der Arbeitslosen in Deutschland hat im Januar erstmals die Fünf-Millionen-Grenze überschritten.

17. Februar | Erste öffentliche Sitzung des Untersuchungsausschusses des Bundestages zur Aufklärung der sogenannten Visa-Affäre. Der Ausschuss befasst sich mit Unregelmäßigkeiten bei der Erteilung von Einreisevisa für die Bundesrepublik vor allem an der Botschaft in Kiew.

24. Mai | Oskar Lafontaine gibt seinen Austritt aus der SPD bekannt.

10. Juni | Die PDS und die WASG beschließen, sich für die Bundestagswahl zu einem Linksbündnis zusammenzuschließen.

19. Juni | Bei der Fußballeuropameisterschaft der Frauen in Großbritannien besiegen die deutschen Fußballerinnen im Endspiel die Norwegerinnen 3:1.

17. Juli | Auf einem Sonderparteitag in Berlin ändert die PDS ihren Namen in »Die Linkspartei.PDS«.

16. August | Zum 20. Weltjugendtag der katholischen Kirche kommen eine Million Jugendliche nach Köln. Höhepunkt ist die Abschlussmesse mit Papst Benedikt XVI. auf dem Marienfeld.

28. August | Bei den Kanu-Weltmeisterschaften im kroatischen Zagreb erringen die deutschen Kanuten neunmal Gold, dreimal Silber und zweimal Bronze.

22. Oktober | Um eine Ansteckung mit dem gefährlichen Virus H5N1 (Vogelgrippe) durch Zugvögel zu verhindern, wird in Deutschland eine Stallpflicht für Hühner, Gänse und Enten verfügt.

30. Oktober | Die wiederaufgebaute Dresdener Frauenkirche wird 60 Jahre nach ihrer Zerstörung im Zweiten Weltkrieg feierlich eingeweiht.

31. Oktober | Wegen innerparteilicher Auseinandersetzungen tritt SPD-Chef Franz Müntefering von seinem Amt als Parteivorsitzender zurück. Zu seinem Nachfolger wird auf dem Parteitag am 15. November fast einstimmig Brandenburgs Ministerpräsident Matthias Platzeck gewählt.

8. November | Lothar Bisky, Vorsitzender der Linkspartei.PDS, scheitert auch im vierten Anlauf bei der Wahl zum Bundestagsvizepräsidenten. Ein Großteil der Abgeordneten lehnt Bisky wegen seiner DDR-Vergangenheit ab.

24. November | Ein vorzeitiger Wintereinbruch hat im Münsterland katastrophale Folgen: Mehrere Dutzend Hochspannungsleitungen knicken unter den Schneemassen ein, zeitweise sind 250.000 Menschen ohne Strom.

31. Dezember | Nach 60 Jahren wird die US-amerikanische Rhein-Main Air Base offiziell der Bundesrepublik Deutschland übergeben. Das 150 Hektar große Gelände war zeitweise Heimat für rund 7.000 Militärs und ihre Familien.

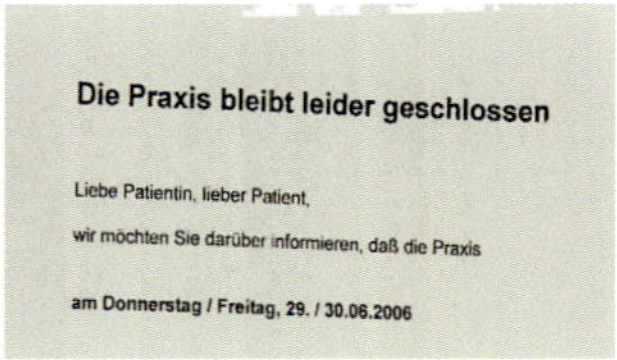

2006

Präsident Bush und Kanzlerin Merkel in Stralsund

Transrapid-Unglück im Emsland

Angela Merkel bei Präsident Putin

Ärztestreik

Schülergewalt an der Berlin-Neuköllner Rütlischule

von links nach rechts

Deutschland feiert in diesem Jahr ein großes »Sommermärchen«. Die Ausrichtung der Fußballweltmeisterschaft versetzt das Land in eine unerwartete Euphorie. Schon vor dem Turnier sind überall in den Straßen schwarz-rot-goldene Fahnen zu sehen. Auch Bundespräsident Horst Köhler freut sich, »dass man jetzt unverkrampfter auf seine eigene Nationalfahne zeigt und sich mit ihr schmückt.« Autoren politischer Leitartikel wundern sich über den Patriotismus und schreiben über ein neues Selbstbewusstsein der Deutschen.

Schon mit dem Eröffnungsspiel im Juni in München setzt eine riesige Partystimmung ein. »Public Viewing« wird zum geflügelten Wort. Denn sowohl in kleinen Dörfern als auch auf der Straße des 17. Juni zwischen Siegessäule und Brandenburger Tor in Berlin und auf den großen Plätzen in Deutschlands Städten treffen sich Menschen jeden Alters, um sich auf den Großbildleinwänden gemeinsam die Spiele anzuschauen. Und das beliebteste Outfit bei allen: das schwarz-weiße Nationaltrikot. Ausgelassene Freude überall, auch Bundeskanzlerin Angela Merkel fiebert bei vielen Spielen auf der Tribüne mit. Nach einem vierwöchigen Volksfest gewinnt Italien schließlich im Elfmeterschießen das Finale gegen Frankreich. Deutschland freut sich über den dritten Platz und den inoffiziellen Titel »Weltmeister der Herzen«.

Durch die Fußball-WM scheinen auch Ereignisse in den Hintergrund zu treten, die landesweit Betroffenheit auslösten. Am zweiten Tag des Jahres stürzt im

2006

Vom 9. Juni bis zum 9. Juli findet in Deutschland die 18. Fußballweltmeisterschaft an zwölf Spielorten statt. Auf dem Bild: begeisterte Fans am 30. Juni in Berlin, während des Spiels Deutschland – Argentinien; das Viertelfinalspiel im Berliner Olympiastadion gewinnt die deutsche Mannschaft nach dem Elfmeterschießen 4:2.

bayerischen Bad Reichenhall nach langem, heftigem Schneefall das Dach einer Eis- und Schwimmhalle ein. Fünfzehn Menschen sterben, 34 werden teilweise schwer verletzt, die meisten unter ihnen sind Kinder und Jugendliche. Im Februar kommen dann Hiobsbotschaften von der Insel Rügen. An der Wittower Fähre stellen Fachleute bei zwei toten Schwänen das Vogelgrippevirus H5N1 fest, Feuerwehrmänner sammeln im Jasmunder Bodden vor Rügen noch mehr tote Tiere ein. Die von dort nun in die Wohnzimmer gesendeten TV-Bilder erinnern immer mehr an einen Katastrophenfilm. Soldaten mit Atemmasken und Vollschutzanzüge in Amphibienfahrzeugen schlagen Schneisen in die Uferzonen, und alle Fußgänger und Autofahrer müssen auf dem Weg von der Insel eine Wanne mit Desinfektionsmitteln passieren. Deutschland wehrt sich gegen eine Ausbreitung der Grippe mit einer allgemeinen Stallpflicht für Nutzgeflügel. Erst im Sommer zieht Ruhe ein.

In der Innenpolitik sorgt die SPD wie schon 2005 für Schlagzeilen. Matthias Platzeck tritt nach nur fünf Monaten im April vom Amt des Parteivorsitzenden zurück. Die Rede ist von »starken gesundheitlichen Problemen« und von einem Hörsturz; die Belastungen in der Partei und als Ministerpräsident in Brandenburg seien zu groß, erklärt der sichtlich angeschlagene Politiker. Platzecks Nachfolge an der Parteispitze übernimmt der rheinland-pfälzische Ministerpräsident Kurt Beck. Er wird sich später mit einer neuen politischen Gruppierung ausein-

links: Lichtshow zur Einweihung des neuen Hauptbahnhofs in Berlin, der nach einer knapp elfjährigen Bauzeit am 26. Mai eröffnet wird.

rechts: Bundestrainer Jürgen Klinsmann bei der Verabschiedung der deutschen Nationalmannschaft am 9. Juli auf der Fanmeile in Berlin. Torschützenkönig der 18. Fußball-WM ist Miroslav Klose. Klinsmann tritt nach dem Turnier zurück, seine Nachfolge übernimmt Joachim Löw.

andersetzen müssen: Die Parteibasis der »Wahlalternative Arbeit und soziale Gerechtigkeit« (WASG) votiert in einer Urabstimmung mit 78,3 % für eine Fusion mit »Die Linke.PDS« bis 2007, bald ist nur noch von der Partei »Die Linke« die Rede.

Ein spektakulärer Neubau wird in Berlin gefeiert. Der Hauptbahnhof in Nachbarschaft des Regierungsviertels geht nach zehnjähriger Bauzeit am 26. Mai in Betrieb. Er gilt als der größte Kreuzungsbahnhof Europas. Vom Architekten Meinhard von Gerkan entworfen, hat er eine völlige Neuordnung des Verkehrskonzepts in der Hauptstadt zur Folge. Täglich halten hier über 550 Züge und mehr als 600 S-Bahnen. Zwischen 300.000 und 400.000 Reisende steigen ein und aus oder nutzen die vielen Geschäfte für ihren Einkauf. Die Eröffnungsfeier trübt ein 16-jähriger Amokläufer, der wahllos mit einem Messer auf Passanten einsticht und dabei 26 Menschen verletzt.

In Bayern sorgt Braunbär »Bruno« für Aufregung. Er streunt durch das bayerisch-österreichische Grenzgebiet, greift dabei auch Haus- und Nutztiere an und nähert sich beängstigend nah menschlichen Siedlungen. Zur seiner Rettung gibt es zahlreiche Versuche von Tierschützern, doch wird der vom bayerischen Ministerpräsidenten Edmund Stoiber als »Problembär« Betitelte schließlich im Juni von einem Jäger erschossen. Heute ist er im Museum Nymphenburg zu betrachten – als ausgestopftes Exemplar. CDS

WAS SONST NOCH GESCHAH

2006

16. Januar | Zu einem ersten offiziellen Treffen mit dem russischen Präsidenten Wladimir W. Putin reist Angela Merkel nach Moskau.

Zu Beginn einer bundesweiten Protestwoche der niedergelassenen Ärzte bleiben zahlreiche Praxen geschlossen. Die Mediziner wehren sich damit gegen seit Jahren sinkende Einkommen und einen zeitraubenden bürokratischen Aufwand.

---

1. Februar | Das Bundeskabinett beschließt, das Renteneintrittsalter bis zum Jahr 2029 von 65 auf 67 Jahre anzuheben.

---

6. Februar | In Baden-Württemberg beginnt der erste Streik im öffentlichen Dienst seit 14 Jahren. Mitglieder der Gewerkschaft ver.di protestieren gegen die geforderte Verlängerung der Arbeitszeit von 38,5 auf 40 Stunden. Der Tarifstreit mit dem Kommunalen Arbeitgeberverband endet neun Wochen später mit einem Kompromiss.

---

10. Februar (bis 26. 2.) | Bei den XX. Olympischen Winterspielen im italienischen Turin erkämpfen die deutschen Sportler elf Gold-, zwölf Silber- und sechs Bronzemedaillen und sind damit erfolgreichste Nation.

31. März | Nach Lehrer-Protesten wegen zunehmender Gewalt an ihrer Schule wird die Rütli-Hauptschule in Berlin Neukölln unter Polizeischutz gestellt.

---

19. Mai | Der Bundestag verabschiedet das Haushaltsbegleitgesetz, das eine Erhöhung der Mehrwertsteuer von 16 % auf 19 %, die Kürzung von Sparerfreibetrag und Pendlerpauschale sowie die Erhebung einer sogenannten Reichensteuer ab 2007 vorsieht.

---

2. Juni | Die Kultusminister der Länder beschließen die Einführung eines einheitlichen nationalen Bildungstests an den Schulen ab 2009.

---

9. Juli | Die italienische Mannschaft besiegt im Berliner Olympiastadion nach Verlängerung im Elfmeterschießen Frankreich mit 6:4 und wird damit zum vierten Mal Fußballweltmeister.

---

11. Juli | Während seines Deutschlandbesuchs lädt Bundeskanzlerin Angela Merkel den amerikanische Präsident George W. Bush in ihren Wahlkreis nach Mecklenburg-Vorpommern ein.

---

13. Juli | Die UNESCO erklärt die mittelalterliche Regensburger Altstadt zur Weltkulturerbestätte.

31. Juli | In Dortmund und Koblenz werden in zwei Regionalzügen Bomben entdeckt, die aufgrund eines technischen Fehlers nicht explodierten. Die Bundesanwaltschaft übernimmt die Ermittlungen. Knapp drei Wochen später wird ein Tatverdächtiger in Kiel gefasst, der zweite stellt sich wenige Tage später im Libanon.

---

11. August | Der Schriftsteller Günter Grass bekennt in seiner Autobiografie, in den letzten beiden Kriegsjahren Mitglied der Waffen-SS gewesen zu sein.

---

14. September | In Dresden werden zum ersten Mal seit 64 Jahren drei in Deutschland ausgebildete jüdische Geistliche zu Rabbinern ordiniert.

Nach den für die SPD erfolgreichen Wahlen zum Abgeordnetenhaus setzt Berlins Regierender Bürgermeister Klaus Wowereit die Koalition mit der Linkspartei.PDS fort.

---

22. September | Auf der Transrapid-Teststrecke bei Lathen in Niedersachsen rammt ein Zug mit rund 170 Stundenkilometern einen Werkstattwagen. Bei dem Unfall sterben 23 Menschen, zehn werden verletzt.

---

20. November | In Nordrhein-Westfalen dürfen Geschäfte montags bis samstags 24 Stunden öffnen.

2007

Nichtraucherschutzgesetz beschlossen

Edmund Stoiber tritt vom Amt des bayerischen Ministerpräsidenten zurück

Streikende der Bundesbahn am Leipziger Hauptbahnhof

Dopingvorwürfe: Jan Ullrich beendet seine Radsportkarriere

Gabriele Pauli kandidiert für den CSU-Vorsitz

von links nach rechts

Das Bild eines überdimensionalen Strandkorbs füllt im Sommer die TV-Nachrichtensendungen in aller Welt. Er steht in Heiligendamm, dem ältesten deutschen Seebad, an der Ostseeküste Mecklenburg-Vorpommerns und wird von den Politikern der mächtigsten Länder der Welt für einen Plausch in entspannter Runde in Beschlag genommen. Es ist der letzte Termin des G-8-Treffens, und der Strandkorb soll ein Sinnbild der entspannten Atmosphäre bei den Gipfelberatungen unter dem Motto »Wachstum und Verantwortung« sein.

Wenige Tage vor dem Treffen kommt es in Rostock zu gewalttätigen Auseinandersetzungen zwischen Demonstranten und der Polizei. Der auch an der Großdemonstration für mehr Gerechtigkeit, Klimaschutz und internationale Solidarität teilnehmende »Schwarze Block« der »Autonomen« liefert sich am Stadthafen Straßenschlachten mit 5.000 Polizisten. Durch Steinwürfe werden zahlreiche Personen verletzt. 16.000 Polizisten sind zum direkten Schutz des Gipfeltreffens im Einsatz. Um Heiligendamm wurde ein zwölf Kilometer langer und zweieinhalb Meter hoher Metallzaun, bestückt mit Stacheldraht, Kameras und Bewegungsmeldern, errichtet. Während der Beratungen kann die Polizei oft nur durch den Einsatz von Wasserwerfern verhindern, dass Protestierende die Absperrung durchbrechen, und die Marine erhält Order, mit ihren Schnellbooten die Schlauchboote abzudrängen, mit denen die Umweltschutzorganisation »Greenpeace« versucht, vom Wasser aus in das Sperrgebiet einzudringen.

2007

Die acht Staatschefs vereint im Strandkorb des G-8-Gipfels in Heiligendamm, v. l.: Shinzo Abe (Japan), Stephen Harper (Kanada), Nikolas Sarkozy (Frankreich), Wladimir Putin (Russland), Angela Merkel (Deutschland), George W. Bush (USA), Tony Blair (Großbritannien), Romano Prodi (Italien) und Jose Manuel Barroso (Europäische Union).

Themen der Konferenz sind die Hilfsaktionen für Afrika, der Schuldenerlass für die ärmsten Länder der Welt und der Schutz vor Marken- und Produktpiraterie. Eingehend widmet sich der Gipfel dem Klimaschutz. Die Teilnehmer einigen sich darauf, bis 2050 die Treibhausgase um die Hälfte zu reduzieren.

Nie zuvor spielte die Diskussion über einen Klimawandel auch in der Öffentlichkeit eine so bedeutsame Rolle. Amerikanische Wissenschaftler bezeichnen den Winter 2006/2007 auf der Nordhalbkugel als den wärmsten seit 1880. Zu 90 % sei der Mensch für den fortschreitenden Temperaturanstieg verantwortlich, bestätigt auch das Potsdamer Institut für Klimafolgenforschung. Im April herrschen in Deutschland hochsommerliche Temperaturen, die Badesaison wird vorzeitig eröffnet. Danach pendelt sich das Thermometer zwar wieder auf das jahreszeitlich normale Maß ein, doch in mehreren Landesteilen treten starke Stürme und heftige Niederschläge als Zeichen einer Klimaveränderung auf, was Bundeskanzlerin Merkel veranlasst, die Suche nach Lösungen als »Überlebensfrage der Menschheit« zu bezeichnen. Strategien für die Einsparung von Energie bestimmen ebenso die Diskussion wie die Suche nach Autos mit geringem Benzinverbrauch oder die verstärkte Nutzung von erneuerbaren Energien wie Windkraft, Sonne oder Biomasse.

Nicht zuletzt im Zusammenhang mit der Klimadebatte wird ein Bärenbaby des Berliner Zoos zum populärsten und beliebtesten Tier in Deutschland. Eisbär

links: Der Tierpfleger Thomas Dörflein mit seinem Schützling Knut. Am 23. März haben die beiden den ersten Auftritt vor ihrem Publikum im Berliner Zoo.

rechts: Kundgebung von Globalisierungsgegnern am 2. Juni in Rostock. Von den Konferenzteilnehmern des G-8-Gipfels fordern die Demonstranten wirksame Beschlüsse für Gerechtigkeit, Klimaschutz und internationale Solidarität.

Knut begeistert Besucher und Politiker gleichermaßen. Umweltminister Siegmar Gabriel übernimmt die Patenschaft und erfindet angesichts der bedrohlichen Erwärmung der Polargebiete den Slogan »Ohne Eis kein Eisbär«. Die Neugierigen stehen vor der Kasse bis zu zwei Stunden an, um das Herumtollen von Knut mit seinem Pfleger zu beobachten – wegen des übergroßen Andrangs allerdings kaum länger als zehn Minuten.

Im Brennpunkt nicht nur von Verhandlungen, sondern auch des öffentlichen Interesses stehen die Forderungen nach höheren Löhnen der Lokführer der Deutschen Bahn AG. Im Juli organisieren sie die ersten flächendeckenden Warnstreiks in der Geschichte des Unternehmens. Im November liegen der Güter- und Personenverkehr einige Tage lang fast komplett brach. Erst 2008 einigen sich die Gewerkschaft der Lokomotivführer und die Bahn.

Die parteipolitische Landschaft ändert sich in diesem Jahr. Nach langen Verhandlungen und schwierigen Entscheidungsprozessen schließen sich die Linkspartei und die Wahlalternative Arbeit & soziale Gerechtigkeit (WASG) zu der neuen Partei »Die Linke« zusammen. Mit der vehement vorgetragenen Kritik an der am Jahresanfang in Kraft getretenen Erhöhung der Mehrwertsteuer von 16 auf 19 % und der schrittweisen Anhebung des Rentenalters von 65 auf 67 Jahre bis zum Jahr 2029 versucht sie ihr sozialpolitisches Profil zu schärfen.

CDS

WAS SONST NOCH GESCHAH

2007

24. Januar | Wegen illegaler Preisabsprachen verhängt die EU-Kommission gegen den Siemens-Konzern ein Bußgeld in Höhe von 397 Millionen Euro.

2. Februar | Nach monatelangen Auseinandersetzungen verabschiedet der Bundestag auch gegen Stimmen aus der Koalition die Gesundheitsreform. Krankenkassen, Ärzte- und Krankenhausverbände sowie Gewerkschaften üben aber weiterhin massive Kritik an dem Reformwerk.

5. Februar | Trotz heftiger Kritik und der Erklärung des Bundesgerichtshofs, dass dies rechtswidrig sei, hält Bundesinnenminister Wolfgang Schäuble bei vorliegenden Verdachtsmomenten heimliche Online-Durchsuchungen durch die Polizei für unerlässlich.

7. Februar | Der Bund und die Landesregierungen Nordrhein-Westfalens und des Saarlandes einigen sich auf den Ausstieg aus der Steinkohle-Förderung bis zum Jahr 2018.

13. Februar | Das Bundesverfassungsgericht entscheidet, dass vor der Mutter verheimlichte DNA-Tests bei Kindern zur Überprüfung der Vaterschaft als Beweismittel unzulässig sind.

25. Februar | Bei der Oscar-Verleihung in Los Angeles wird die deutsche Produktion »Das Leben der Anderen« von Florian Henckel von Donnersmarck als bester ausländischer Film ausgezeichnet.

26. Februar | Der unter Doping-Verdacht stehende deutsche Radprofi Jan Ullrich gibt das Ende seiner Karriere als Radsportler bekannt.

19. April | Heinrich von Pierer erklärt seinen Rücktritt vom Chefposten des Siemens-Aufsichtsrats und zieht damit die Konsequenzen aus der Korruptionsaffäre bei Deutschlands größtem Elektrokonzern. Am 25. April kündigt der Vorstandsvorsitzende des Siemens-Konzerns, Klaus Kleinfeld, seinen Rücktritt an.

25. Mai | Der Bundestag beschließt einstimmig ein Rauchverbot in öffentlichen Verkehrsmitteln und Bundesbehörden.

24. Juni | Nach fast zehn Jahren und 447 Ausgaben verabschiedet sich Sabine Christiansen mit ihrer ARD-Talkrunde vom deutschen Fernsehen.

12. Juli | Die Fürther Landrätin Gabriele Pauli, die der Politik Edmund Stoibers sehr kritisch gegenübersteht, gibt ihre Kandidatur für den CSU-Vorsitz bekannt.

18. Juli | Nachdem bekannt wird, dass auch Patrik Sinkewitz aus dem Team T-Mobile des Dopings überführt ist, stellen ARD und ZDF ihre Live-Berichterstattung von der Tour de France ein.

31. August | Laut Bericht der Staatsanwaltschaft Memmingen sind bis zu 180 Tonnen umetikettierte Fleischabfälle aus Bayern in Berliner Geschäfte geliefert und vermutlich verzehrt worden.

8. September | Wegen des Verdachts auf Vogelgrippe werden in zwei oberpfälzischen Entenmastbetrieben insgesamt 205.000 Tiere getötet.

23. September | Bundeskanzlerin Angela Merkel empfängt in Berlin als erste deutsche Regierungschefin den Dalai Lama, das geistliche Oberhaupt der Tibeter. Die chinesische Regierung erhebt scharfen Protest.

22. Oktober | Trotz der Einwände von Bundesarbeitsminister Franz Müntefering erhält Parteichef Kurt Beck im SPD-Vorstand die Zustimmung für die längere Zahlung des Arbeitslosengeldes I für ältere Arbeitnehmer.

14. November | Der größte Streik in der Geschichte der Deutschen Bahn beginnt; erst im Jahr 2008 kommt es zu einer Einigung.

2008

Einführung der Umweltzone in mehreren Großstädten

Lidl-Skandal um Bespitzelung der Mitarbeiter

Volksentscheid über die Zukunft des Flughafens Berlin-Tempelhof

Wolfgang Wagner verlässt die Bayreuther Festspiele

Andrea Ypsilanti, die Landesvorsitzende der hessischen SPD

von links nach rechts

Am Neujahrstag beginnt mit dem Inkrafttreten des Schengener Abkommens ein neues Zeitalter für die Staaten der Europäischen Gemeinschaft: Innerhalb der EU gibt es keine stationären Grenz- und Zollkontrollen mehr. In den Regionen entlang der Grenzen zu Polen und Tschechien begrüßt das die deutsche Bevölkerung zum Teil mit zwiespältigen Gefühlen. Während Politiker und Unternehmer die neue Freiheit begrüßen, bleiben viele Einwohner und die Gewerkschaft der Polizei skeptisch. Sie befürchten einen erheblichen Zuwachs an Kriminalität und fordern eine verstärkte Präsenz der Sicherheitskräfte. Die Bilanz ein halbes Jahr später fällt jedoch positiv aus. »Wir haben keine signifikante Veränderung der Kriminalitätslage festgestellt«, sagte Brandenburgs Innenminister Jörg Schönbohm (CDU), »die Unkenrufe haben sich nicht bestätigt.« Lediglich Einbrüche in Lauben und Garagen und die Zahl der Autodiebstähle hätten in einigen Regionen zugenommen. Großes Lob zollen Politiker den polnischen Partnern bei der Zusammenarbeit mit den deutschen Polizeibehörden.

Mit Erleichterung vernehmen die Menschen Mitte Januar in ganz Deutschland auch die Nachricht von der Einigung der Gewerkschaft der Lokomotivführer und der Deutschen Bahn AG über einen neuen und eigenständigen Tarifvertrag. Dieser sieht eine durchschnittliche Tariferhöhung um 11 % sowie eine Einmalzahlung von 800 Euro vor. Gleichzeitig soll die Wochenarbeitszeit bei gleichem Entgelt von 41 auf 40 Wochenstunden sinken. Vorausgegangen waren

2008

Auf eine harte Probe wird die Geduld der Bahn-Passagiere in den Wintermonaten gestellt. Wegen des Streiks der Lokführer fallen an mehreren Tagen hintereinander die Züge aus, und auch ein von der Deutschen Bahn aufgestellter Notfahrplan führt nur in wenigen Fällen zur Entspannung der Lage.

im Jahr 2007 mehrere Streiks im Güter- und Personenverkehr, die zu erheblichen Belastungen geführt hatten. Anfang März spitzt sich der Konflikt unerwartet wieder zu, weil die Deutsche Bahn auf einem neuen Grundlagentarifvertrag besteht. Erst als die Lokführer wieder unbefristete Streiks androhen, kommt es zu neuen Gesprächen. Im April schließlich geht der längste Tarifkonflikt in der Geschichte der Deutschen Bahn zu Ende.

Zwei Landtagswahlen beschäftigen die politische Landschaft ganz Deutschlands. In Hessen geht im Frühjahr die CDU mit 36,8 % als stärkste Partei aus den Wahlen hervor, knapp gefolgt von der SPD mit 36,7 %. Das Ergebnis bedeutete einen Stimmenverlust im zweistelligen Prozentbereich für die CDU; der SPD hingegen gelang es mit ihrer Spitzenkandidatin Andrea Ypsilanti, aus dem historischen Tief von 2003 wieder aufzutauchen. Nach Parlamentssitzen sind beide Parteien gleich stark im Hessischen Landtag vertreten. Sondierungsgespräche zwischen CDU und SPD scheitern, sodass CDU-Ministerpräsident Roland Koch geschäftsführend im Amt bleibt. Ypsilanti strebt nun eine Minderheitsregierung mit Tolerierung der Partei Die Linke an – eine Variante, die sie vor der Wahl ausgeschlossen hatte. Dies führt schließlich auch zu dem Desaster am Tag vor ihrer geplanten Wahl zur Ministerpräsidentin, als vier Mitglieder der SPD-Fraktion in einer Pressekonferenz mitteilen, dass sie ihre Kandidatin nicht unterstützen werden. Neuwahlen sind in Hessen nun unvermeidlich.

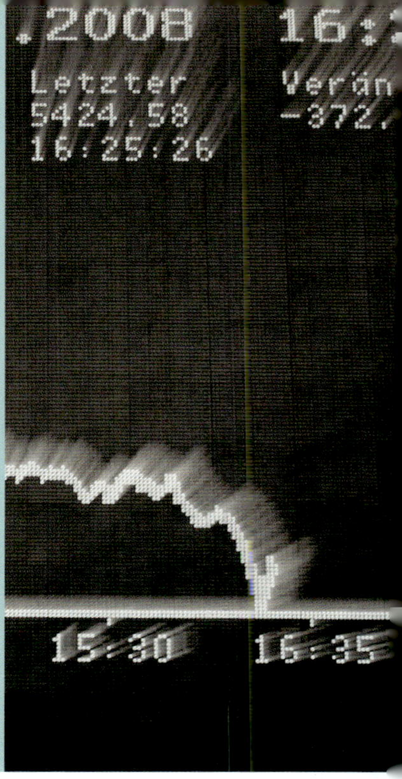

links: Erwin Huber (l.), der bayerische Finanzminister und Parteivorsitzende der CSU, und Günther Beckstein, Bayerns Ministerpräsident, auf der Pressekonferenz in München am Tag nach der Wahl. Auf die hohen Verluste bei der Landtagswahl vom 28. September reagiert die CSU mit einem Machtwechsel an der Parteispitze.

rechts: Die Anzeigentafel in der Frankfurter Börse am 6. Oktober: Der Dax rutscht in die Tiefe.

Die bayerischen Landtagswahlen im Herbst bescheren der CSU eine historische Niederlage. Mit einem Stimmenverlust von 17 % und einem Stimmenanteil von 43 % verfehlt sie erstmals seit 1966 die absolute Mehrheit. Die Partei spricht selbst von einem »schwarzen Tag« und einer »Katastrophe«. Nach kurzem Zögern treten sowohl der Parteivorsitzende Erwin Huber als auch der Ministerpräsident Günther Beckstein von ihren Ämtern zurück. Um die Nachfolge von Beckstein und Huber streiten zunächst vier Kandidaten, von denen sich schließlich der Landwirtschafts- und Verbraucherminister Horst Seehofer durchsetzt.

Im Laufe des Jahres erfasst die von den USA ausgehende Finanzkrise auch Deutschland. Zunächst wird bekannt, dass die in München ansässige Hypo Real Estate in eine bedrohliche Schieflage geraten ist, erst eine Bürgschaft der Bundesregierung und privater Banken in Höhe von 50 Milliarden Euro kann einen Zusammenbruch verhindern. Nach dem Konkurs der amerikanischen Bank Lehman Brothers zieht die Bankenkrise in Deutschland ebenfalls immer größere Kreise. Viele Sparer fürchten um die Sicherheit für ihr Geld, sodass sich die Bundesregierung genötigt sieht, eine Garantieerklärung für alle Sparkonten und Tagesgelder abzugeben und ein 480 Milliarden Euro schweres Rettungspaket zu schnüren. CDS

WAS SONST NOCH GESCHAH

2008

13. Januar | Nach den sich über neun Monate hinziehenden Tarifauseinandersetzungen einigen sich die Gewerkschaft Deutscher Lokomotivführer (GDL) und die Deutsche Bahn. Damit findet auch der bisher längste Streik der Bahn in der Bundesrepublik sein Ende.

14. Februar | Im Auftrag der Bochumer Staatsanwaltschaft findet in den Privaträumen des Vorstandsvorsitzenden der Deutschen Bundespost, Klaus Zumwinkel, wegen des Verdachts der Steuerhinterziehung eine Hausdurchsuchung statt. Zumwinkel gibt in den folgenden Tagen seinen Rücktritt bekannt. Ihm wird vorgeworfen, mindestens eine Million Euro am Fiskus vorbei nach Liechtenstein geleitet zu haben. Am 8. November erhebt die Staatsanwaltschaft Anklage.

7. Juni | Erstmals in Österreich und der Schweiz wird bis zum 29. Juni die Fußballeuropameisterschaft ausgetragen. Im Endspiel in Wien schlägt Spanien die Bundesrepublik 1:0.

8. August | Mit einer überwältigenden Eröffnungsveranstaltung beginnen in Peking die XXIX. Olympischen Sommerspiele. Mit 51 Gold-, 21 Silber- und 28 Bronzemedaillen wird das Gastland überragender Sieger in der Nationenwertung. Die Sportler der Bundesrepublik erreichen Platz 5.

31. August | In Bayreuth tritt der 89-jährige Wolfgang Wagner von der Leitung der Richard-Wagner-Festspiele in Bayreuth zurück. Die Leitung übernehmen nun die beiden Urenkelinnen Richard Wagners, Katharina Wagner und ihre Halbschwester Eva Wagner-Pasquier. Die kurzfristig angekündigte Kandidatur von Nike Wagner wurde nicht berücksichtigt.

7. September | Nach der Nominierung von Außenminister Frank-Walter Steinmeier zum Kanzlerkandidaten der SPD erklärt der rheinland-pfälzische Ministerpräsident Kurt Beck (SPD) seinen Verzicht auf den SPD-Parteivorsitz. Dieses Amt übernimmt nun wieder Franz Müntefering.

10. September | Nach zweijähriger Bauzeit wird in Berlin-Friedrichshain die Multifunktionshalle »O2 World« eröffnet. Die Halle bietet 17.000 Zuschauern Platz und kann sowohl für Sport- als auch für Musikveranstaltungen genutzt werden.

11. Oktober | Nach über vier Jahren Pause meldet sich der Ex-Boxweltmeister im Schwergewicht, Witali Klitschko, zurück in den Ring. In Berlin besiegt er den amtierenden Champion der WBC, Samuel Peter, der nach der achten Runde aufgibt. Die beiden Brüder aus der Ukraine, Wladimir und Witali Klitschko verfügen nun gemeinsam über die Weltmeisterschaftsgürtel der vier wichtigsten internationalen Box-Organisationen im Schwergewicht.

4. November | Bei ihrem erneuten Anlauf, eine Minderheitenregierung mit den Grünen unter Duldung der Linken zu bilden, scheitert Andrea Ypsilanti in Hessen ein zweites Mal, als einen Tag vor der Wahl vier SPD-Abgeordnete mitteilen, ihrer Vorsitzenden die Gefolgschaft zu verweigern. Am 8. November tritt Ypsilanti von der Kandidatur zurück; die Nachfolge übernimmt Thorsten Schäfer-Gümbel.

5. November | Mit einer klaren Mehrheit gewinnt Barrack Obama die Präsidentenwahlen in den USA. Mit ihm, dem ersten farbigen US-Präsidenten, erhoffen sich auch die Europäer einen Wandel in der amerikanischen Politik.

15. November | Auf dem Weltfinanzgipfel in Washington beraten Angela Merkel und Finanzminister Peer Steinbrück gemeinsam mit den Staats- und Regierungschefs aus 19 Ländern über einen Ausweg aus der Finanzkrise und über die Zukunft der Finanzmärkte.

AUTOREN UND MITARBEITER DER FERNSEHREIHE

TV

Autoren
Christoph Hölscher
Christian Klemke
Lutz Rentner
Frank-Otto Sperlich
Peter Scholl
Jochen Trauptmann

Recherche
Peter Kolano
Romina Kirstein
Esther Schwade

Mitarbeit
Christina Herbst

Kamera
Andreas Bergmann
Frank-Otto Sperlich

Ton
Jens Markert

Schnitt
Jana Ketel
Michael Liss
Stephan Marche

Design
DMC

Sprecher
Norbert Langer

Musik
Michael Hartmann

Moderation
Sandra Maischberger

Produzent
Chronik TV
Achim Heilmann

Produktionsleitung
Achim Heilmann (Chronik TV)
Rainer Baumert (rbb)

Redaktion
Rolf Bergmann (rbb)
Jens Stubenrauch (rbb)
Dr. Ulrich Brochhagen (MDR)
Carola Meyer (NDR)
Margit Schedler (Phoenix)
Gerolf Karwath (SWR)
Birgit Keller-Reddemann (WDR)
Hans-Christian Ostermann (DW-TV)

Projektregie
Jan Lorenzen

Projektleitung
Johannes Unger (rbb)

Hörfunk

Autoren
Heide und Rainer Schwochow
Oliver Rehlinger
Max Oppel
Ina Strehlow
Dominik Lenz

Koordination
Claudia Henne (rbb)

Leitung
Petra Hansel (rbb)
Andreas Wertz (rbb)

Online

Anke Gaiser (Leitung)
Judith Rhode
Wolfram Leytz
Hanno Depner
Jan Martin Ogiermann

HERAUSGEBER UND AUTOREN DES BUCHES

Die Herausgeber

Sandra Maischberger, geboren 1966 in München, verbrachte ihre Kindheit in Italien. Während und nach ihrer Ausbildung an der Deutschen Journalistenschule München arbeitete sie im Radioprogramm des Bayerischen Rundfunks. Ihre Arbeit beim Fernsehen begann sie 1988 beim Privatsender Tele5. Es schlossen sich die Sendungen »Live aus dem Schlachthof« (BR), »Talk im Turm« (Sat.1), »0137« (Premiere), »Spiegel TV Interview« (VOX), »Freitag Nacht« (VOX) und »Greenpeace TV« (RTL) an. In den Jahren 2000 bis 2006 moderierte sie die Sendung »maischberger« auf n-tv, wofür sie mit diversen Fernsehpreisen ausgezeichnet wurde. Zuletzt bekam Sandra Maischberger für ihre Dokumentation »Helmut Schmidt außer Dienst« die Goldene Kamera. Seit 2003 moderiert sie die Sendung »Menschen bei Maischberger« in der ARD.

Johannes Unger, geboren 1964, leitet das Ressort Dokumentation und Zeitgeschehen beim Rundfunk Berlin-Brandenburg (rbb). Für die ARD hat er zahlreiche TV-Reihen und Dokumentationsprojekte redaktionell betreut, konzipiert und verantwortet, darunter die mit dem Grimme-Preis ausgezeichneten Produktionen »Chronik der Wende« und »Roter Stern über Deutschland«. Als Autor und Regisseur hat er eigene Fernsehdokumentationen realisiert, zuletzt den Film »Ulrike Meinhof – Wege in den Terror«, und zudem verschiedene TV-Begleitbücher geschrieben und herausgegeben, darunter »Die Brandenburger« und »Preußen – Chronik eines deutschen Staates«. Er lebt und arbeitet in Berlin und Potsdam.

Die Autoren

TF	**Thomas Flemming**
UK	**Uta Kolano**
DM	**Daniela Martens**
AM	**Antonia Meiners**
NN	**Nina Neukowski**
HO	**Hajo Obuchoff**
RSC	**Robert Schröpfer**
FS	**Florian Stern**
CDS	**Claus-Dieter Steyer**
WT	**Wolfgang Tautenhahn**

Bildrecherche und Chroniken: **Antonia Meiners**
Bildrecherche im rbb: **Friederike Heinze**

QUELLEN

Reinhold Andert / Wolfgang Herzberg: Der Sturz, Erich Honecker im Kreuzverhör. Aufbau Verlag, Berlin und Weimar 1990

Timothy Garton Ash: Im Namen Europas – Deutschland und der geteilte Kontinent. Fischer Taschenbuch Verlag, Frankfurt am Main 1995

Arnulf Baring in Zusammenarbeit mit Manfred Görtemaker: Machtwechsel – Die Ära Brandt-Scheel. Deutsche Verlags-Anstalt, Stuttgart 1982

Berlin kurzgefaßt. Herausgegeben vom Presse- und Informationsamt Berlin, 1993

Willy Brandt: Erinnerungen. Ullstein Verlag, Berlin 1989

Chronik 1949 ff. Tag für Tag in Wort und Bild. Bände der Jahrgangschroniken für die Jahre 1949 bis 1986. Chronik Verlag, Dortmund 1985–1995

Die DDR – Eine Chronik deutscher Geschichte. Otus Verlag, St. Gallen 2005

Valentin Falin: Politische Erinnerungen. Droemer Knaur, München 1995

DDR Museum Berlin

Günter Gaus: Die Welt der Westdeutschen. Kiepenheuer & Witsch, Köln 1986

Hans-Dietrich Genscher: Erinnerungen. Siedler Verlag, Berlin 1999

Geschichtliche Zeittafel der Deutschen Demokratischen Republik. Herausgegeben vom Deutschen Institut für Zeitgeschichte, Kongress-Verlag Berlin, 1959

Günter Guillaume: Die Aussage. Militärverlag der Deutschen Demokratischen Republik, Berlin 1988

Sebastian Haffner: Zur Zeitgeschichte, 36 Essays. Kindler Verlag, München 1982

Sebastian Haffner: Zwischen den Kriegen, Essays zur Zeitgeschichte. Droemer Knaur, München 1997

Erich Honecker: Moabiter Notizen. edition ost, Berlin 1994

Wolfgang Jacobsen: 50 Jahre Berlinale, Internationale Filmfestspiele Berlin. Nicolai Verlag 2000

Reinhard Leube: Intimfeinde: Die Selbstteilung der Deutschen und der Kalte Krieg – Die Jahre 1945 bis 1949. pro literatur, Augsburg 2008 (angekündigt)

Volker Kluge: Das große Lexikon der DDR-Sportler. Schwarzkopf & Schwarzkopf, Berlin 2004

Alexander Schalck-Golodkowski: Deutsch-deutsche Erinnerungen. Rowohlt Taschenbuch Verlag, Reinbek bei Hamburg 2000

Walter Scheel: Wen schmerzt noch Deutschlands Teilung? Zwei Reden zum 17. Juni. Rowohlt Taschenbuch Verlag, Reinbek bei Hamburg 1986

Helmut Schmidt: Menschen und Mächte. Siedler Verlag, Berlin 1999

Andrea Steingart: Schauplätze Berliner Geschichte. Nicolai Verlag, Berlin 2004

Stichtag: Vom Goebbels-Vergleich zum Strickjacken-Treffen. Ausgestrahlt vom WDR 2 am 16. Juli 2005, 9.40 Uhr

Franz Josef Strauß: Die Erinnerungen. btb, München 1998

Hermann Weber: Geschichte der DDR. area Verlag, Erfstadt 2003

Markus Wolf: Spionagechef im Geheimen Krieg. List Verlag, München 1997

»Die Architekten«: Programmbeilage zur DVD, DEFA-Stiftung 2004

Online-Datenbanken:
ARD-Tagesthemen, Jahresrückblicke: **http://www.tagesthemen.de/jahresrueckblick/**

http://www.atomwaffenaz.info/

Berliner Zeitung, Archiv: **http://www.berlinonline.de/berliner-zeitung/archiv/**

Das Bundesarchiv: **http://www.bundesarchiv.de/**

Deutsches Historisches Museum, Jahreschroniken: **http://www.dhm.de/**

Deutsches Rundfunkarchiv: **http://www.dra.de/**

Focus online: **http://www.focus.de/**

http://www.friedenskooperative.de/

http://www.glasnost.de/hist/ddr/

Universität Göttingen, Datenbank zum Literarischen Leben in den deutschsprachigen Ländern 1945–2000: **http://www.literarischesleben.uni-goettingen.de/**

Otto-von-Guericke-Universität Magdeburg, Archiv:
http://www.uni-magdeburg.de/uniarchiv/chronik/jahre

Rundfunk Berlin-Brandenburg (rbb): **www.chronik-der-wende.de**

Spiegel online: http://einestages.spiegel.de/ und: **http://wissen.spiegel.de/wissen/**

Der Tagesspiegel, Archiv: **http://www.tagesspiegel.de/**

http://www.weltchronik.de/

http://wikihost.org/wikis/deutsche_teilung/programm/gebo.prg

Zeit Online: **http://www.zeit.de**

BILDNACHWEIS

Coverfoto: ullstein bild/Leibing
ARD 56, 60, 64, 68, 72, 76, 80, 84, 88, 92, 96, 100, 104, 108, 112, 116, 120, 124, 128, 132, 136, 140, 144, 148, 152, 156, 160, 164, 168, 172, 176, 180, 184, 188, 192, 196, 200, 204, 208, 212, 216, 220, 224, 228, 232, 236, 240, 244, 248
Bundesarchiv 16/1., 5.v.l., 22 r., 26 r., 28/2.v.l., 34 r., 38 r., 52/3., 5.v.l., 54 r., 70 r., 86 r., 90 r., 94
Christo und Jeanne-Claude, Wrapped Reichstag, Berlin 1971–95, Foto: Wolfgang Volz/laif, © 1995 Christo
Süddeutscher Verlag-Bilderdienst/Archiv Otfried Schmidt 66 l.
ullstein bild 12, 13, 14, 16/2.–4.v.l., 17, 18 l., 20/2., 4., 5.v.l., 21, 24/1.–4., 5.v.l., 25, 28/4., 5. v.l., 29, 30 l., 32/2., 5. v.l., 33, 34 l., 36/2–5.v.l., 37, 40/1., 5.v.l., 41, 44/1., 3–5.v.l., 45, 46, 48/5.v.l., 50 l., 52/2.v.l., 53, 57, 58 r., 74 r., 78 r., 82 r., 90 l., 98 l., 101, 101 l., 106 l., 126 l., 129, 141, 157
ullstein bild/ADN 20 l.
ullstein bild/AKG 28 l.
ullstein bild/Albrecht 48/3.v.l., 58 l.
ullstein bild/amw 161
ullstein bild/AP 40/4.v.l., 70 l., 82 l., 125, 137, 149, 154 r., 166 l., 182 l., 205, 210 r., 214 r., 217, 218 l., 234
ullstein bild/Bera 66 r., 150 r.
ullstein bild/Berlin-Bild 54 l.
ullstein bild/PON, Boness 242 l.
ullstein bild/BPA 97, 117, 153, 221, 238 l., 245
ullstein bild/Brumshagen 165
ullstein bild/Bunk 40/3.v.l.
ullstein bild/Burger 86 l.
ullstein bild/CARO, Bastian 190 l., Muhs 198 l., Meyer-broeker 241
ullstein bild/conti press 65
ullstein bild/C.T. Fotostudio 78 l.
ullstein bild/Czechatz 61
ullstein bild/Dietrich 150 l.
ullstein bild/Döring 170 r.
ullstein bild/ddp Nachrichtenagentur 222 l., 226, 230 l., 237, 242 r., 249
ullstein bild/dpa 18 r., 24/4.v.l., 30 r., 32/1., 4. v.l., 38 l., 40/2.v.l., 42, 44/2.v.l., 48/4.v.l., 49, 69, 73, 93, 98 r., 101 r., 106 r., 114 r., 118, 122, 126 r, 133, 134 r., 138 r., 142 l., 158 r., 162 l., 166 r., 169, 178 l., 185, 198 r., 202
ullstein bild/ecopix 250 r.
ullstein bild/Eschen 62 l.
ullstein bild/Firo Sportpressefoto 190 r., 206 r., 230 r.
ullstein bild/Fotoagentur imo 214 l.
ullstein bild/Hartung 114 l.
ullstein bild/Henschel 85
ullstein bild/Hipp-Foto 22 l., 50 r., 52/4.v.l.
ullstein bild/Glaser 138 l.
ullstein bild/Jung 52 l., 62 r.
ullstein bild/Karwasz 229, 246 r.
ullstein bild/Klar 109
ullstein bild/Klöckner 186 l.
ullstein bild/KPA 20/3.v.l., 110 l.
ullstein bild/Lammel 174 l.
ullstein bild/Lehnartz 110 r.
ullstein bild/Luftbild & Pressefoto 213
ullstein bild/Mehner 89, 94 l., 130 l.
ullstein bild/Meißner 162 r., 233
ullstein bild/Otto 81
ullstein bild/Paczensky 158 l.
ullstein bild/Gisbert Paech 181
ullstein bild/Peters 193, 218 r., 246 l.
ullstein bild/photothek 209
ullstein bild/Raupach 174 r., 189
ullstein bild/Reuters 222 r., 250 l.
ullstein bild/Rieth 182 r.
ullstein bild/Röhrbein 173, 186 r.
ullstein bild/Rondholz 142 r., 194 r.
ullstein bild/Klaus Rose 134 l.
ullstein bild/Rowell 48/2.v.l.
ullstein bild/Rust 113
ullstein bild/Schirner 32/3.v.l.
ullstein bild/Schlage 154 l.
ullstein bild/ Sven Simon 105, 145, 170 l., 178 r.
ullstein bild/Sirius Fotokunst 77
ullstein bild/Schneider 146 l., 206 l.
ullstein bild/Teutopress 146 r.
ullstein bild/Thierlein 194 l.
ullstein bild/Timm 48 l.
ullstein bild/TopFoto 130 r.
ullstein bild/UPI 74 l.
ullstein bild/Vario Press 201, 225
ullstein bild/Werek 177
ullstein bild/Wernicke 28/3.v.l., 36 l.
ullstein bild/Wefringhaus 26 l.
ullstein bild/Winkler 238 r.
ullstein bild/Zeckai 121
ullstein bild/Zitzow 210 l.